规则内的自由

如何给叛逆的孩子立规矩

［美］罗伯特·J.麦肯兹（Robert J.MacKenzie）著
张东宾 译

华夏出版社
HUAXIA PUBLISHING HOUSE

图书在版编目（CIP）数据

规则内的自由：如何给叛逆的孩子立规矩 /（美）罗伯特·J.麦肯兹（Robert J. MacKenzie）著；张东宾 译. — 北京：华夏出版社有限公司，2021.10（2024.1重印）

书名原文：Setting Limits with Your Strong-Willed Child, Revised and Expanded 2nd Edition: Eliminating Conflict by Establishing CLEAR, Firm, and Respectful Boundaries

ISBN 978-7-5222-0140-5

Ⅰ.①规… Ⅱ.①罗… ②张… Ⅲ.①家庭教育 Ⅳ.① G78

中国版本图书馆 CIP 数据核字（2021）第 156697 号

Setting Limits with Your Strong-willed Child
Copyright © 2001, 2013 by Robert J.MacKenzie
All rights reserved.

This translation published by arrangement with Harmony Books, an imprint of the Crown Publishing Group, a division of Penguin Random House LLC.

版权所有，翻印必究。

北京市版权局著作权合同登记号：图字 01-2012-1820 号

规则内的自由：如何给叛逆的孩子立规矩

作　　者	［美］罗伯特·J.麦肯兹
译　　者	张东宾
策划编辑	朱　悦　王凤梅　刘　洋
责任编辑	王凤梅　刘　洋
责任印制	刘　洋

出版发行	华夏出版社有限公司	
经　　销	新华书店	
印　　刷	三河市万龙印装有限公司	
装　　订	三河市万龙印装有限公司	
版　　次	2021 年 10 月北京第 1 版	2024 年 1 月北京第 2 次印刷
开　　本	710×1000　1/16 开	
印　　张	21.25	
定　　价	65.00 元	

华夏出版社有限公司　网址：www.hxph.com.cn　电话：（010）64663331（转）
地址：北京市东直门外香河园北里 4 号　邮编：100028
若发现本版图书有印装质量问题，请与我社营销中心联系调换。

目 录

规则内的自由

致谢 1
导言 1

第一章　理解叛逆的孩子 1
谁是叛逆的孩子 5
发现孩子的气质 8
我的孩子是怎么变成这样的 15
孩子的行为如何影响你 18
你的气质发挥何种作用 21
无效的训练容易导致家庭纠纷 22
父母与孩子的气质匹配度 24
本书的目标：提高父母与孩子的契合度 25

第二章　叛逆的孩子如何学习规则 27
孩子往往通过感觉来获得经验 30
界限和学习过程 32
当父母言行不一时，孩子就会置之不理 33

孩子是如何试探父母的底线的 35
气质不同，学习方式就不同 38
同样的信息，不同的反应 39
言传不如身教 41

第三章　家长应如何教授规则 45
专制或惩罚性方式（坚定但不够尊重）47
宽容性方式（尊重但不够坚定）56
混合性方式（既不坚定也不尊重）66
民主性方式（坚定而且尊重）73

第四章　你的界限是坚定的，还是模糊的 81
模糊的界限：当"不"意味着"可以"或者"也许"83
坚定的界限：当"不"的确意味着"不"99
本章总结 102

第五章　家庭舞蹈 105
家庭舞蹈会鼓励孩子的不良行为 107
宽容式舞蹈 109
惩罚式舞蹈 119
混合式舞蹈 130
本章总结 136

第六章　如何让你的表达更清楚 139
如何给出清楚的信息 142
本章总结 146

第七章　避免家庭纠纷 149
当孩子假装没听见时，进行核实 152
当孩子争辩时，及时中断 154

当孩子挑战规则时，给出有限的选择 157
当孩子磨磨蹭蹭时，设定时间 161
忽视不尊重的态度，但不纵容不良行为 163
当孩子越过底线时，坚定立场 165
当孩子情绪激动时，先让他们冷静下来 166
家长越过底线时要道歉 168
不要把不良行为人格化 170
本章总结 172

第八章　如何让你的行动更清楚 173
让孩子亲身体验自己行为的后果 175
是什么让体验后果如此有效 176
自然后果 182
逻辑后果 188
计时隔离法：同美好的事物暂时隔离 200
最后的手段：采用身体控制 218
本章总结 221

第九章　应对你可能会遇到的抵制 223
什么是抵制 225
本章总结 250

第十章　激励叛逆的孩子 253
激励和界限设定 254
消极的信息引发抵制 256
积极的信息激发合作 259
使用积极信息的几点原则 261
本章总结 266

第十一章　教授技能：示范的效果最好 269

只提供信息是不够的 271

探寻选择：帮助孩子区分好坏 274

把技能分阶段、分步骤地教授给孩子 277

通过角色示范来矫正行为 279

再试一次 282

发现孩子做得好的时候 283

教授孩子应对棘手情形的技能 284

本章总结 293

第十二章　耐心——愤怒和沮丧的补救措施 295

什么是耐心 297

耐心是一项可以被教授的技能 299

给自己深思的时间 301

本章总结 310

第十三章　理解改变过程 311

最初的阶段，你会面临更多的试探和抵制 313

理解改变过程 316

享受回报 318

推荐读物 321

译后记 323

致 谢

规 则 内 的 自 由

特别要感谢那些支持我的工作坊以及对本书的写作提供帮助的人。

感谢埃尔克格罗夫联合学区的原任校长鲍勃·特里格和戴夫·戈登在过去的十五年里，为我的"教师和家长工作坊"提供的资助和支持。

感谢文学顾问杜安·纽科姆教会我几乎所有关于写作此类书籍的知识。

感谢插图顾问桑德拉·艾拉协助我做了很多图表。

感谢我最好的朋友丽莎·斯坦齐奥尼。在我每一次需要验证新的想法时，她都充当了我的征询对象。

感谢所有在过去这些年里参加我的工作坊以及前来咨询的家长和孩子。你们的经历为我完成本书提供了很多灵感和方法。

导 言

规 则 内 的 自 由

如果你想尝试生活中搞不定的事情，你可以结婚、创业或者养一个叛逆的孩子。这三样我都做了，但养育叛逆的孩子带给我的挫折远远超过其他。我了解了很多关于自己和他人的知识，同时也知道了设定一个清楚而坚定的界限有多么重要。

我很骄傲自己有两个很棒的儿子。大儿子的气质非常像我。他乐于配合、善解人意而且讨人喜欢。大多数时间里他都会按照你的要求去做，而我也已经惯于依赖他的合作。养育孩子很容易嘛！头三年我经常这样对自己说。可是，当我的第二个孩子出生后，一切都变了。我甚至从来没有想过会经历这样的体验。

不管是吃饭，还是穿衣，他都喜欢磨磨蹭蹭，既不收拾玩具，也不整理东西，从来都是最后一个出门。他和家里其他人的节奏似乎永不搭调。他有很多明显的个性特征，其中最突出的就是固执己见。

每一次我要求他合作时，尽管他很明白我的意思，但大部分时间他就是不肯去做。简单而礼貌的请求对他哥哥来说很管用，但在他身上却不奏效。他总是我行我素，自行其是。为了让他配合，我几乎竭尽全力。我不断地重复、提醒、警告、哄骗、请求、贿赂，甚至讨价还价。尽管我已经精疲力竭，却还是收不到应有的效果。

我经常会失去耐心，变得怒不可遏。有时候，我会生气地威胁他说，要拿走所有他最喜欢的玩具，并长时间地取消他的某一项权利。有时候，这会管点儿用，但大多时候，这并不奏效。即便是威胁管用的时候，我仍然感觉很糟糕，因为我不愿这样对待自己的孩子。然后，我的态度就会软下来，又回到无用的重复、提醒和劝说的老路子上。尽管我知道，这样做很荒唐！

我拥有心理学硕士学位和有关儿童认知发展的专业知识，而且还在做一个心理咨询方面的博士项目。我原以为自己知道怎么做，可是小儿子用行动告诉我，这些东西都不管用。我尽可能地用专业知识作指导，却仍然收效甚微，这让我有点儿不知所措。我甚至开始怀疑，到底是我还是他在什么地方出了毛病。

很幸运，最后我还是从专业人士那里找到了解决办法。1979年，我在加州大学戴维斯分校参与了一个提高教师教学效率的研究项目。我的任务是观察课堂上那些效率高的教师，并记录他们行之有效、能让学生选择合作的言行。

尽管当时我并没有意识到，但现在想来，那些老师确实是设定界限的大师。对待那些不配合和不礼貌的学生，他们并不放弃，但也绝不试着用威胁、羞辱，甚至让人厌烦的后果逼其就范。相反，他们立场坚定、尊重他人、信息清楚、言行一致。最终，他们看起来很轻松地得到了尽可能多的配合和尊敬。

最重要的是，这些教导方法对几乎所有的孩子都管用，不仅对那些顺从的孩子管用，对那些叛逆的孩子也管用。这些教师对教授规则很有一套，容易也好，艰难也罢，他们都有办法完成任务。

尽管这项发现对我非常重要，但最初却没有多大的感觉，直到我将其用在儿子们身上。它让我的小儿子都变得十分配合了！他对我的试探和抵制日益减少，还试着像他哥哥那样选择合作。家庭纠纷开始慢慢消失。多年来，我第一次感到自己的教育方式很有成效。我明白，我所缺少的只是正确的方法而已。

我相信，既然我能取得这些成果，那么别人也可以。于是，在1985年，我尝试着举办了一个教师工作坊。没想到的是，反响极佳。这些方法清楚易懂、简单易学，最重要的是，它们几乎对所有的孩子都管用，而不只是对顺从的孩子管用。工作坊的成果最后编著成了一本书，即《在教室里设定界限》（Setting Limits in the Classroom）。该书经过广泛验证并被美国、加拿大和欧洲的教师们成功使用。

1987年，我开始给家长开设同样的工作坊，反响同样很好。后来，工作坊的成果也集结成了一本书，叫《设定界限》（Setting Limits）。这本书在美国、加拿大和欧洲受到越来越多的欢迎。

与大多数参加工作坊的家长和教师相比，我并没有太多的不同。他们之所以参加我的工作坊，就是因为叛逆的孩子让他们感到精疲力竭。如同我最初一样，这些家长和教师都不缺乏教导方法，但是他们缺少正确的方法。他们采取的方法对叛逆的孩子并不管用。

而这本书将会帮助你找到合适的方法。《规则内的自由：如何给叛逆的孩子立规矩》这本书将为你提供你所需的信息和方法，以帮助你更好地了解你的孩子，制止不良行为和家庭纠纷，并以最清楚和最易理解的方式教授规则。从此，你就可以和那些让你精疲力竭而又收效甚微的无效措施说再见了。不再需要重复和提醒，不再需要说理和解释，不再需要争论和辩驳，也不再需要威胁和惩罚，甚至强迫。当你学会通过话语给出清楚、坚定的信息并采取有效的行动保持言行一致时，你的孩子就会理解你的意思。这本书会告诉你该怎么做。

本书分成两个部分，回答了两个基本问题：第一，你和孩子之间到底是怎么回事？第二，面对这种情况，你应该做些什么？第一章至第五章旨在帮助你认识到你和孩子之间的互动变化，并让你认识到哪些是你正在做却毫无用处的事。认识不到这一点，想要避免重蹈覆辙，即便有可能，也会很困难。因为很多时候即便在你那样做时，你也并没有意识到。

第一章将会帮助你发现孩子的气质和你的气质，并了解气质是如何影响行为的。在第二章，你会了解叛逆的孩子是如何学习规则的，以及为什么教和学的过程常常会发生中断。在第三章和第四章，你将会学习到自己设定界限的方法，并学习判断你的界限是坚定的还是温和的。

第五章将会帮你了解"家庭舞蹈"。几乎每个在模糊或无效的界限下运行的家庭都会有自己特殊的舞蹈。一旦发生冲突，这种舞蹈就会反反复复、没完没了。帮助你从这种舞蹈中获得自由，正是本书的一个主要目标。

在懂得了哪些方法不管用之后，你就可以学习新的技能了。第六章至第十二章正是这种技能培训的核心内容。在这几章里，你将会学到怎样用语言传达清楚的信息，如何避免家庭纠纷，并且学会如何做到言行一致。

制止孩子的不良行为是一项重要技能，但是清楚的信息和后果本身并不能经常激励或者教孩子学会正确行为。对此，第十章和第十一章将会告诉你如何做。在第十章，你将学到激发叛逆孩子合作的方法，而无须威胁、贿赂或者强迫。在第十一章，你会了解到大量简单而有效的策略。一旦孩子不知道如何做出正确行为，你可以教给他们一些技能。

对很多父母来说，改变孩子的行为会很有压力，甚至困难重重。第十二章和第十三章为这些父母提供了很多支持。在第十二章，你会学习如何运用耐心来应对这些改变中的起起伏伏。第十三章会帮助你从更开阔的视角来观察这些改变，从而更好地理解改变的过程。

本书的这些方法学习起来相对容易，大部分都清晰易懂。对大多数人来说，最难的部分是克服那种想要回到原来做法和坏习惯的强烈念头。从智力层面上来讲，你会认识到这些方法将带来想要的改变，但是刚开始时，新方法和新改变会让你和孩子感到不舒服。你很可能会遭受压力和抵制，这不单单来自孩子，也来自你的内心。第九章将会帮助你了解和对付这种抵制，同时准备好接受改变。

你可能会急切地想要试一试这些新技能，但我鼓励你先读完整本书，然后再把这些技能运用到你的孩子身上。为什么呢？因为这些教导方法是互为一体、相辅相成的。只有学会了让行动配合语言，你的全部技能才是完整的。

一旦读完此书，你就可以参照第十三章中的建议，立即着手实施了。这些提示会帮助你以合适的进度开始，同时给你提供了添加新工具的日程表。

开始实践这些新技能时，你要做好会犯错的准备。犯错很正常，因为那是学习过程的一部分。你要追求的是不断提高，而不是完美，并且你练得越多，你提高得就越快。你要尽力保持一致，但也不要苛求。如果遇到意想不到的问题，你可以参照相关章节来寻求帮助。注意一点，在实践新技能时，你要使用具体、明确的语言。

另外，对那些对你和孩子有重要影响的其他人来说，如果你们在使用这些教导方法上也能保持一致，那么孩子的行为就会得到明显的改善。同你孩子的老师、提供日托服务的人、亲戚朋友或者其他帮助照料孩子的人分享这些经验吧，他们的支持会让你从中获得很大的益处。

最后，本书的大部分例子都来自我的家庭咨询工作。为保护隐私，凡书中涉及的人物均为化名。书中的方法已经帮助无数的父母和教师，使得他们能够享受与叛逆孩子的相处。如果你愿意投入时间和精力去学习这些技能，你也能够体验到这种回报。

第一章
理解叛逆的孩子

4岁的科里很让人头疼。他每天早上都会拒绝穿妈妈为他拿的衣服。然后，不管妈妈如何费尽口舌地请求，他都会再磨蹭上二十分钟。到了吃早饭时，他又会鼻孔朝天地抱怨说饭菜不合口。"我可不想为此再跟他吵一架。"他的母亲边自言自语边给他重新做早餐。她给丈夫的解释是她担心科里的营养，实际上，她真正担心的是科里如果得不到自己想要的东西就会大发脾气。她的丈夫和两个女儿都认为她过于娇惯科里了。他们经常抱怨说："太不公平了，他总是为所欲为。"等到科里上学后，妈妈才有时间稍微休息一会儿。但科里下午从幼儿园回来后，新的较量就又开始了。科里的母亲经常想，不知道自己还能忍受多久。

6岁的克丽丝特尔时而乖巧听话，时而恼怒无常。一些很小的事情，比如出乎意料的改变、偶尔的不同以往，只要不合她的心意，她就会大发雷霆。对她来说，撒泼打滚犹如家常便饭。"同克丽丝特尔生活就像坐过山车，"她的母亲说道，"真让人精疲力竭！"对克丽丝特尔的家长来说，要么选择惩罚，要么选择妥协，这完全取决于他们当时的心情。但是不管他们怎样做，结果似乎没有什么差别。有时候，他们甚至怀疑自己是否做错了什么，才导致克丽丝特尔的行为如此乖张。

9岁的亚历克斯脾气急躁，经常鲁莽行事。一旦在学校或者社区稍有不如意，他就会喊叫、骂人、威胁，甚至动手打人。仅在十二月份，亚历克斯就因为不尊重老师和在操场上打架被停课了三次。"学校不再体罚孩子真是糟糕！"亚历克斯的父亲抱怨说，"每次他在家捣蛋，我们就会训他一通，然后给他两下子。他必须得学着记住教训。我们已经警告过他，要是再被学校停课，年底前他都不能再看电视了。"

12岁的琳恩注定要成为一名大律师。她聪慧、热情而且非常执着。只要认为有一线机会可以按照她的思路解决问题，她就会同你争论不休。而且只要认为对她有利，她就会不择手段，比如使用演戏、出言不逊、表现无礼等方式。"我从没有想到过她跟我们说话时的口气，竟然和大人一样，"她的父亲抱怨道，"我们用尽各种办法给她讲道理，但无论什么事，最后她都会跟你争辩个没完没了。"

看到这些孩子，你是不是感觉很熟悉？很可能你的孩子就和其中的一个很相似。每年我都会接待一百多个被家长和老师形容为"让人头疼、难对付、活泼好动、生性固执、惹是生非"，甚至"不可救药"的孩子。尽管没有一个词能够充分地形容全部或者大多数我见过的孩子，但最接近的一个词就是"叛逆"。这些孩子实际上都很正常，只是行为过于偏激，教育起来不太容易罢了。

叛逆的孩子并不是成心给别人的生活制造麻烦，实际上，他们只是做了叛逆的孩子会做的事而已。他们喜欢试探，而且和普通的孩子相比，他们试探的次数更多，抵制的时间更长，抗议的声音更响，更擅长演戏，最终把事情搞得远远超乎我们的想象。他们"有权有势"，威力无穷，总能让别人反应强烈。

老师和校长关注他们，是因为学校里90%的违纪的事都是他们干的，尽管他们的人数只占总数的10%～15%。家长关注他们，是因为他们总是惹麻烦。而我了解他们，是因为无论工作还是在家，我都花费了大量时间和他们在一起，因而对他们充满感情，就像看待我自己的孩子一样。当然，作为一个叛逆的孩子的父亲，我也很骄傲。我的小儿子很讨人喜欢，但对我来说同样也是考验重重。对于我写这本育儿方面的书或者我是否知道该怎么做，他一点儿也不在乎。在家里，我同样没有因为从事这样的职业而获得免疫。对我的命令和权威，他尤为抵制，以至于有时候，我甚至怀疑他的行为是否正常。

你怀疑过自己孩子的行为不正常吗？也许你还会担心是因为自己做错了什么才导致孩子行为乖张。你大可不必自责，因为根据大多数情况来看，问题并不出在家长身上。要知道，大多数家长都在竭尽所能地运用他们所知道的方法去教育孩子。问题同样也不出在孩子身上。大多数叛逆的孩子只是真实地表现自我罢了。事实上，问题的根源在于孩子的气质和家长的教育方法并不匹配。家长采用的教育方法并不奏效。在这种情况下，结果自然不难预料——冲突不断、纷争不止。

每当那些叛逆的孩子的家长来到我的办公室寻求帮助时，我首先会做的就是协助他们了解孩子的气质。然后，我会检查他们的教育方法和孩子的气质的匹配度如何，同时分析这种差距可能会导致的冲突和摩擦。而这些，正是我们本章要探讨的内容。对家长来说，这将是一个全新的体验。尽管问题不在于家长，但对于问题的解决，他们的责任重大。

谁是叛逆的孩子

我的小儿子伊恩，在家里的地位可谓"举足轻重"。他为我们带来了无尽的骄傲与欢乐。他很聪明、富于创造，但是又敏感而固执。有时候，我觉得他训练我们远比我们训练他要态度坚决。他总能让我们时刻保持警惕，一旦我们要求他做什么事而又说得含混不清、不相一致，甚至态度模糊时，他会立马让我们知道。不给他一个清楚的信号，他是绝对不会采取行动的。

像大多数叛逆的孩子一样，伊恩明白什么是"底线"，而且他知道怎样摸清我们的底线。他会反复试探，直到找到我们的底线为止。而且每次这样做时，他总会稍稍逾越一点儿，看我们能否守住自己的底线。要是守得住，他就会停下来，并接受这个底线。但是伊恩常常会试探很久，方肯罢休。真让人无可奈何！而我的大儿子斯科特对我们则几乎有求必应。

如果你同样礼貌地要求两个孩子合作却总是得到完全不同的回应，你会作何感想？你会为此苦恼吗？你会怀疑是什么地方出了问题吗？

  反复不停地试探正是叛逆孩子的一个典型特征，也正是这一点让很多家长头疼不已。"为什么他要这样做？"我会问自己，"这样正常吗？"我可能永远都不会像伊恩逼迫我那样逼迫他人。

  你的孩子会违抗你的命令或挑战你的权威吗？他们从很小就这样做吗？你是否反应过激或者怀疑自己的孩子不正常？说实话，咱们都一样。现在是时候更好地了解你的孩子了。下面是一些关于叛逆孩子的基本事实，它们会帮助你更好地理解你的孩子以及你对其行为的反应。

  ● **叛逆的孩子很正常**　当老师或者亲友善意地指出你的孩子行为过激时，你可能担心你的孩子不正常。也许他们说的没有错，但是行为过激并不意味着不正常。大多数叛逆的孩子都很正常，气质特征清楚明了。他们并不是大脑损伤、情感混乱，或者存在缺陷。尽管一些孩子有些问题，但大多数孩子诊断后都完全正常。另外，有时候也可以说"祸不单行"，一些叛逆的孩子还会存在学习障碍、多动症，以及其他特殊问题，但是叛逆并不意味着他们不正常。

  ● **叛逆的孩子并不都一样**　每一个叛逆的孩子都是特殊的个体，脾气秉性互不相同。尽管他们都会试探家长，而且有时候行为过激，但他们试探的方式和程度却各不相同。有一些很简单，有一些很麻烦，有一些则超乎想象。

  ● **叛逆的孩子让人难以理解**　我们每个人的气质决定了我们思考、学习和行为的方式。当其他人的所思所想和我们一样时，我们很容易就能认识到，并且会感同身受。**当其他人的所思所想和我们差别很大时，理解他们以及他们的行为就会很不容易。**为什么他会那样做？我们问自己。在我们的眼里，那些行为毫无意义。正是因为这样，叛逆的孩子才让我们感到难以理解。不过一旦你了解了孩子的气质以及它如何影响孩子的行为方式，那些曾经看起来让你迷惑不解的行为似乎就变得有意义了。

• **叛逆的孩子需要大量的指导和训练**　当然了，这一点很明显，经常试探的孩子需要经常给予其训练。这是生活的事实，而不是烦恼的来源。一旦你接受了这一点，你的态度和观念就会改变。我就是这样。我不再为小儿子试探我而感到生气和憎恨。我知道他的目的就是要试探我，而我的目的是要给他指出正确的方向，这些才是我们要做的。我的新观念并没有改变我儿子的行为，但是它的确让我的生活变得更加容易。我不再把他的行为看作是针对我个人的。

• **对其他孩子管用的教导方法却不适用于叛逆的孩子**　面对同样的请求，为何孩子的反应会如此不同？有的配合，有的抵制。是孩子的问题，还是请求本身的问题？很多家长都难以理解，为何他们竭尽所能的努力对一个孩子管用却对另一个不起作用。如果我们考虑到个体气质差异的话，问题就不再那么费解了。顺从的孩子对大多数教导方法都很配合，因为他们内心潜在的愿望就是配合。和叛逆的孩子相比，顺从的孩子学习规则的方式是不同的。他们能够接受父母很多无效的命令①。而**叛逆的孩子对无效的命令则不会有反应。他们需要信息清楚、态度坚定而且连贯一致的指导。对叛逆的孩子来说，无效的命令非常容易导致家庭纠纷。**

• **叛逆的孩子的学习方式不同于同龄人**　叛逆的孩子大部分时间里学得"比较困难"。也就是说，他们在学会我们打算要教的东西

---

① 编者注："无效的命令"在此处多指因信息不清楚、态度不坚决，而导致"命令"本身的强制力下降，没有达到应有的效果。

之前，需要体验自己的选择和行为所带来的后果。仅仅告诉他们在房间里踢球不对是不够的。对叛逆的孩子而言，每次当他们试探着在房间里踢球时，我们都需要让他们体验到球被收走的后果。并且，这种训练可能需要重复很多次，才能让他们接受"规则是强制性的"这种事实。他们的行为并无恶意，但是却让人沮丧和困惑。毕竟，与那些乐于合作、顺从的孩子相比，他们太不一样了。

• **叛逆的孩子往往会让他人反应过激**　当你的孩子挑战你的规则和权威时，你会作何感想？生气、沮丧、困惑、恐慌、难堪、负罪、别扭、气馁、疲惫，或者以上都有？这些都是对极端行为的正常反应。叛逆的孩子经常会导致父母婚姻紧张、兄弟姐妹冲突，以及其他家庭问题。

• **通过正确的指导，叛逆的孩子可以变得充满活力、善于合作和有责任心**　一旦发现你的孩子有些叛逆，那么接下来的问题是，你打算怎样处理这种情况？选择实际上很清楚，你可以与之斗争并努力控制它，你也可以选择放弃并任其摆布，你还可以尝试两者都试试看。也或者，你可以接受它，平心对待，学着用更好的办法指导孩子健康成长。选择权在你的手里。如果我们给叛逆的孩子足够的理解和指导，指引他们朝着正确的方向前进的话，他们那些让人头疼的特质，便完全可以变成他们的长处。

发现孩子的气质

当我的儿子出生时，他的脚后跟上并没有贴上这样的标签：警告！叛逆的孩子，小心对待。实际上，根本不存在这样的警告。和很多家长一样，我是随着他长大才慢慢发现他的气质的。

最初，我确实发现了一些迹象。在刚出生的几个月里，他因为疝气疼而时常大喊大叫。对我们给他准备的食物，他总是很挑剔。通常上午是最麻烦的时候。他醒来时总是慢慢吞吞而且表情很怪。不知道为什么，他的节奏和我们其他人完全不一样。

但是直到八个半月的时候，伊恩才跟我们摊牌，彻底露出真性情。某个星期六的上午，我正坐在沙发上看报纸，突然看见伊恩自己站了起来。**小心点儿**！我想，该是到了他磕磕绊绊、扶着家具乱走的阶段了。他的哥哥在经历这个阶段时，好像也是这么大，我很清楚这意味着什么。但是让我们惊喜的是，伊恩竟然扔掉家具，自己独自走过整个客厅！只不过走到头时，他摔倒了。可是他站起来，又走了一遍。哇！

我把待在隔壁房间里的妻子喊过来，让她看伊恩走路。当她过来后，我使出浑身解数想让他再走一遍。可不管我如何请求、哄诱，甚至欺骗，伊恩都不肯再走。他坐在那儿，脸上的表情似乎在说：**注意，我可是伊恩**。大概又过了两个星期，他才又重新走路。而且如同他做大多数事情一样，他喜欢自行其是。回顾过去，我觉得这是他成长中关键性的一件事。

在我找到机会用我的界限设定或者教导方法对他施加影响之前，伊恩已经给我展示了他的一部分气质特征。从那之后，他就一直表现得很叛逆。这是他独特的行为方式，并不是针对我。这种方式已经存在，我只是发现了它。

所有的孩子都有他们自己的气质和先天的行为方式。行为偏好是与生俱来的。家长的行为、生活方式、价值观或者信仰并不会直接决定孩子的做法。气质并不取决于环境因素，但是却和这些因素相互影响、相互作用。

那么这是否意味着孩子的行为是固定的、不可改变的呢？当然不是。气质并不像水泥一般坚硬，通过适当的引导，它是可以塑造和改变的，但以某种方式做事的潜在倾向性却往往难以改变。举例而言，在家长要求收拾东西时，不少上了幼儿园的孩子总是不肯让步，拒绝配合。等他长大成人后，他可能不会再这样和父母对着干。但是，不管是在工作中还是在家庭中，遇到与自己有关的问题时，他极有可能态度强硬。尽管他知道应该通过更恰当的方式表达自己的坚持，但他仍会经常神经质地固执己见。

纽约大学的亚历山大·托马斯博士、斯泰拉·切斯博士和赫伯特·伯奇博士对气质进行了开创性研究。他们的研究从1956年开始，一直进行到现在。他们持续跟踪研究了133名婴儿，以及他们长大成人后的发展状况，探讨了他们对周围世界的反应所存在的个体差异。这些差异，或者说个性化的反应方式，揭示了每一个孩子的独特气质。托马斯、切斯和伯奇从所有的孩子身上找出了九种典型的气质特征，尽管程度各有不同。通过进一步的研究证明，这九种特征可以较为稳定地预测一个孩子在不同的时间和场合下会做出何种反应。下面就让我们分别看一下这些特征，看看你能否从这里面辨认出你孩子的气质。这些特征包括：

1. 坚持 在完成任务和抵制命令上，孩子坚持的时间各不相同。从积极的方面来说，坚持可以让人矢志不移地完成任务，哪怕任务十分困难、充满挑战。从消极的方面来说，坚持会让人固执己见地反对规则和权威。你的孩子在完成任务上能坚持多久？很长还是很短？当他们想要什么东西时，态度会有多坚决？当他们面对限制时，反抗得会有多厉害？几乎所有叛逆的孩子在消极坚持上的特征都相当明显。

2. 强度　有些孩子在开心或者难过时反应平和，有一些孩子的反应则非常强烈。你的孩子在高兴或者沮丧时会如何反应？是微笑，还是大笑？是低声啜泣，还是失声痛哭？是欢呼雀跃，还是嚎哭不止？叛逆孩子的表现往往十分戏剧化，他们中的很多人在强度上得分都很高。

3. 规律　有些孩子能很快养成习惯并一如既往地保持下去，有些孩子则表现得非常多变且缺少规律。你的孩子在吃饭、睡觉、排便以及其他日常习惯上是否非常有规律？他对日常安排和常规的事能很好地适应吗？

4. 注意力　有些孩子的注意力保持得比较集中，并能保持较长时间。有些孩子的注意力保持得较为短暂，很容易分心。你的孩子专注于一件事的时间有多长？他们的注意力容易转移吗？是不是一件事还没有完成就转到另一件事上？

5. 精力和活动水平　通常，精力和活动水平随孩子的不同而不同。有些孩子精力十足，活动水平很高。有些孩子状态消极，过于压抑。但大多数孩子介于两者之间。你的孩子活动水平如何？有多精神？始终都精神饱满吗？如果为了完成某项任务，你的孩子能根据需要调整自己的节奏吗？

6. 敏感度　孩子对感官刺激的反应也各不相同。有些孩子很灵敏，反应较快。有些孩子则对身边的刺激反应迟钝。你的孩子对感官刺激的反应如何？他们对气味、某些食物的口味、温度的变化、衣物的质地、声音、强光以及突然的震动敏感吗？

7. 适应性 有些孩子对新环境和变化适应得较快，有些孩子面对变化则压力重重。对有些孩子而言，日常的正常转变，比如从家到学校或者休息过后返回教室，都显得很费劲。而对另外一些孩子来说，这些变化则毫无影响。你的孩子如何应对改变呢？日常的转变对他们来说是否容易？

8. 反应性 在遇到新情况时，有些孩子会毫不犹豫，有些孩子则思前想后、顾虑重重。你的孩子遇到新情况或者陌生人时反应如何？他们是乐意融入其中，还是表现得极不情愿？在遇到新情况时，你的孩子倾向于打退堂鼓并极力逃避吗？

9. 情绪 情绪或者心境也会因孩子的不同而不同。有些孩子心态积极、开朗外向，有些孩子则严肃认真、擅长分析，还有些孩子生性消极、脾气暴躁。你会怎样形容你孩子的基本性情呢？

以上这些信息到底有多少用处呢？实际上，正是这九个容易让人迷惑的特征构成了孩子的气质。当你把它们放在一起时，你就可以看到一幅关于孩子气质的图画。记住，所有孩子都会不同程度地显示出这些特征。只在某几个特征上表现得尤为明显的那些孩子较为容易对付，而在很多特征上表现得都很明显的孩子则十分难以对付。

托马斯、切斯和伯奇的研究表明，大约65%的孩子符合以下三种基本气质类型中的一种：随和或灵活、倔强或易怒以及谨慎或慢热。而这三者的比例分别为40%、10%、15%。除了这三种以外，剩下35%的孩子表现出以上三种基本气质类型的组合。

作为一名教育顾问，当我协助教师和校长开发有效的课堂管理项目和学校纪律计划时，我会在学生中反复观察这些不同的气质类型。大多数教师的报告称，90%的课堂纪律问题是由10%的学生制造的。这些学生显然符合"倔强或易怒"的情况。在设定界限的项目中，我们称他们为"叛逆"的孩子。那些对大多数孩子很有效的教育方法，对他们并不起效。

剩下90%的学生，根据相应的气质类型，在教室里通常会被分成两个完全不同的群体。其中，40%随和的学生和15%谨慎的学生构成这55%我们称之为"顺从派"的学生。这些孩子通常不会有太多的试探，他们内心往往倾向于讨人喜欢并乐于配合。

另外35%的孩子表现出不同气质类型的组合，我们称之为"骑墙派"。顾名思义，这些孩子会采取什么方式，往往取决于我们能承受什么样的后果。如果他们发现那些叛逆的同学行为不端却又能逃避惩罚，那么他们一定也会加入其中来寻找乐子。而搞定这些"骑墙派"，则可以为一个教师积累相应的课堂管理经验。

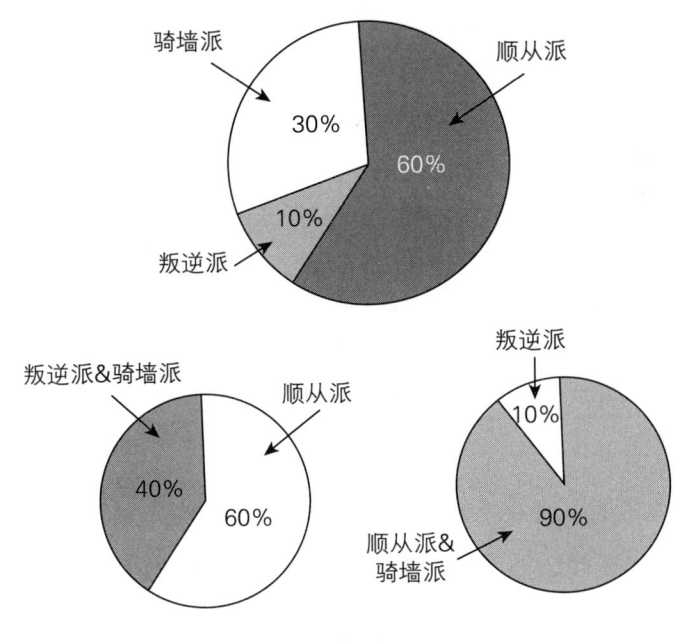

气质类型图

有了对这些基本气质类型的理解，接下来我们可以看看你的孩子在气质方面有哪些特质，到底属于什么样的气质类型。按照表1中的数值，我们可以对孩子的行为进行评分，表1是斯坦利·图雷克在他那本非常出色的著作《棘手孩子：理解孩子的天生气质》（The Difficult Child）一书中设计的评定量表的修改版本。你可以据此圈出那些最能描述孩子气质特征的数值，并据此打分。

>>> 表1

孩子的气质量表

气质特征	容易管理	⸺⸺⸺⸺⸺⸺⸺⸺▶	难以管理
消极坚持	低	中等	高
强度	低	中等	高
规律	规律	可变	不规律
注意力	低	中等	高
精力和活动水平	低	中等	高
敏感度	低	中等	高
适应性	低	中等	高
反应性	低	中等	高
情绪	温和	有节制	偏激

你孩子的气质量表看起来会是什么样子的呢？你的孩子展现出了多少难以管理的特征呢？他们在消极坚持中的评级是否特别高？如果是这样，你的孩子无疑很叛逆。除此之外，你的孩子还有哪些特征的评级位于"难以管理"一栏？数量有多少？一个？几个？很

多个？要知道，你的孩子拥有"难以管理"评级的特征越多，你的麻烦就越大。现在，你是不是已经开始明白，为什么你会觉得如此心力交瘁呢？

如果你还是好奇，那就用量表测测你家庭中的其他孩子，并注意进行比较。你觉得自己有一个爱抱怨的孩子吗，或者有一个骑墙派的小家伙？很可能你家里不止一个叛逆的孩子，每个家庭都是独一无二的。

好了，让我们来说说好的方面吧。实际上，知道了这些，会让你的生活变得更容易一些。一旦你了解了孩子的气质，你就可以预测孩子的行为。用更有效的教导方法来匹配孩子的气质，你就又前进了一步。

我的孩子是怎么变成这样的

关于个性和气质差异的成因，一直存在着先天与后天的争论，目前答案仍旧不是很清楚。我们知道遗传因素和环境因素在气质的形成过程中作用很大，但是对这些因素所引起的相关影响尚不知晓。尽管争论仍在继续，但我们可以追溯一下这些想法和研究的历史。

在20世纪50年代，后天论占据了主导地位。研究者相信，对于孩子气质差异的解释，诸如父母教育方式等环境的影响至关重要。当孩子表现出极端或者难以对付的行为时，这些行为应该归因于家长。家长在很大程度上应该为孩子的行为负责。

但是事实证明，后天论让家长和研究人员同样感到困惑。一些家长指出，面对同样的教育方法，孩子的表现却大不相同。有些很合作，有些不合作。为什么呢？如果问题在于教育方法，是不是所有的孩子都会表现不同呢？研究人员发现，单纯的环境影响不能准确地解释他们在孩子身上观察到的不同。这项研究需要更好的解释。

随后先天论成为试探研究的焦点。根据这种观点，气质间的差异大多取决于遗传或者说天生的影响。先天论解释了对于同样的家庭教育和环境影响，孩子的表现为什么不同。但是这种观点却不能解释，为什么一些有极端特征的孩子在适应性方面却比其他的孩子更好。

但不管是先天的还是后天的，这两种观点都不能准确地解释研究人员在气质上所观察到的差异。一种观点过分强调家长教育的影响，从而让家长感觉内疚和自责。另一种却低估了家长教育的影响，并让他们感到无能为力而放弃。难道就没有一种更好的解释吗？当然有。

另一个研究团队提出了一种先天因素和后天因素相互融合的模型。根据这个模型，先天因素和后天因素是一幅画的两个部分，两者都在不同程度地作用于气质的形成过程。气质可以被看作是遗传因素（先天特征）和环境因素（家庭教育）持续相互作用的结果。换句话说，孩子带着天性而生，家长提供后天养育，二者的相互作用导致了最终的结果。家长教育方法固然重要，但也要看孩子的天性如何。

气质如何影响行为

气质犹如行为的蓝图。当你的孩子出生时，先天因素就提供了这种蓝图，但是计划并不固定。它需要建筑师指导、塑造，并使之成型。家长正是这样的建筑师。同先天因素提供的计划进行密切合作是我们的职责所在。

一旦你识别出孩子的气质类型，你就能慢慢理解这个蓝图了。那些曾经看起来让人迷惑不解的行为也开始变得不难理解了。问题不再是"为什么他要那样做"，而是"当他那样做时，我应该怎样引导他"。基于你对孩子气质的了解，你可以预测孩子的行为并找到更有效的指导策略和方法。

举例而言，如果我要求伊恩收拾桌子上的东西，根据经验，我预测他会试探和抵制我的要求。他很可能会说"我会的"，但却毫无实际行动。实际上伊恩的意思是说，"我会收拾的，除非必须那样"。但他并不确信自己必须得那样做，他在等待一个更清楚的信号，他会一直磨蹭到我再次发话。

如果我中了他的圈套并问他什么时候收拾的话，我同样可以预测他的反应。他很可能会说"马上"，但是仍然会磨磨蹭蹭。对伊恩来说，如果他认为自己有机会逃避任务的话，"马上"可以是几个小时，也可以是永远都不。因此我会坚持足够长的时间，以让他确信任务难以逃避，这样他就会收拾东西。

只是让孩子收拾桌子上的东西就这么麻烦，这是不是意味着任务艰巨？对我来说的确如此，而且如果我愿意每次都这么做的话，我会感到更加心力交瘁，但我并不愿意。我知道他可能会怎样做，并且他会那样做。因此，我很快就能知道他的底线。在我第一次看到桌子上乱七八糟时，我就会用清楚而坚决的话语礼貌地对他说：

"伊恩，请把桌子收拾干净，然后再做别的事！"接着，我会待在那里防止他溜号。通常情况下，他都会收拾的。

大多数家长都可以较为准确地预测他们的孩子在特定的情况下会如何反应，但是很多家长仍会对预料之中的反应感到困惑和沮丧。他们往往会选择反对或者干脆放弃，而不是塑造和引导。当我们把孩子的气质作为一种既成事实去接受的时候，他们的行为会变得更容易理解和应对。

孩子的行为如何影响你

在我的咨询生涯中，我见过很多叛逆的孩子，10岁的阿伦就是一个典型例子。

他聪明能干，但是要强、执拗，而且不专心。只要他认为自己可以得到想要的东西，他便会和大人争辩。阿伦的身上表现出了很多难以对付的气质特征。当家长带着他来到我的办公室时，他已经是第三次因为顶撞老师而被停课了。

"每年都是老样子，"阿伦的父亲抱怨道，"先是老师往家里打电话，接着是写纸条，最后就是我们去学校开家长会。刚过了半年，阿伦的老师就已经受不了了。他们把他送到校长办公室，校长办公室又把他送回家。实际上，我们跟老师和校长一样疲惫不堪。"

在家里也是这样，所有的人都受到了影响。阿伦和他的妹妹不

第一章　理解叛逆的孩子

时地争吵打斗，并且妹妹因为他受到过多关注而感到愤愤不平。在和伙伴玩时，阿伦也常常表现得飞扬跋扈。不管家长跟他说什么，只要他不乐意，他就会借故推脱。无论是干家务还是写作业，几乎都难免引发争执。阿伦的母亲常常为此累得精疲力竭，以至于根本无暇照顾丈夫。面对这种情况，阿伦的父亲尽管心有不满，却也无可奈何，于是干脆撒手不管。阿伦的母亲感到既自责又无助。他们都已经尽力了。

像大多数叛逆的孩子一样，阿伦无论对谁都反应过激。他的老师感到生气、恼怒、怨气十足。"我已经受够了，"她抱怨说，"只要阿伦不在，整个课堂的气氛就会很不一样。"她希望校长把阿伦调到别的班去。

对此，阿伦的母亲也感到非常矛盾。她有时候感觉自己做得不够好而心怀沮丧，有时候又觉得自责而过分溺爱孩子。"太荒唐了！"她说，"无论在家还是在公众场合，当阿伦胡闹时，我会觉得我有责任站在他那边，保护他不受他父亲、学校和邻居们的指责。"她很想放松地告诉自己阿伦只是处于某个阶段，很快就会过去的，但又担心别人会认为她不够尽职尽责，不是一个好母亲。不仅如此，她甚至还担心阿伦的行为会让他们的婚姻关系日趋紧张。

阿伦的父亲也感到困惑、沮丧，而且充满怨恨。他不能明白情况为何失控到这种地步。在阿伦出生前，他一直想象着自己会有一个幸福的家庭和一个充满温情的、美好的父子关系。可谁曾想，事情完全出乎意料。

像很多拥有叛逆孩子的家庭一样，阿伦和他父亲之间的冲突不断，以至于斗争成为他们的一种相处方式。他的父亲感到身陷困境却难以自拔。他还完全把阿伦这种难以对付的行为个人化。"为什么他会这样对我?"他的父亲很是疑惑不解。他把家庭关系的紊乱和婚姻关系的紧张都归咎于阿伦。

更糟的是,阿伦的父母在如何教育孩子上意见并不一致。阿伦的母亲采用的方式较为温和。她不断地重复、提醒、警告、哄骗、规劝,以及解释,但是所有适用于她女儿的方法对阿伦来说都不管用。他似乎打定主意绝不让步,直到他母亲最终放弃为止。

"我肯定是什么地方做错了,"她常常这样想,"这种方式对我女儿很管用的。她是这样讨人喜欢且让人省心,我多希望阿伦也像她这样啊!"

妻子对孩子过于温和,阿伦的父亲为了平衡而往往要求严苛。对待阿伦,他吵嚷、批评、指责、争辩,一直到他自己都不能忍受为止。然后他就威胁说要拿走阿伦所有的玩具,并长时间取消他的某项权利。可是他吵嚷的声音越大,威胁的次数越多,阿伦反而越是强硬,越是抵触。可以说,这种无效的训练事实上加深了阿伦的任性程度,同时进一步激化了他们之间的矛盾。有时候,阿伦可以坚持几个小时而不屈服。

当情况变得难以收场时,阿伦的母亲就会过来解救儿子。她并不打算破坏丈夫的权威,只是她实在听不下去了。阿伦的父亲理解她的感受,但是对此他也无计可施。他常常担心阿伦有一天会毁了他们的婚姻。

叛逆的孩子常常让别人感到难以忍受。当我第一次遇见阿伦时,他已经把他的父母折磨得精疲力竭。他不仅激怒了老师和校长,甚至连不少邻居也对他避而远之。他妹妹憎恨他，他父母的婚姻也饱受考验。他的极端行为不但超越了家庭，延伸至学校，甚至连邻里社区也受到很大的影响。

叛逆的孩子是如何影响你的生活的？你有感到精疲力竭的时候吗？你会感到崩溃、孤独、困惑、失望、沮丧、缺憾、尴尬、自责、偏袒、愧疚、绝望、生气、憎恨呢，还是会陷入家庭纠纷而僵持不下？你担心孩子的行为会给你的婚姻、家庭关系带来危机吗？如果是这样，别担心，你并不孤单，这些都是叛逆孩子的家长普遍反映的问题。

你的气质发挥何种作用

我们已经探讨过孩子的气质和家长的教育方法之间，存在着重要的相互作用，但是家长的独特气质也会对这种相互作用产生重要的影响。那么，家长的气质是如何影响这种相互作用的？

如果家长和孩子的气质比较相似，那么家长在认同和理解孩子的行为上就会非常容易。但如果家长和孩子的气质差异很大，家长在认同和理解孩子的行为上就会比较困难。在家长看来，孩子的行为毫无意义。让我们看一看在阿伦的家里，这种动态的影响是如何发生作用的。

阿伦的父母和妹妹都是较为顺从的气质，即便性格中有难以对付的特质，也只有很少的一点儿。在大多数情况下，他们相互配合，关系处得也不错。因为他们的行为方式相似，所以父母很容易认同和理解妹妹的行为。

然而阿伦和父母之间的这种互动就非常不同。阿伦性格叛逆，很难对付。在大多数情况下，他会倾向于试探家长的底线。因为阿伦行为乖张，他的家长在认同和理解他时就比较费劲。在他们看来，阿伦的行为简直不可理喻。可以说，要想把他们的气质凑在一起，就好比不用任何转换器便把交流电和直流电接在一起一样困难。换句话说，很难在他们的气质中找到共同点。

我在这里以转换器为例，是为了让读者更好地理解各自不同的气质而采用的比喻。

你是否准备以后给自己也加上一个转换器？现在，在已经了解了孩子的气质之后，是时候熟悉一下你自己的气质了。请回到本书前面提到的表1（详见第14页），给你自己在这九项特征上划分一下等级，看看自己的气质究竟如何。研究一下，你的气质和孩子的气质在多大程度上是匹配的呢？

无效的训练容易导致家庭纠纷

叛逆的孩子试探家长的次数会比其他孩子的多。因此，家长不得不对叛逆的孩子进行更多的指导和训练，而这还只是生活的其中一个方面。另外，不管你用的是什么方法，你都需要经常反复地使用它。**叛逆的孩子需要多次重复体验你的界限，才能最终学会接受**

第一章 理解叛逆的孩子

规则是"强制性的",而不是"可选择性的"。

如果方法模糊不清或者缺乏实效,你就会遇到很多问题。因为叛逆的孩子可不会给家长太多的机会去试验自己的训练是否有效。

以我为例。如果我对听话的大儿子说:"斯科特,我希望你今天把房间打扫一下。"我可以料到他会怎么做。他会尽可能早地清扫房间,我并不需要再多说什么。尽管我给出的信号并不是特别清楚,态度也不坚决,但是斯科特内心倾向于讨人喜欢并乐于配合。我可以给斯科特留一个模糊的信息而走开,对伊恩就不行。

如果我给伊恩同样模糊的信息,我可以预料到他会如何反应。他很可能说"我会的",接着就会置之不理并且寄希望于我会忘记。即使他打扫了房间,也会是最后才干的事,并且是在我一再坚持的情况下才会干的。

对待伊恩,我的要求必须清楚而坚决。我不得不说:"在你今天做别的事之前,请先打扫房间。"根据经验,他知道如果他没有做完,我是不允许他做别的事的。一个试探性的或者不清楚的请求,往往会导致我们双方更多的试探和家庭纠纷。

对叛逆的孩子而言,无效的训练往往会导致家庭纠纷。但是大多数家长并没有意识到这一点。**他们没有意识到,由于他们的信号不清楚和不够坚定,实际上鼓励了他们本想要制止的试探行为。孩子试探得越多,家长采用无效的训练越频繁,双方陷入家庭纠纷的次数就越多。**这是一个恶性循环,我称之为"家庭舞蹈",但它们只是无效沟通的简单重复,在训练时一而再、再而三地反复上演。

如果你在用这种无效的教导方法对待叛逆的孩子，那你很可能正在进行家庭舞蹈。家庭舞蹈让人压力重重并且精疲力竭。本书的一个目标就是帮助你从这种舞蹈中挣脱出来。

父母与孩子的气质匹配度

大部分家长对孩子的行为都会有所期待。当孩子的实际行为和家长的期待相匹配时，双方的关系就会比较融洽，所有事情看起来也比较契合。可是当孩子的实际行为和家长的期望不匹配时，又会怎样呢？

首先，我给大家介绍一下"契合"的概念，再探讨一下当孩子的行为和家长的期望不符时，家长所要做的调整。契合是一个关于心智健康的专业词汇，"契合度"被用来描述孩子和他们所处环境里的重要人物之间的匹配程度。注意，这些重要人物里首要的就是孩子的家长。契合或者契合度通常基于以下两个层面来评价：

- 情感层面——家长觉得自己的孩子怎么样
- 行为层面——对于孩子的行为，家长在多大程度上可以接受

可以回想一下，在前面的例子中，阿伦的母亲跟她顺从的女儿之间存在着一种积极的联结，两人之间充满温情。她描述她的女儿是"讨人喜欢且让人省心"的。她们都很享受这种情感上和行为上的契合。在大多数健康的家庭里，顺从的孩子和家长之间的契合度

一般都很高。听话的孩子容易让人喜欢。

但是阿伦却让他们高兴不起来。他们爱他，但不喜欢他的行为。他的行为和他们的期望差得太远。对于这种情感和行为上较低的契合度，阿伦的父母十分苦恼。

"的确，我很失望，"阿伦的父亲坦白道，"我希望我们在一起能玩得愉快，我们的关系能亲密一些，可是阿伦从来都不愿意做我喜欢的事。这些希望都没实现，我感到很内疚。"

阿伦的父亲没有意识到，他只是在为失去他从不曾拥有的理想儿子而悲伤。有时候放弃梦想会非常痛苦，尽管过程有些让人悲伤，但阿伦的父亲应该放弃理想画面，接受阿伦的现实。

作为家长，放弃理想的画面可能很困难，但却很必要。 你的孩子需要你这样做。尽管这可能会让你感到难过甚至伤心落泪，但是你需要做的，就是丢掉不切实际的幻想，为你和孩子创造新的梦想。因为执着于不真实的想法只会让你们停滞不前。

本书的目标：提高父母与孩子的契合度

到目前为止，我们已经探讨了养育叛逆孩子的三个重要因素：孩子的气质、你的气质以及你的教导方法。养育孩子的过程正是这些因素持续相互作用的过程。

很多家长经历的问题是他们投入了大量的时间和精力，试图改变他们不可能改变的东西——孩子的气质。我们不能改变气质，但我们可以理解它、引导它，并朝着积极的方向塑造它。

你的气质及教导方法完全在你的掌控之内，你可以改善你的教导方法，并学习用更好的方式管理自己的气质。这正是本书要介绍给你的。但是首先，我们需要了解一下界限在教和学的过程中所扮演的重要角色。

第二章

叛逆的孩子
如何学习规则

8岁的柯特和他6岁的弟弟迈克尔知道他们不应该在厨房给玩具水枪装水,但是厨房里的水龙头比外面的胶管好用多了。当他们带着玩具水枪往厨房走的时候,他们的母亲已经猜到他们要干什么了。

"如果你们在屋子里给水枪装水,我会把它们收走的。"她平静地说。"明白吗,柯特?"她拦住他的路,直截了当地说。因为她料到他肯定会试探。

"哦,好吧!"柯特很不情愿地回答。两个孩子到屋子外边用胶管去了。但是,事情并没有结束,游戏还在继续。

几分钟后,柯特注意到妈妈正在和马路对面的邻居谈话。机会来了,他想。他蹑手蹑脚地溜进厨房给水枪装水。而迈克尔为了安全起见,还是在外边用胶管给水枪装水。

就在柯特的水枪快要装满的时候,妈妈逮了他一个正着。"把水枪给我,柯特,"她平静地说,"如果你能用胶管装水的话,那么这个明天就可以还给你。"柯特恳求她再给一次机会,但是她的态度很坚决。尽管柯特对此很不高兴，但他清楚，要想玩的话，也只能等到明天了。

像大多数叛逆的孩子一样，在学习母亲的规则上，柯特也经历了一段艰难的过程。最初，为了验证妈妈是否真的说话算话，他会不断地重复和试探，直到他发现母亲的规则是不容置疑的。毫无疑问，柯特母亲的这种教导方法会达到她预期的效果。

柯特的母亲明白，她的孩子有着与众不同的气质和学习方式。她早就下定决心，容易也好，艰难也罢，都要教他们学会遵守规则。柯特的性格很叛逆，她知道他会试探，所以她做好了准备。一旦他试探，她就采用有教育意义的方式去应对。和那些学习过程较为艰难的人一样，柯特需要更多的训练。对家长来说，养育他是一个挑战。

相反，迈克尔却是一个顺从的孩子。他不会经常试探，因为他的内心往往倾向于讨人喜欢并乐于配合。他的母亲知道他会合作，虽然她也做好了不合作的准备。如果他不合作，她也会采取有教育意义的方式去应对。像那些学习过程较为容易的人一样，迈克尔不需要多少训练。养育他比较容易。

柯特和迈克尔的母亲没有在无效的训练上浪费时间。在她的训练中，既没有嚷嚷，也没有威胁；没有争吵，也没有辩论；没有训斥，也没有说教，更没有生气的戏剧化表演。她只是告诉他们一个清楚的信息，同时采取有效的行动来支持她所说的话。她的信息很清楚，信息背后的规则也很清楚。这种方式让艰难的学习过程看起来容易些。

在这一章里，你将会明白对叛逆的孩子来说，为什么艰难的学习过程反而是学习规则最清楚的途径。而且，你将会明白为什么教和学的过程会经常发生中断。等明白了这些之后，你就知道怎样用最清楚和最易理解的方法教孩子遵守你的规则。

孩子往往通过感觉来获得经验

孩子的学习和成人并不一样。皮亚杰关于儿童智力发展的研究已经告诉我们，孩子的学习和成人相比，有着本质的不同。孩子的学习往往很具体。在形成对现实的认知方面，他们直接的感知经验往往扮演着举足轻重的角色。

那么具体到每日的生活中，这到底意味着什么呢？它意味着**孩子通过感觉（看、听、触、摸）获得的经验，决定了他们的认知**。他们对世界的认知和感知主要建立在他们的具体经验之上。

皮亚杰的研究对我们如何教育孩子有着重要的启发意义。教育孩子有两种基本途径：通过我们的语言或者通过我们的行动。两者都在进行教育，但只有行动是具体的。是行动，而不是语言，决定了我们真正实践的规则。

我们以查克的经历为例。

当8岁的查克正忙着用乐高积木搭建城堡的时候，门铃响了。她母亲打开门。

"查克可以去我家玩吗？"凯文问道。

"当然可以,"查克的母亲回答,"不过他得先把乐高积木收起来。"查克的积木在地板上铺得到处都是。重复了一下她的要求之后,查克的母亲就离开了。

几分钟后,她回来时却发现积木仍然堆在地板上。"讨厌的家伙,他又这样!"当她俯下身子为他整理积木时,她自言自语地说道。

几个小时后,查克回来发现乐高积木都已经被整齐地放到盒子里了。看到这个场景,他笑了。事实又一次证明,他很了解母亲的规则。

尽管她说过,"他得先把乐高积木收起来",可是她所做的说明了什么呢?很显然,她所做的告诉他:你并不需要真的那样做。而查克亲身体验到的是什么呢?那就是:完全不用收拾积木。根据他的经验,只要他能足够快地溜出去,他就真的不用收拾。可以想象一下,当下一次他母亲要求他出去玩之前先收拾玩具时,你认为他会把她的话当真吗?

让我们换一个不一样的结尾重放一下这个镜头。

这一次,当查克的母亲进屋看到积木被扔得到处都是时,她没有收拾,而是直接走到凯文家,找到查克并把他揪回家。接着,她将厨房的闹钟设定了十分钟倒计时。

"闹钟响的时候,如果你把所有的积木都收起来的话,你就可以回到凯文那里玩,"她平静地说,"你如果为了逃避任务而溜出去的话,就只会浪费你玩的时间。"然后,她就待在那里监视他。

这一次查克听到和经历了什么呢？他的妈妈所说的和所做的传递出的信息一样吗？当然一样。如果她自始至终都用这种方式执行她的规则，查克自然会把她的话当真。

界限和学习过程

如果你的孩子出生时就懂得维持良好关系所需要的界限，你能想象一下生活会变得多么轻松吗？这是一个美好的幻想，而不是现实。没有人生来就知道界限，我们通过家庭生活懂得了界限。在我们的成长过程中，首先由父母教给了我们什么是界限，而其他重要的人，比如老师和看护者，则进一步强化了界限的概念。

当孩子在家庭中学习到的界限与在学校和社区中所接受和实践的界限相一致时，孩子适应起环境来就会更容易。相反，如果孩子在家庭中学习的界限和外部世界教导的界限不一致，那么孩子的适应过程就会比较复杂。

界限不会使生活复杂化，也不会使我们与他人的交往复杂化。事实上，情况正好相反。界限让我们的生活变得简单。当孩子知道父母的底线，以及和他人交往的底线时，他们就会在人际交往中感到安全和舒适。界限给孩子提供了至关重要的信息，帮助他们学会合作和与别人很好地相处。

当父母言行不一时，孩子就会置之不理

当我们的语言和行动始终保持一致时，孩子就会把我们的话当真，并且接受话语背后的规则。而当我们言行不一的时候，孩子就会对我们说的话置之不理。并且，他们会把自己的认知建立在他们的经验之上。实际上，我们教给孩子两种不同的规则：一种理论上的和一种实践上的。

这种实践和理论的脱节，正是孩子和家长之间教和学的过程屡次发生中断的原因所在，但大多数家长甚至意识不到这一点。他们只是不断地用自己说的话教育孩子，而孩子却通过他们自己的经验学习。下面就是一个典型的例子。

5岁的萨拉坐在沙发上用水彩笔画画。她的母亲意识到沙发可能会被弄脏。

"萨拉，那样不太好，"她说，"我担心你会把沙发染脏的。"

"我会小心的，妈咪。"萨拉信誓旦旦地说。

"我知道你会的，亲爱的，"她母亲说，"但我真的希望你能到桌子那边去画，那样就不会染脏任何东西。"

"我会的，"萨拉说，"但是我想先把这一部分画完。"

"一旦画完，就挪到桌子那边去，好吗？"说着，她母亲走开了。

"好的。"萨拉说。可是十分钟过去了，她仍然坐在沙发上画。

"萨拉，我想我说过让你挪到桌子那边去画了，"她母亲说，声

音里不无担心,"如果沙发染上任何东西,你父亲和我都会很不高兴的。我真的希望你能听话。"

"我会的,妈咪,"萨拉说,"我只是想画完这一幅就挪过去。我就快画好了。"

"你最好快一点儿,"萨拉的母亲说,"我快生气了。"等待的时候,她不耐烦地跺着脚。但是萨拉继续画个不停。她的母亲终于失去耐心了。

"萨拉!"她喊道,"我已经等够了,丫头!非要我把你的画笔拿走吗?"

"好的,我画完了。"萨拉说着,把她的画从沙发上拿走了。

当萨拉的母亲指出在沙发上画画存在危险的时候,她满以为自己已经传达了停下的信息。可是萨拉并没有做出她期待的反应,她开始失望并且有些生气。实际上,萨拉的母亲传达了两个信息,但她只意识到其中一个。

萨拉母亲的话,听起来像在要求她停下,但是萨拉体会到的却不是这些。她认为母亲的行为实际上是在说:"继续做你想做的。尽管我不太喜欢,但是对此我不打算做什么,至少目前我不打算做。"

萨拉对此做出的回应,和大多数叛逆的孩子一样。当他们怀疑家长是否认真时,反应往往如此——对命令置之不理,凭他们的经验做出判断。对她母亲所说的不能在沙发上用画笔的规则,萨拉是怎样解读的呢?是的,只要她能忍受母亲生气的提醒,她就可以随心所欲,想用多久就用多久。

孩子是如何试探父母的底线的

孩子生来就会察言观色。他们知道如何搜集信息并据此得出结论。像萨拉这样的孩子，我们怎样才能让她知道口头规则和实际规则是一致的呢？通常，他们会通过试探了解到这一点。不管什么事，凡是我们要求他们不要做的，他们往往偏要去做，然后等着看结果到底会怎样。孩子正是通过这种方式进行试探研究的，也就是所谓的"界限试探"。他们通过体验收集到相关信息，以做出对我们规则的判断。这也回答了他们所研究的一些重要问题：什么是真正被允许的？谁真正说了算？我还可以做到什么程度？如果我太过分了会发生什么？

孩子所做出的判断，往往和家长的期望是不同的。为什么呢？因为孩子的试探和他们的学习方式一样，都是很具体的。通常他们只相信自己体验到的，而不是别人说的。

积极地试探

在我的家庭咨询工作中，8岁的布赖恩是诸多艰难学习者中的一个。他很聪明，但不管是在家里还是在学校，他抵制任何人的要求。在家长的陪同下，他来到我的办公室。

"布赖恩做什么事都很过分，"他的父亲跟我抱怨，"他对我们的大多数要求都置之不理，而且非要把我们都惹恼了才满意。"根据我的直觉，这孩子一定是个咄咄逼人的试探者。

当他父亲和我谈话时，我能感觉到布赖恩在上上下下地打量我。没过多久，他就直接冲我来了。我办公室里有把旋转椅，上面带有垫子，非常舒适。想象一下，你觉得像布赖恩这样调皮捣蛋的孩子，到了这儿会怎样做呢？没错，他们会坐上去转个不停，甚至有时候把脚也放上去。这样转椅子的，我一年能看到一百多个！

孩子知道那样不好，我知道那样不好，他们的家长也知道那样不好。尽管如此，孩子却仍然那样做。通常情况下，他们会先看一眼家长，然后再看看我，接着就开始旋转，然后等着看我的反应，这就是界限试探。每次看到孩子旋转椅子，我都能从中看到这个孩子的家庭是如何讨论界限的。我看着布赖恩和他的家长以及这把椅子大概有十到十五分钟，然后对接下来要发生什么，我已经了然于胸了。

对于布赖恩转椅子的行为，他家长的反应和很多家长如出一辙。他们只是不赞同地看了一眼，但并没有说什么。布赖恩明白那种眼神的含义，他短暂地停了一下。等到家长不再看他时，他就立马又转起来。这样的家庭舞蹈，布赖恩和他的家长每星期都要进行很多次。他对这种家庭舞蹈的每一步都一清二楚。

无论是在家还是在学校，布赖恩的行为实际上是提出了同样的问题："谁说了算？我还可以做到什么程度？如果我太过分了会怎么样？"在我的办公室里，他实际上正试探我的权威和规则是否管用。在不赞同的眼神中，布赖恩继续转着椅子。我观察着，想看看他的家长接下来会怎样做。

又过了几分钟，布赖恩的父亲像大多数家长一样，变得很不耐烦。他直接走过去抓住椅子让它停下来，而布赖恩的母亲则不满地看着这一切。对此，布赖恩心知肚明。但他的反应和之前没什么两样。在短暂地停了一下后，他立马又转了起来。

尽管布赖恩的家长在努力表达"停下"的意思，但布赖恩知道其实他并不用当真。多年来的经验，让他确信家长的规则是可以选择的，而非必须的。家长所有的命令和手势，对他来说都毫无意义。椅子仍然被转个不停。

十分钟过去了，布赖恩的家长仍然没有给他发出任何明确的信息。直到最后，被他激怒的母亲对我说："看他干的这些事！不管是在家还是在学校，每天都是这样！"

这时候，我开始介入其中。我要给布赖恩的试探提供一些明确的答案。我心平气和地说道："布赖恩，你可以坐在我的椅子上，只要你既不转椅子也不把脚放上面。如果你愿意，我相信你能做到的。但是如果你不愿意，那你就只能坐到另外那把橘色的椅子上。"我在办公室里放了一把破旧的塑料椅子，是专门给那些爱转椅子的人准备的。

你认为布赖恩会怎样做？没错，和大多数叛逆的孩子一样。他还是想进一步试探我的态度，尽管他并没有立即那样做。在稍微停顿了几分钟后，他故意用力地猛转了一把椅子，然后看我会怎样反应。

他的行为实际上是在说："我懂你的意思，但我偏要看看你究竟会怎样做。"这种试探很有进攻性。他正在通过体验的方式，收集有分量的信息，以确定我是否说话算数。

在这种情形下，我所能做的只有一件事。我拉出那把塑料椅子，放在布赖恩身边，然后站在那儿。

"这是你要坐的椅子。"我说。没有喊叫、没有威胁，也没有警告，我只是满怀期待地盯着他，一直等着他挪到橘色椅子上。

大多数叛逆的孩子，在遇到坚定的界限时都会很不情愿地就范，布赖恩正是如此。尽管表现得很没有礼貌，但他最终还是做出了让人可以接受的选择。他翻着白眼，厌恶地看了我一眼，然后小声地嘟囔了一句，我肯定那不是什么好话。然后，他照我的要求做了，尽管态度很不好，似乎还想把我引入纠纷之中。诱饵很吸引人，并且展示得很有技巧，但我并不上钩。

从这次经历中，布赖恩学到了什么呢？对于他的试探，我给他提供了足够有说服力的信息。他知道能给我施加多少压力，而且知道如果他做得太过分了会怎么样。根据这些信息他可以做出不错的选择。等谈话结束时，他已经知道我是说一不二的。我的要求和期望都很清楚。有了这次经历，我相信他会有所收获。接下来，让我们来探讨一下气质和学习方式的关系。

气质不同，学习方式就不同

所有的孩子都会试探界限，以确定我们的规则和期望，这是正常的。但不是所有的孩子都用同样的方法试探界限或者学习规则。孩子的气质和他们采取的试探方法有着很大的关系。

顺从的孩子不会经常试探，因为他们的内心往往倾向于讨人喜欢并乐于配合。大多数孩子愿意相信我们所说的，如果我们有要求，他们通常都会配合。由于学习方式比较简单，因而顺从的孩子教育起来会比较容易。

而叛逆的孩子往往是咄咄逼人的试探者。他们频繁地进行试探，通过亲身体验收集大量的信息，然后再接受和服从我们的规则。对他们来说，"停下"这个词只是一种理论。他们想知道如果不停下会怎么样，而且他们知道怎样去弄清楚这一点。他们往往试探个没完没了，逼着我们不得不采取行动。正因为如此费劲，所以叛逆的孩子教育起来会比较困难。

因为学习方式的不同，顺从的孩子和叛逆的孩子对来自家长的信息的反应往往也不同，这可能有些难以理解。让我通过一个我个人的例子说明一下。

同样的信息，不同的反应

我的大儿子斯科特很听话，在大多数情况下，他是有求必应的。我的小儿子伊恩，性格很叛逆。在他确信我说的是真的之前，往往需要收集大量有说服力的信息。我的两个孩子试探的方法不同，而我也学会了相应地调整我给出的信号。

我的两个儿子在看电视的时候，都喜欢把音量开得很大。当斯科特这样做的时候，我只需要说："斯科特，电视声音太大了，请关小一点儿。"通常他都会把声音关小，至少到目前为止都是这样，而且我也惯于依赖他的合作。他把我的话当成他所需要的全部信息。

如果我用同样的话告诉伊恩，根据我的经验我知道他会做什么。

有时候，他对我置之不理，等着我给出下一个更清楚的信号，或者他会随口应承说"我会的"，但是仍然我行我素。伊恩的真实意思是："如果我必须得做，那我就做，但是我没有听到我必须做。"于是，他会继续试探。

像大多数叛逆的孩子一样，伊恩正在寻找我的底线，以决定如何做出选择。于是我也学着给他提供不同的信息，好让他做出一个不错的选择。当电视声音太吵的时候，我会说："伊恩，请把电视声音关小点儿，要不我就把它关掉。"

当伊恩听到"关掉"这个词时，他就会站起来像他哥哥那样走过去把声音关小。为什么呢？因为他不想电视被关掉。他不想因为不听话而体验糟糕的后果。根据经验，他知道我会关掉电视的。

要让伊恩相信我说到做到，这并不是一蹴而就的。为了做到这一点，几年来我对他一贯言行一致。在他很小的时候，他往往对我的要求置之不理，我不得不坚持关掉电视。每一次我那样做时，他通常都会抱怨我刻薄和不公。但次数多了，他也知道了我从来都是说话算数的，也开始主动地关小声音。最终，我们解决了这个问题。这个过程对我们来说并不有趣，也不容易，但是他知道了我的界限是坚定不移的，而且他也开始明智地去选择配合。

与他哥哥相比，伊恩仍然会经常做出试探。但大多数情况下，当他发现界限坚定不移并且信息足够多时，他也会配合着做出令人满意的选择。他喜欢试探，我已经接受了这种事实。而且我并不认为他的试探只是针对我一个人。在教授我的规则上，我已经做好了准备，容易也好，艰难也罢，只要管用就行。

如果你有一个叛逆的孩子，你就得努力让你的界限保持坚定不移。并且，给你的孩子提供其所需要的信息，从而推动他们做出能让人接受的选择。叛逆的孩子更愿意相信自己的经验，而不是别人的话。**当你言行一致时，你的孩子就会听从你的话，并会认真对待**。当你做到这一点时，你就在教育孩子的漫漫征途上迈出了正确的一大步。与此同时，你还有一点需要确定，那就是你的言行所教导的是否是你想要的结果。

言传不如身教

无论使用哪种方法教导规则，对叛逆的孩子而言，你都需要经常反复地使用。为什么呢？因为叛逆的孩子都是行动学习者。他们需要以体验的方式获得足够有说服力的信息，才能相信你会说到做到。如果你的教导方法无效，你教的结果就可能不是你想要的。

对史蒂文的家长来说，正是这样。当我第一次遇见他们时，这个四年级的孩子已经是第四次因为打人而被停课了。我记得那是十月份，那一学年也只不过是刚刚开始。

"和史蒂文生活在一起，就如同和定时炸弹在一起，随时都可能面临爆炸，"他的母亲一脸沮丧地说，"他知道打人不好，却仍然那样做。他打他的弟弟，打邻居家的孩子，打学校里的同学。我们一再地跟他讲，但他根本没听进去。"

"当史蒂文打他弟弟时，你究竟是怎样跟他说的呢？"我问。我想知道他们说了什么。

"嗯，我有点儿发火，"他的父亲坦白道，"看到史蒂文欺负他的弟弟，我很生气。我要让他清楚地记住，我不会容忍他那样做。"

"那你们是怎样表达这种信息的呢？"我问。

"必要的时候我就揍他一顿，"他父亲说，"现今流行的说什么要宽容的那一套，我可不太相信，孩子需要知道你可不是开玩笑的。"

"那么一周史蒂文会挨几次打呢？"我问。

"两到三次，有时会更多，"他母亲说，"他需要知道他什么时候太过分了。"

"既然有那么多次惩罚，为什么史蒂文还是学不会你们的规则呢？"我问。

"我们怀疑他有点儿学习障碍，"他母亲说，"我们正打算给他做个测试。"

在我逐渐了解了史蒂文后，我知道他根本就不需要什么测试。问题不在于学习，而在于教育。实际上，史蒂文是一个很有能力的学习者。他熟练掌握了家长教给他的全部内容。他很擅于嚷嚷、威胁，以及恫吓。他知道怎样打人，才能让他们乖乖听话，而且他也非常擅于在被抓住之后推卸责任。

很显然，当史蒂文的家长告诉他不要打人的时候，他完全理解了他们的话。但遗憾的是，家长说的和做的却是完全两样的。他们是怎么做的呢？打骂——无数次的打骂。那就是他们解决问题的方式，也是史蒂文真正学到的东西。从他们的例子来看，他们正在教的和他们打算要教会的恰恰背道而驰。

过于依赖对话的家长也会经历教和学的过程发生中断的情景。他们常常把对话和行为混同起来，而且常常不理解为什么他们的命令不起作用。纳塔莉的母亲就是一个很好的例子。她来到我办公室的时候显得非常沮丧。对于她叛逆的女儿没完没了的试探和抵制，她看上去显得毫无办法。

"纳塔莉已经12岁了，十分自我而且无礼，"她抱怨说，"她虽然知道我的规则，却根本不当回事。当我给她解释我为什么那样要求时，她总是一副置之不理的样子，仍然我行我素。"说完这些，纳塔莉的母亲又告诉我一个几乎每天上学前都要发生的小插曲。

"纳塔莉知道早上的时候不应该把收音机开得太吵，但每天都是老样子。她把音乐放得震天响，以至于对面街道都听得见。我快被她弄疯了。"

"那你当时是怎么做的呢？"我问道。

"一开始，我会告诉她关小一点儿，"她母亲说，"但是根本不管用。我一遍又一遍地跟她讲，但她从来都不听。"

"那你接下来是怎么做的？"我询问道。

"我真的很生气。我走进她的房间，告诉她要么关小点儿，要么关掉。有时候我甚至威胁她要把收音机拿走。"她母亲说。

"那后来她配合你了吗？"我又问。

"她可能会关小一点点儿，但还是整个屋子都听得见。过不了多久，她就又会把它开得很大。"她母亲回答。

"那么你把收音机拿走了吗？"我问道，很想知道她有没有最终采取行动。

"还没有过,"她回答,"但是那一天不远了。每次到最后我只是生气地关上她的门,我真担心她会把她的耳朵给弄坏。"

纳塔莉的母亲没有意识到,对于这件事,实际上她传达了两种规则——一种是通过她的语言,另一种是通过她的行动。她的语言在说"关小点儿",但她的行动却说:"如果你不愿意,你并不需要真的那样做。"纳塔莉的选择是聪明的。如果她的母亲不采取别的方式,这种教育方式的结果是不可能会有改观的。

当我们的语言和行动不一致或者语言和行动都是无效的时候,教和学的过程是非常容易发生中断的。史蒂文和纳塔莉的例子就很好地阐明了这一点。在这两个例子中,孩子都收集信息,形成判断,最后学到的却和家长的初衷恰恰相反。家长以为他们正在用语言教授规则,但实际上规则却是通过他们的行动被教授的。

你有没有发现自己这样反复地教育孩子却总不成功?你有没有怀疑过你可能教的并不是你想要的?如果是这样,那么本书第三章将会证实你的怀疑,并且给你指出正确的方向。**在教育孩子时,清楚的语言结合有效的行动才是最正确的工具。**当你这样做时,你会发现自己和孩子相处起来非常容易。

第三章

家长应如何
教授规则

谈到教授规则，如果我们把家长所采取的方式看成是一个数轴的话，那么这个数轴的一个极端就是专制或惩罚性方式，而另一个极端则是宽容性方式。前者界限坚定，但缺乏尊重；后者不乏尊重，但界限不清。有些家长采用混合性方式——宽容和惩罚交替使用。还有一些家长试图在这两种极端方式中寻求平衡，从而既使界限坚定不移，又能体现对孩子的尊重。

实际上，不同的方式基于家长不同的理念。这些理念包括孩子的学习方式、家长在教导过程中所扮演的角色，以及家长和孩子之间权责的正确分配，等等。每一种方式都采用不同的方法，教授不同的内容，让孩子学习什么是合作，什么是责任，如何沟通以及如何解决问题。

你的方式是什么呢？你是采用了其中的一个极端方式，还是不断地来回转换方式？也可能你已经找到了一种平衡的方法，可以让你做到既坚定不移，同时又不乏尊重？这一章将帮助你通过研究别人采用的方法，找到适合自己的方式。届时，你会发现，合适的方式与叛逆的孩子在诸多方面都非常匹配。

如果可以的话，我很乐意用我在咨询工作中曾帮助过很多家长的方法，帮助你找到适合自己的方式。首先，我会要求你举出一个发生在家里的不良行为的典型例子。接着，我会要求你逐步地描述，在孩子胡闹时，你到底是如何说和如何做的。每一位家长在描述时，我都会在黑板上用图示的方式把每一步呈现出来，并最终形成一幅关于每一位家长的方法简图。

遗憾的是，在这本书上，我不能和你一起描绘这样的简图。但我们可以做次优的选择。我们可以研究其他使用类似方法的家长的经历和简图，从而帮助你找到适合自己的方式。让我们首先看一下下面这位家长是如何采用惩罚性方式处理一个常见问题的——兄弟姐妹间的争吵。

专制或惩罚性方式（坚定但不够尊重）

设想一下如下场景。一个周六的早上，家长还在楼上睡觉。而他们5岁和8岁的孩子，正在楼下看他们最喜欢的动画节目。5岁的孩子想要坐得更舒服一点儿，他在沙发上舒展了一下身体，但是脚却碰了他姐姐一下。她踢了他一下，他发出一声尖叫。她也舒展了一下身体，并碰了他一下。于是他也回踢了她一下，她也尖叫起来。当家长下楼查看时，两个孩子正在推来搡去，都试图独自霸占沙发。

妈妈：(声音很大，几乎嚷嚷起来)"到底怎么回事？你们就不能老老实实地看一会儿电视吗？"

弟弟:"我坐在我这边,她踢了我一下。"

姐姐:"不对。他想要伸到我这边来,我想让他挪回去的时候,他踢了我一下。"

弟弟:"不是那样的!"

妈妈:(生气地)"如果你们都老老实实地坐在自己那边,就不会出问题了。你们俩肯定有一个人在说谎。说实话吧,到底是谁把脚伸到别人那边去的?"

姐姐:"是他。"

弟弟:"不,是她。"

妈妈:"我就知道不能再相信你们的话。我可不想再听你们狡辩了。要是我再听到你们的吵闹声,今天一天你们都别想骑自行车了,饭后也没有甜点可吃。听明白了吗?"(开始嚷嚷)"关上电视!"

姐姐:"蛮不讲理!"

弟弟:"没错。"(笑着附和)

妈妈:"一点儿也不好笑!一天不能骑自行车,也没有甜点,这可是你们两个自找的。是不是还想多几天这样?"

姐姐:"我敢打赌你很幸灾乐祸。"

弟弟:"哦耶!"

妈妈:(大嚷)"够了!"(她拍了他们每人一下,并威胁说再多说一句就罚他们禁足。)

听起来是不是有点儿熟悉?如果是的话,那你就有不少同伴了。要知道,惩罚性方式仍然是家长使用得最广泛的一种教导方法。

采用这种方式的家长,常常发现自己扮演了警察、法官、狱警、

裁判以及缓刑官的角色。他们调查不良行为，决定是否有罪，归咎责任大小，并且在执行惩罚时往往显得过于严酷无情。家长指导和控制了问题解决的整个过程，但往往充满了吵嚷、愤怒和对抗。最终的合作是通过恐吓、威胁以及胁迫而实现的。这是一种你输我赢的动态机制，赢的往往是家长。

这种方式潜在的理念是，孩子不受惩罚就学不会规则。而惩罚的方法则包括调查、审问、指责、威胁、批评、羞辱、责骂、打屁股、禁足、没收心爱的玩具，以及好几天甚至好几周取消某项权利，等等。

孩子对此会做出何种反应呢？顺从的孩子通常出于害怕和恐惧而选择配合，叛逆的孩子常常会表示抗议并予以反击，还有一些孩子往往两者兼而有之。但是大多数孩子都会感到生气，充满憎恨，并能察觉到这种方法的伤害性和羞辱性。

惩罚性方式教导的实例

- 打屁股、拍打、鞭打和其他形式的体罚。
- 让孩子站在角落里。
- 用肥皂洗孩子的嘴。
- 长期剥夺孩子喜爱的玩具和某种特权。
- 在其兄弟姐妹面前羞辱和责备孩子。
- 威胁、恐吓和羞辱儿童。
- 长时间让孩子禁足。
- 让孩子计时隔离几个小时。
- 使用讽刺或贬低身份的语言。
- 叫嚷孩子的名字，或殴打他们让其体验挨打的感觉。

让我们看一下前面例子中家长和两个孩子之间的互动简图（见图 3.1）。图的左边是家长的行为，右边是孩子的行为。

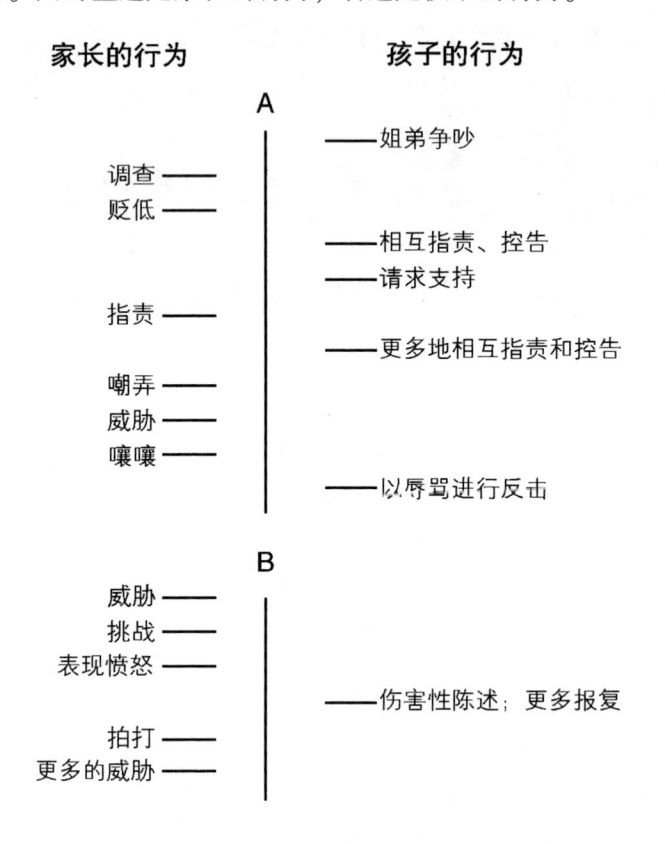

```
家长的行为           孩子的行为
              A
                    —— 姐弟争吵
调查 ——
贬低 ——
                    —— 相互指责、控告
                    —— 请求支持
指责 ——
                    —— 更多地相互指责和控告
嘲弄 ——
威胁 ——
嚷嚷 ——
                    —— 以辱骂进行反击
              B
威胁 ——
挑战 ——
表现愤怒 ——
                    —— 伤害性陈述；更多报复
拍打 ——
更多的威胁 ——
```

图 3.1　惩罚式互动简图

在 A 点，家长到达现场了解情况时已经心烦意乱，她说话的腔调明显带有不满，并且她关注的焦点集中在谁对谁错，谁应该受罚，谁是好孩子，谁是坏孩子上。孩子很快就学会了这一套，并向家长指责对方撒谎。这让家长的调查工作无所进展，结果只会让她更加生气。在这种情况下，她只能指责双方都在撒谎。

到了双方互动的中间阶段时，家长的愤怒和失望已经彻底占据了上风。她已经将这种冲突完全人格化了。原来的姐弟争吵早已屈居第二位，家长和孩子间的冲突变成了主导。家长原本是来解决矛盾的，最后却把事情升级为让人痛苦的家庭纠纷，实在是糟糕至极。

在 B 点，这位家长威胁说要取消孩子骑自行车和饭后甜点的权利，试图以此来结束冲突，但是已经太晚了。孩子的情感已经受到伤害，他们一心想着报复。于是，他们通过言语不敬来反击家长。

到了这时，家长又以取消骑自行车和甜点的权利作为回敬，并对孩子进行冷嘲热讽。孩子又一次受到伤害，于是他们变得更加出言不逊，又一次把家长逼到墙角。情急之下，她动手打了他们并威胁说如果他们还要坚持的话，惩罚会更加厉害。到这个时候，家庭纠纷终于暂时告一段落，可是问题真的得到解决了吗？并没有。

那么，孩子学到解决问题的更好方法了吗？没有。他们学到更加礼貌的沟通方式了吗？也没有。那他们学到什么了呢？实际上，他们所学到的是他们本来就已经知道的——伤人的沟通方式和问题解决方式。

作为一种教导模式，惩罚性方式有很多局限。通常情况下，它最终可以制止不良行为，但**并不能教会孩子什么是责任，如何解决问题，以及如何进行礼貌的沟通**。为何会这样呢？因为家长做了所有的决定，是他们而不是孩子在解决问题。这种以家长为核心的模式，鼓励了伤人的沟通方式，示范了糟糕的问题解决方式，并最终使孩子在什么事情上都过分依赖家长。

当这两个孩子下一次发生冲突时，你认为会发生什么事情呢？

毫无疑问，他们中的一个肯定会喊妈妈或者爸爸来解决问题。如果妈妈或者爸爸没有及时地出现，孩子就会采用他们最熟悉的方法：喊叫、威胁、责怪、辱骂，以及动手打人。

如果我们的交通法规用这种方式来执行的话，你能想象那会是一种什么样的状况吗？假如你驾车闯了红灯，警察看到后拦下了你的车。当他走过来时，他一边吼叫着骂你，一边生气地开出罚单。而且在他走回自己的车之前，他还用警棍给了你两下子。

对于这样的对待，你会做何反应？你会一脸感激地对他说"谢谢，我活该。我记住了，以后我绝不会闯红灯了"吗？当然不会。对于如此不礼貌对待你的人，你会乐意配合吗？当然不会。

对于让人感到丢脸的事，孩子和大人的反应是一样的。他们都理解规则，但并不喜欢这种信息传递方式。

惩罚性方式对并不需要的孩子最有效：顺从孩子的内心往往倾向于讨人喜欢并乐于配合。但惩罚只会让叛逆的孩子生气、憎恨，并引起他们的反击。家长与孩子实现合作的代价往往会非常大——家庭情感受到伤害，亲子关系遭到破坏，家庭纠纷层出不穷。

既然惩罚有这么多的危害，为何还有如此多的家长继续采用呢？因为大多数使用惩罚性方式的家长正是被这种方式养育大的。对他们而言，这样做自然而然，似乎并无什么不妥，他们并不怀疑其是否有效。一旦出了问题，他们往往将责任归咎于孩子，而不是他们采用的方法。

凯尔的爸爸就是一个很好的例子。他带着10岁大的儿子一来到我的办公室就说："凯尔大概是到了叛逆期了，不管我说什么他都不听。"

凯尔和爸爸冷战已经快一个月了。两个人都十分生气，以至于互不理睬。

当时的情况是这样的。有一天放学后，凯尔回家的时间比平时晚了将近两个小时，他告诉父母说是因为打篮球而忘了时间。于是，凯尔的父亲决定取消他两个星期课后活动的权利，以防再出现类似情况。

当凯尔对此表示抗议时，他的父亲不由分说地把他关回自己的屋子里。凯尔非常气愤。"你这个暴君！"他大喊大叫，并把门踢了一个洞。凯尔的父亲随后吼叫着告诉他，他被禁足了，并且什么时候取消惩罚要等通知，另外还要扣掉凯尔两个月的零花钱，用来支付维修的费用。凯尔则以拒绝做任何家务作为回应。

三个星期过去了,两个人仍然僵持不下。凯尔大部分的时间都在屋子里生闷气,并且始终不做任何家务。而他的父母过得同样很难受。双方互相指责,谁也不愿让步。对凯尔和他的家长而言,真难说谁受到的惩罚更重。

"那你的父亲是如何处理这种问题的?"我问凯尔的父亲,希望给凯尔减轻点儿压力。

"我经常是一到家就挨揍,而且一连好几个星期都不能出去玩。"他说。

"你觉得这对你过分吗?"我问。

"有时候吧,"他回答说,"但那就是我父亲教训我的方式。在我幼年时,很多家长都是那样做的,孩子也都习惯了。"

像很多在棍棒之下长大的父母一样,凯尔的父亲也是如此:要让孩子记住教训,就得给他们点儿厉害看看。对他来说,他只是把同样的理念运用到自己儿子的身上而已。

"你父亲那样对你时,你感到生气吗?"我问。

"经常会,"凯尔的父亲回答说,"我甚至还能记得,我当时认为他就是一个暴君。我们也经常争吵。"听到这儿,凯尔也变得感兴趣起来。

"既然你父亲的方式让你感到生气并变得叛逆,"我说,"那么你和你父亲的争吵,跟你现在和凯尔的争吵难道不一样吗?"听到我这样说,他看了一眼凯尔,然后不好意思地笑了。他开始明白问题不在于凯尔的怨恨,而在于他自己的方法(见表2)。到这时,他终于明白自己应该好好学习一下与孩子沟通的技巧了。

第三章 家长应如何教授规则

>>> 表 2

· · · 专制或惩罚性方式 · · ·

匹配度	与叛逆以及骑墙派的孩子的气质和学习方式很不匹配
家长的理念	如果没有伤痛，孩子就很难记住教训 孩子不会遵守规则，除非他们害怕我的方法 管教孩子是我的职责 解决孩子的问题是我的职责
权力和控制	家长掌握一切
问题解决过程	运用强力解决问题 充满对抗 赢—输（家长赢） 家长解决全部问题，做全部决定 家长指导和控制整个过程
孩子学到的	家长应该负责解决孩子的问题 依赖大人，缺乏尊重 伤人的沟通方式和问题解决方式
孩子如何反应	生气、倔强、报复、叛逆、退缩、屈服

宽容性方式（尊重但不够坚定）

惩罚性方式的本质是专制，容易让人受到伤害，和它相反的宽容性方式产生于20世纪60、70年代。许多家长都在积极寻求一种建立在民主、自由、平等和相互尊重的理念之上，富于人性关怀的育儿方法。

但是，将这种理念运用到实践中，并不像听上去那么容易。对很多在惩罚性方式下长大的人来说，这是一个未知的领域。你会怎样做呢？难道这只是意味着放松对孩子的约束，降低家长的期望，并且给孩子更多的自由和权力吗？许多家长都在试图这样做，但是结果往往事与愿违。因为在这个过程中，他们遗漏了一个至关重要的因素——清楚的界限。

没有限度的自由并不是民主，那是无政府主义。在这种情况下长大的孩子，难以懂得尊重规则和权威，更不会负责任地对待他们的自由。他们往往会以自我为中心，并对个人的权力和权威过分在意。

让我们回到姐弟争吵的那个例子中，看看如果用宽容性方式，问题是否会得到解决。当家长赶到现场时，两个孩子正在为争夺沙发而打斗。

妈妈："孩子，我可不喜欢吵吵闹闹。听起来这里要打仗似的。"（她走出房间，但争吵仍在继续。）

第三章　家长应如何教授规则

／57

妈妈：（她又进到房间里，有些恼怒。）"你们这两个小家伙听见我说的话了吗？你们就不能老老实实地待一会儿吗？"（她离开了，争吵仍在继续。）

妈妈：（她第三次进到房间。）"究竟要我说多少次啊？你们觉得我很乐意重复吗？你们就不能试着友好相处一会儿吗？我真受不了你们在这儿吵来吵去，喊叫个不停。有一天等你们长大了，想到现在这样对待对方，你们肯定会感到后悔的。好了，好好待一会儿吧！"

（争吵还在继续。）

弟弟："我坐在我这边，她踢了我一下。"

姐姐："他把脚放我这边了。他踢我，我才踢的他。"

妈妈："你们两个就不能轮流使用沙发吗？"

弟弟："那好，我先来。"（他把脚放在沙发边上，嘲讽姐姐。）

姐姐："不，应该我先来！"（她把脚放到她那边的最远处，几乎碰到弟弟。）

妈妈：（她非常恼怒，大声嚷嚷。）"够了，我已经受够你们了。"（她威胁说要关掉电视，不许他们再坐沙发，除非他们能够听话）

弟弟："那不公平！我们没有做错事。"

姐姐："是啊，我们只是在这儿玩呢。"

妈妈："是吗？你们都快打起来了！"

弟弟："我们俩在玩呢！"

姐姐："就是。"

妈妈："要是你俩都能保证自己的脚不乱伸，你们就可以坐在那儿接着看电视。"

弟弟："我保证。"

姐姐:"我也保证。"

妈妈:"那好,别再闹了,好吧?我可是说真的。"(很快,争吵又起。)

弟弟:"这次她踢疼我了。"

姐姐:"他先踢我的。"

妈妈:"好吧,要是你们在一起只会打闹,那就闹吧!但是别太吵了!"(她失望地离开了。)

宽容的家长常常会变着法子,采用不同的语言策略劝说孩子配合。这些家长内心里潜在的理念认为,当孩子明白合作是对的之后,他们就会配合。这种假定通常适用于那些顺从的孩子,而对叛逆的孩子来说,要想说服他们,可不是几句话就行的。

宽容性方式包括大量的重复、提醒、警告、二次机会、说理、解释、请求、哄骗、说教、辩论、讨价还价、争论、谈判、妥协,以及其他形式的劝说。在宽容性方式下,威胁性后果或者行动即使被实施了,也往往为时已晚,根本收不到效果。基本上,这种方式是说的多,做的少。方法很有礼貌,可是立场很不坚定。

孩子对此会做何反应呢?顺从的孩子通常会选择合作,并不是因为信号清楚,而是他们内心里是乐意合作,愿意配合的。即便是无效的命令,顺从的孩子也会给予家长机会。

反过来,对叛逆的孩子来说,不配合也是事实。当他们接收到的信息不够坚定、模糊不清时,他们通常都会试探,看看他们随心所欲的空间到底有多大。他们会心不在焉、充耳不闻、质疑藐视、争论不休、磨磨蹭蹭、拖延耽搁,甚至顽固不化。因为根据经验他们知道，只要抵制的时间足够长，他们就有很大的机会让家长妥协甚至彻底放弃。

从教导的角度看，宽容性方式有很多局限。因为孩子在家长说的和做的中间并没有看到必然的因果联系。他们听到了"不"或者"停下"，但是他们并没有体验到家长的言行一致。对孩子而言，这仿佛在说：合作会比较好，但是你并不需要真的这样做。

面对这样的信息，你会选择合作吗？我可能会。我一向很顺从，但是叛逆的孩子不会，因为顺从是可以选择的，并非是必须的。相反，他们往往会充耳不闻、置之不理，非逼着你采取行动不可。

对叛逆的孩子而言，作为一种教导模式，宽容与他们的气质和学习方式的匹配度很低，因而很难达到我们想要的目标。宽容既不能制止不良行为，也不能教会他们尊重他人，更别提教会他们懂得负责任、礼貌地沟通，以及用合作解决问题。这种方式会引发试探以及家庭纠纷。实际上，宽容反而会让家长丢脸。

宽容性方式教导的实例

- 无视或忽略不可接受的行为。
- 在你心情好的时候允许孩子胡作非为。
- 对不端行为给予警告和第二次机会。
- 与行为不端的孩子争论、辩论和谈判。
- 重复、提醒，并给出很长的解释。
- 为了合作而提供贿赂和特殊奖励。
- 恳求和乞求合作。
- 允许孩子不尊重你。

- 允许孩子互相不尊重。
- 屈服于孩子撒泼打滚或生气的演戏。
- 为孩子收拾残局。
- 为孩子的不当行为找借口。
- 避免对抗。
- 允许孩子在公共场合行为不端。
- 哄骗孩子合作。
- 长篇大论地教导孩子以纠正其不端行为。
- 对不端行为缺乏一致的后续措施。

让我们再查看一下前面例子中家长和两个孩子之间的互动简图（见图3.2）。你可能首先会注意到这个图的长度。宽容的家长会把大量的时间和精力浪费在根本不起作用的方法上。这个家长也不例外。一开始，在 A 点，她多次重复和提醒，而孩子对此满不在乎。于是她试图说教甚至恳求，但也并不奏效。孩子仍然置之不理。

随后，她试图提供一个看似不错的解决方案——轮流使用沙发。可是两个孩子都不愿意让对方先用。失望之余，她再次转换策略，并威胁说要关掉电视并且谁也不许坐沙发。而当他们表示抗议时，她又妥协了。

之后，家长又和孩子讨价还价并试图让他们合作，可是孩子的承诺并不牢靠，最终，她彻底放弃并失望地离开了。在制止孩子的不良行为并教会他们更好地解决争端上，她还从来没有成功过。

孩子为什么不愿意合作呢？道理再简单不过。他们根本就不需要合作。因为对他们来说，合作是可以选择的，并非必须的。家长并没有采取有效的行动证明她会说到做到。相反，她只是一味地依

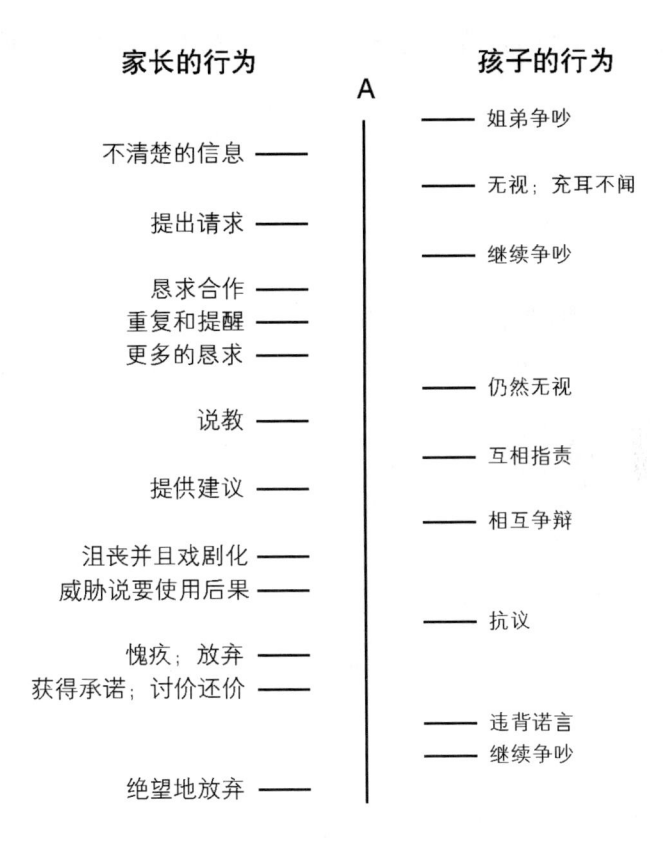

家长的行为	孩子的行为
	姐弟争吵
不清楚的信息	无视；充耳不闻
提出请求	继续争吵
恳求合作	
重复和提醒	
更多的恳求	
说教	仍然无视
提供建议	互相指责
	相互争辩
沮丧并且戏剧化	
威胁说要使用后果	抗议
愧疚；放弃	
获得承诺；讨价还价	违背诺言
	继续争吵
绝望地放弃	

图 3.2 宽容式互动简图

靠对话传递信息。

你能想象一下，要是我们的交通法规在执行时也是用如此宽容的方式的话，那会是什么样子吗？再次假设你正开车回家，快到红灯时，你发现没有其他车要通过，于是你就闯了过去。而且每次到了路口，没有其他车要过时，你都会这样。最终有一次，警察看见了你的行为并将你拦下。

警察向你走过来时，微笑着脱帽致敬。他告知你说你已经有四次闯红灯的记录了,接着,他就开始对你说教并强调遵守交通法规的重要性。

"这些信号是为了你的安全,"他说,"当然也是为其他驾驶人的安全着想。要是每个人都闯红灯的话,大街上将车祸不断,不仅伤亡惨重,还得花费巨额的保险。"然后,他还请求你今后尽可能地遵守交通规则。说完这些,他就钻进车里开走了。如果我们的交通法规都是如此执行的话,你觉得人们还会把它当回事吗?当然不会。

宽容的家长就像这样的警察,他们常常会给孩子讲很多合作的理由,还会反复告诫、提醒和劝说。家长也会像警察开罚单一样威胁惩罚,而且有时候的确会那样做,但是在大多数时间里,孩子都会找到借口免受惩罚,而家长也往往只是口头警告了事。

如果想要制止孩子真想做的事,口头警告能管用吗?让我们来做个测试就知道了。当你赶到路口时，黄灯亮了，但是你完全可以顺利通过，你会每次都停车等待吗？大多数驾驶人不会。当家长想要用黄灯制止孩子的不良行为时，结果亦会如此。

孩子这样做的原因和大人一样。停下是可以选择的，而非必须的。大多数人会停下，因为真正管用的是红灯。为什么呢？因为红灯才意味着如果你违反了，你就得面临处罚、撞车、巨额保险费，甚至更糟糕的后果。

孩子也是这样，他们会在乎那些真正管用的信号，那些直接而有实际意义的信号。要不是因为对可能的处罚心怀忌惮的话，他们才不会把家长的规则当回事呢。

宽容是一种类似黄灯信号的导向系统。停止是可以选择的，而非必须的。孩子对此很清楚，而家长并没有意识到这一点。家长单纯地认为，他们所有的重复、提醒、告诫以及劝说都如同红灯信号一样管用。

为什么宽容的家长在教导中不太愿意采用后果呢？大多数家长的出发点都很好。他们也并非有意要言辞模糊。他们只是想用对话来教授规则，同时避免因实际行动而给孩子带来挫败感。他们认为，采取后果所产生的短暂挫败感，会给孩子造成心理创伤。

让我们做一个调查。你是否惯于自己想方设法地解决问题？当你解决不了时，你感觉如何？当人们得不到想要的东西时，难道不会感到挫败吗？在这种情况下，我们通常都会暂缓行乐，并调整自己，重新面对现实。只有通过这样，我们才能不断地学习。如果孩子行为不端，家长又阻止孩子体验后果的话，那么家长同样会阻止孩子从中获得教益。

5岁的詹姆斯就是一个很好的例子。初次见到他时，他刚上学前班，可是从上学一开始就很不顺利。老师在给家长的留言条上写道："詹姆斯在班里不断惹麻烦、很不配合。他做什么事都很过分。我要求他参加活动时，他总是置之不理，自行其是。一旦我坚持要他做，他就哭着大发脾气。他似乎认为班里的规则对他并不适用。"

詹姆斯的妈妈也很沮丧。"他在家也是这样，"她抱怨说，"早上起床时他拒绝穿衣服，吃饭的时候喊他他也不来，到了晚上让他睡觉更是费尽周折。我不得不一遍又一遍地催他，可大多时候，他就是置之不理，只管做自己想做的事。"

像很多用宽容性方式养大的叛逆孩子一样，詹姆斯习惯了自行其是，并且对于如何达到自己的目的很有一套。对你的要求，他要么是置若罔闻、不理不睬，要么是磨磨蹭蹭、光说不动，再或者跟你胡搅蛮缠、讨价还价，有时甚至干脆藐视一切、公开挑衅。当这一切策略都不奏效时，詹姆斯就会亮出杀手锏，撒泼打滚。通常情况下，他的母亲看他这样总会感到愧疚，最后不得不妥协。

詹姆斯并非有意作恶。他之所以那样做，是因为那种方式很管用。经验告诉他："规则乃为他人而设，并非为我而定，我可以自作主张，随心所欲。"不管是在家，还是在学校，詹姆斯都是这样做的。

詹姆斯为何对自己的权力和权威如此在意，其实并不难理解。在家里，总是他说了算。他母亲的"停下"信号对他来说形同虚设。当他胡闹时，他知道他会听到很多重复、提醒、说教，甚至威胁，但所有这些"警告"信号，并不需要他真的停下来。对他的教导，家长并没有准备真正的"停止"信号——如同他在外面所遇到的那样（见表3）。

>>> 表3

・・・宽容性方式・・・

匹配度	叛逆的孩子与骑墙派的父母的气质和学习方式的匹配度很低
家长的理念	孩子一旦理解合作是对的，他们就会配合
权力和控制	孩子掌握一切
问题解决过程	通过劝说解决问题 赢—输（孩子赢） 家长解决大部分问题

续表

孩子学到的	规则是为别人制定的，不是为我，我可以为所欲为 家长为孩子服务 家长应该负责解决孩子的问题 依赖、不尊重、以自我为中心
孩子如何反应	界限试探 挑战和反对规则和权威 对家长的话置之不理 言辞无理，让家长无可奈何

混合性方式（既不坚定也不尊重）

顾名思义，混合性方式是惩罚性方式和宽容性方式的一种混合。这种方式最突出的特征就是前后不一致。它混合了两种极端方式最糟糕的成分，并且往往导致家长和孩子之间产生过激的反应。

采用这种方式的家长，为了寻找一种更好的信息传递途径，经常在惩罚和宽容之间来来回回地转换。虽然他们知道怎样做才能显得既尊重孩子又不会过分宽容，也知道怎样做才能既态度坚决又不会过分严苛。但他们并不知道如何同时做到既态度坚定，又很尊重孩子。因而，他们只好来来回回地换来换去。

设想一下，如果我们的交通法规也这样执行的话，那会怎么样？当你闯了红灯，警察有时候说教一通，给你一个警告就放你走，有时候却厉声斥责，不仅罚款，甚至还威胁用警棍揍你。你如何知道下一次他会怎么做？你当然不得而知。面对这种不确定的情况，你会作何感想？

如果你比较顺从，你可能不会经常冒险去闯红灯。如果你性格叛逆，你很可能会经常地闯红灯，并且在被抓住时会想着法子逃避惩罚。

混合性方式教导的实例

- 无视不当行为直到你无法忍受，然后使用严厉的后果。
- 允许孩子偶尔的不当行为。
- 威胁使用后果，却没有坚持到底。
- 对同样的不当行为使用不同的后果。
- 要求孩子安静，而自己对着他们大声吼叫。
- 同样的情况时而惩罚，时而允许。
- 给予警告和第二次机会，而后又给予惩罚。

对使用混合性方式的家长来说，情况各不相同。最常见的情况就是，家长一开始时非常宽容，随后当他们疲惫不堪、失去耐心的时候，他们就会重拾惩罚的策略——威胁、羞辱、责备，以及一些长时间的惩罚措施。一些家长起初用惩罚，一旦遭到孩子的抱怨或者抵制，又转而宽容以待。还有一些家长，在某一个时期会坚持使用某种方式。他们可能在几个星期甚至数月里都采取宽容性方式，直到最后，当他们对孩子的充耳不闻实在难以忍受时，便开始采取惩罚措施进行压制。可是一旦他们觉着自己过于专横武断，就又会转而使用宽容性方式。这就像过山车一样，来来回回地兜圈子，毫无意义地重复。

另一种常见情况是，家长之间意见互不一致。一个家长想要惩罚，另一个家长却想极力宽容。最终，家长各自采取措施，而这事实上形成了一种混合性方式（见表4）。

>>> 表4

・・・混合性方式・・・

匹配度	与所有气质类型和学习方式不匹配
家长的理念	在宽容和惩罚之间摇摆不定 典型的前后不一致
权力和控制	随着事情的不同而各不相同
问题解决过程	不一致 在惩罚和宽容之间摇摆不定
孩子学到的	家长前后并不一致 家长说话不算数 家长不会坚持到底 试探是唯一能确定是否可以的方法 孩子学习无效的问题解决方式和沟通方式
孩子如何反应	随着事情的不同而各不相同 对规矩和期望并不清楚 无视、漫不经心、爆发抵制

对孩子而言，这就像生活在同一个屋檐下，却被两个政府同时管理一样。一个政府严刑峻法，另一个政府却宽容以待。孩子对此足够聪明，不但清楚家长之间规则的不同，而且很快就学会拉拢家长中的一个去反对另一个。

9岁的特伦特正是如此。他知道应该先干完家务，才能出去玩。可是朋友们正在外面打棒球，他很想立即参与其中。

特伦特的妈妈对他一向比较宽容。要是问她的话，他知道她很可能会说"可以"。而特伦特的爸爸则比较严厉，如果问他的话，他很可能会说"不行"。在这种情况下，如果你是特伦特，你会去问谁呢？毫无疑问，你每次都会去问妈妈。

假如爸爸发现妈妈允许特伦特不干完家务就出去玩的话，爸爸会如何反应？自然，他会认为她过于宽容。为了平衡，他会更加严厉。如果他这样做，妈妈会怎么想呢？她很可能认为他太过严厉，从而更加宽容。就这样，为了相互平衡对方，家长往往在两个极端上越走越远。家长之间的不一致，导致整个家庭内部不断产生新的试探和持续的冲突。

让我们回到姐弟争吵的例子中，看看用混合性方式，问题是否能得到解决。家长正在楼上睡觉，孩子在楼下为抢占沙发而争吵。

妈妈：（听到争吵声，但试图忽视，五分钟过去了，争吵仍在继续，家长决定干涉。）"宝贝们，实在是太吵了。请你们尽量小点儿声好吗？"（她离开了，争吵继续。）

妈妈：（她回到房间，有些生气。）"你们俩听到我说的了吗？我很不情愿下来跟你们说这些，明白吗？小点儿声可以吗？"（她再次离开，争吵仍在继续。）

妈妈：（她第三次进来，非常生气。）"我得跟你们说多少次？为什么你们俩就不能相互友好一点儿？"

弟弟："我只是想伸个懒腰，谁知她却踢了我一下。"

姐姐："不对，我想伸个懒腰，是他踢的我。"

妈妈："我怀疑你们俩有一个人在说谎。是谁？你们知道我讨厌说谎。"

弟弟："是她。"

姐姐："是他。"

妈妈："够了！你们这两个捣蛋鬼，要是我再听见一声喊叫，就取消你们今天骑自行车的权利，饭后也没有甜点可吃。"（她生气地看了他们一眼。）"要是不信的话，你们就试试看。"（她走出房间，但没过几分钟，弟弟又尖叫起来。）

妈妈：（她进到房间，大发雷霆。）"我受够了！你们两个今天别想骑自行车了，也没有甜点吃了。你们是不是连电视也不想看了？"

弟弟："你太过分了！"

姐姐："不对，说她恶毒还差不多！"

妈妈：（大声嚷嚷）"好吧，你们俩也不许看电视了！"

弟弟："真不公平！"

姐姐："让别人感觉很糟糕，她会很享受的！"

妈妈："你们活该这样。要是再听见你们废话，我就罚你们禁足，你们俩今天就待在房间里，并且不许朋友过来。"（她用带着威胁的眼光看了孩子一眼。争吵结束了。）

究竟是孩子的行为导致了家长的爆发，还是因为她不恰当的方式让事情变得不可收拾而使自己震怒？让我们通过下面的互动简图（见图3.3）来审视一下这些问题。

家长的行为　　　　　　　孩子的行为

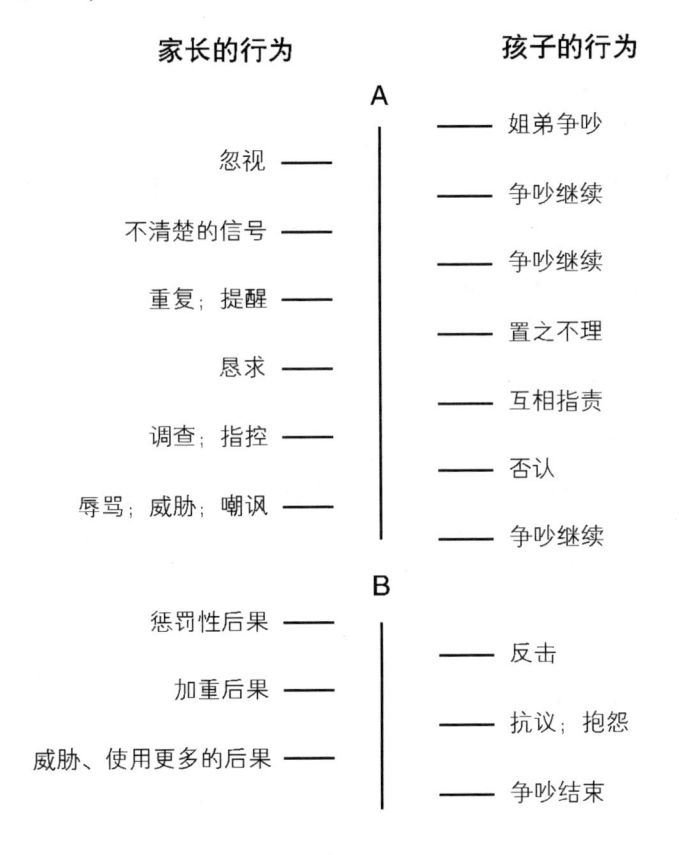

A
忽视 ——————————— 姐弟争吵
　　　　　　　　　　——— 争吵继续
不清楚的信号 ——————— 争吵继续
重复；提醒 ——————— 置之不理
恳求 ——————————— 互相指责
调查；指控 ——————— 否认
辱骂；威胁；嘲讽 ——— 争吵继续

B
惩罚性后果 ——————— 反击
加重后果 ——————— 抗议；抱怨
威胁、使用更多的后果 —— 争吵结束

图3.3　混合式互动简图

当第一次吵闹声变大时，家长是怎么做的呢？孩子收到明确的停止信息了吗？没有。家长之所以试图忽视吵闹，只是希望吵闹能够停止。但孩子仍然吵个没完。

第二次，家长是怎么做的呢？家长恳求他们合作，随后便离开了。结果争吵仍在继续。

第三次，家长是怎么做的呢？家长再次进入房间，重复她已经说过的话。孩子对此仍然置之不理，争吵仍在继续。于是家长开始感到失望。

接下来，家长是怎么做的呢？她又多次提醒并要求他们合作。她试着用礼貌的语气跟他们交流，但是传递出的信息却不够坚定、明确。

孩子会如何反应？他们互相指责并且都想获得家长的支持。那样做的确管用，她果然上了孩子的当。等到失去耐心后，她开始变得生气，并最终决定转换策略，决心要给他们点儿颜色看看。通过一番试探，她指责他们说谎。但是孩子却矢口否认，这让她更加恼火和失望。于是她只好诉诸辱骂和威胁。没想到孩子对此仍然不予理会，争吵仍在继续。

最终，她忍无可忍、恼羞成怒。她取消了他们骑自行车和享用饭后甜点的权利，并威胁说如果不停止争吵，后果将会更为严重。但是孩子非常生气，并且打算进行报复。他们开始恶语相向，对她进行反击。

于是她再次以取消他们更多的权利作为回应。到了这个时候，家庭纠纷已经进入白热化状态。孩子于是更加出言不逊，逼得家长走投无路。最终，她使出杀手锏，威胁说如果他们再不配合的话，就要罚他们禁足一整天。到了这时，家庭纠纷终于宣告结束。看上去，似乎是家长获得了最终的胜利。

让我们从孩子的角度来看一看整件事情。当孩子前四次胡闹时，他们得到了什么信息呢？尽管他们听到了反复的提醒以及要他们合作的请求，但是并没有什么具体的行动来制止他们继续争吵。既然如此，他们有什么理由要把她的话当回事呢？他们自然不会那样做。

第五次争吵的时候他们得到了什么信息呢？这一次，家长准备采取行动，但是她已经让局面变得难以收场。她被生气和失望所左右，几乎失去理智。她大发雷霆，并采用她力图避免的惩罚措施结束了争吵。毫无疑问，在对待孩子上，她原本想做到既态度坚定，又以礼相待，但遗憾的是，她缺乏两者兼顾的技巧。

民主性方式（坚定而且尊重）

有效的界限设定需要在坚定和尊重两方面找到平衡。惩罚性方式很坚定，但不够尊重。宽容性方式足够尊重，但不够坚定。而混合性方式既不坚定又不尊重。

由于这些方式在解决问题上都是基于错误的学习理念，因而它们很难实现我们的基本教导目标。我们的目标是制止孩子的胡闹，教给他们自己解决问题的技能，并且教给他们关于责任、礼貌沟通以及礼貌待人等方面的内容。但显然，上述方式都无法做到这些。这些方式只会引发孩子的试探和反叛，并且对叛逆的孩子来说，这些方式和他们的气质类型、学习方式也都很不匹配。

如此说来，我们是不是真的就没有更好的选择了呢？幸运的是，我们有。**作为一种双赢的问题解决模式，民主性方式结合了坚定和尊重两种特征，并能实现我们所有的基本教导目标。**它能制止不良行为，也能教会孩子如何负责任，并且能以最清楚的方式，传达出我们所要教授的内容，让孩子努力解决问题以及学会礼貌地沟通。

最重要的是，这种民主性方式对于所有的孩子，不管是学习起来容易的，还是学起来艰难的，抑或是介于两者之间的，都很管用。这种方式耗时较少，无须花费太多精力。而且，这个过程并不会引发感情伤害、关系破裂以及家庭纠纷。

但是，请不要对"民主性"这个词产生误解。我并不是在建议通过民意调查的方式做决策，也不是在建议通过相互妥协的方式解决问题，更不是要求你们放弃家长的权威。"民主性"这个词只是用来阐释我们是如何确定界限的。

惩罚性方式提供界限，但缺少自由和选择。宽容性方式提供自由和选择，但是界限却模糊不清。民主性方式正是这两种极端的平衡。它既不过于宽泛，也不过于约束。它给孩子在明确、清晰的界限内提供自由和选择，给孩子有益的试探提供了机会，同时又有明确的界限指导他们的选择和学习。

民主性方式之所以管用，就在于它很清楚。在学习过程中，孩子不仅会听我们说什么，还会看我们做什么。生气、戏剧化、激动以及家庭纠纷，都会阻碍良好的沟通和学习。采用民主性方式，信息会很清楚，其后的规则也会很清楚。

这种方式潜在的理念是，只有鼓励和允许孩子亲身体会自己做选择和采取行为的结果，才能让他们获得最好的学习效果。我们应该鼓励孩子自己做选择，并体验这种选择的结果，只有这样他们才能从自身的体验中获得学习。

教与学的过程应该是合作的，而不是相互对抗的。家长不应该像破损的唱片一样唠唠叨叨而让孩子感到厌烦，也不应该像侦探、法官、裁判或者缓刑犯的监视官一样试图用强制手段迫使孩子配合。相反，家长应该努力教育和引导一种自然的学习过程。家长给出清楚的信息，鼓励合作，教授技能，并采取和行为有逻辑关系的后果进行教导。

民主性方式和叛逆孩子的气质与学习方式尤为匹配。如果家长能够一以贯之地坚持使用，它能教会孩子认真听从我们的话，做出更好的选择以及更多的配合。虽然它不会改变孩子的气质以及他们试探的方式，但是它能以最清楚和最易理解的方式，提供他们想要的信息。不管孩子选择何种方式学习，容易的途径也好，艰难的途径也罢，都没有关系。不管你的孩子如何选择，民主性方式都能让你达到你的目标（见表5）。

>>> 表5

・・・民主性方式・・・

匹配度	与各种气质类型和学习方式都很匹配
家长的理念	孩子有能力自己解决问题 应该给孩子选择的权利并且允许他们从自己的选择中学习 鼓励是激发合作的一种有效途径
权力和控制	只给予孩子其所能负责的权力和控制
问题解决过程	充满合作 赢—赢（家长和孩子双赢） 基于相互的尊重 孩子积极参与问题的解决过程
孩子学到的	责任 合作

续表

孩子学到的	独立 尊重规则和权威 自我控制
孩子如何反应	更多的合作 更少的界限试探 自己解决问题 认真对待家长的话

民主性方式教导的实例

- 把吵架、打架或相互敌对的孩子分开。
- 当孩子以不可接受的方式使用玩具时,暂时拿走玩具。
- 当孩子拒绝关小电视声音时,关掉电视。
- 鼓励孩子做出更好的选择。
- 当孩子对他人做出有攻击性或有害行为时,采取计时隔离。
- 感谢他们的合作和良好的选择。
- 当孩子滥用某项特权时,暂时取消该特权。
- 当孩子的活动有破坏性时,将他们暂时分开。
- 对孩子的能力表达信心。
- 对于孩子的挑衅行为,采取计时隔离。
- 如果孩子在屋里踢足球,就把球拿走。
- 让孩子负责清理自己的垃圾。
- 留意孩子的合作,并及时表扬他们的顺从。
- 表达你对孩子能够做出正确选择的信心。
- 接受孩子本身,而不是他们不可接受的行为。
- 在惩罚结束时,要表现出宽恕。

让我们再回到熟悉的姐弟俩冲突的例子中，看看民主性方式是如何解决问题的。

妈妈：(用就事论事的语气)"孩子，别再争吵喊叫了。我相信我们可以找到办法，既能共享沙发又不会引起争吵。但你们是不是需要一点儿时间冷静一下，然后我们再谈呢？"

弟弟："我可以谈了。"

姐姐："我也准备好了。"

妈妈："有没有别的办法，既不会让你们为此争吵喊叫，又能解决你们的问题呢？"

弟弟："我不知道，但是我坐在我那边的时候，她踢了我。"

姐姐："不对，他把脚伸到我这边了。我让他挪回去时，他踢了我一下。"

妈妈："我们可以定个时间，你们每人独享沙发15分钟。或者，你们可以分享沙发，但是每人都需要把脚放在自己这边。你们愿意怎么做？"

弟弟："我愿意分享。"

姐姐："我也愿意。"

妈妈："真不错！我知道你们能解决的，但是如果还为沙发争吵的话，你们俩就只能坐在地板上了。"

和其他例子不同，这位家长成功地制止了孩子的胡闹，同时教会了她想要教的。在做到这些的同时，并没有引发冲突或者家庭纠纷。下面让我们查看一下这个互动简图（见图3.4）。

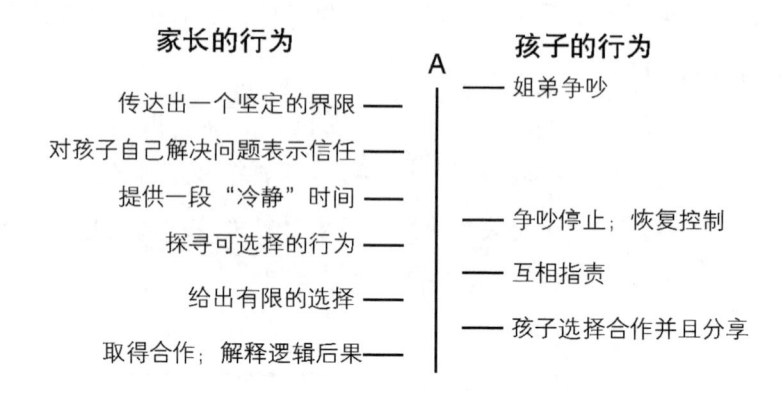

```
家长的行为              孩子的行为
传达出一个坚定的界限 ——  A  —— 姐弟争吵
对孩子自己解决问题表示信任 ——
提供一段"冷静"时间 ——      —— 争吵停止；恢复控制
探寻可选择的行为 ——         —— 互相指责
给出有限的选择 ——
取得合作；解释逻辑后果——    —— 孩子选择合作并且分享
```

图 3.4　民主式互动简图

请注意看这个图的长度，它是如此之短！这足以说明，有效的教导不仅节省时间，而且不用花费太多精力就能收到较好的效果。这位家长做事很有计划，她知道她要做什么，而且对可能会出现的情况早已做好了准备。正因为有了这些，她才没有在无效的说服和调查上浪费时间。

对于想制止的行为，她做的第一步就是给出清楚的信息。她用就事论事的语气要求他们停止争吵喊叫。然后，她向孩子表达出相信他们可以自己解决问题的信息，从而为孩子进行合作创造了良好的条件。她的话语充满鼓励，她给出的信息清楚直接。简单的两句话，她营造出了一种合作和尊重的氛围。

这位家长很清楚，**在充满怒气和不安的氛围中，很难成功地解决问题**。于是她给孩子提供了一种方法——先控制他们愤怒的情绪，这是他们所需的技能。所以在谈话之前，她问他们是否需要一段时间先冷静一下。

在这个例子中，冷静一下，是家长提供的一种选择。这种练习会教会孩子负责任地控制他们愤怒的情绪。如果愤怒程度很强，就要强制让他们冷静下来，而不是让他们进行选择。

当家长确认双方都已经冷静下来时，她询问孩子是否有能力自己解决问题。他们的反应显示他们还不能够自己处理，于是她提供了几种解决途径让他们选择。通过自己选择解决办法，孩子学会了应该对自己的问题负责的道理。

整个教导过程自始至终处于一种相互合作和相互尊重的氛围之中，并且达成了所有的目标。家长不仅制止了不良行为，也为相互尊重地沟通和解决问题提供了范例，同时教给了孩子自己解决问题所需的一些技能。在这个过程中，没有争吵辩论，没有家庭纠纷，没有人受到责怪，也没有人被揪出来。当然了，例子中的这位家长也做好了另外的准备，一旦孩子继续争吵，就让他们分开坐在地板上。实际上，她的做法非常有效，根本就无须考虑这种后果。换句话说，孩子很好地学会了她教授的规则。

你能想象一下，自己有一天也会像这位家长一样解决问题吗？如果你能及时传递出清楚的信息，并且避免争辩和家庭纠纷，那么在养育孩子上你就会有意想不到的收获。你所需要的只是一些新的方法，而你首先要意识到的是，你现在用的方法并不管用。在接下来的一章里，我们将会帮助你检查你传递出的信号是否有效，同时确定你的界限是否坚定不移。

… 第四章

你的界限是坚定的，
还是模糊的

当你对孩子说"不"的时候，真的意味着"不"吗？如果你问孩子的话，通常他们会告诉你，说"不"事实上意味着"可以"，或者有时候意味着"也许"。这种问题，大多数是由沟通时界限不够清楚导致的。很多家长认为，当他们说"不"的时候，他们已经亮起了红灯，但在孩子的眼里，家长亮起的仍然是绿灯或者是闪烁的黄灯。因为他们知道顺从是可以选择的，并不是必须的。

界限基本上分为两种：坚定的界限和模糊的界限。在给孩子传达我们的规则和期望方面，这两种界限发出的信号是不一样的。坚定的界限传递出清晰的信号。语言往往会有行动支持，顺从不仅是被期待的，也是必须的。**在坚定的界限下长大的孩子，知道听从并认真对待家长的话，而且当自己被家长要求时，也总会非常配合。**

另一方面，模糊的界限，对传达我们的规则和期望来说，则是一种不清晰的信号。家长的语言往往缺少行动支持。顺从是可以选择的，并非必须的。**在模糊的界限下长大的孩子，常常对我们的要**

求置之不理，并且经常逼着我们不得不采取行动。对叛逆的孩子而言，模糊的界限势必会引发试探和家庭纠纷。

为了让孩子合作，你使用的是哪一种信号呢？你的红灯真的是红灯吗？还是说它们等同于绿灯或者黄灯？本章将帮助你找到这些问题的答案。具体而言，你不但会学到哪些命令和行动不起作用，而且还会明白面对你的信号，孩子为何会做出那样的反应。

模糊的界限：当"不"意味着"可以"或者"也许"

5岁的安德鲁知道他晚餐前不应该吃甜食，但是，当母亲忙着接电话的时候，他偷偷地打开饼干罐并抓了一把。当他母亲看到这一切时，她决定进行干预。"安德鲁，你知道晚饭前不应该吃饼干或者糖，那会破坏你的胃口的。"安德鲁看起来一脸抱歉，但他仍然吃个不停。于是她继续给他讲道理。

"要是我允许你想什么时候吃就吃的话，"她补充道，"等到吃饭时你就不饿了，那样你就得不到你需要的营养。要是你喜欢饭前吃点儿甜的，能先告诉我吗？我会想办法弄些不影响你吃晚饭的东西。"安德鲁一边点头，一边又把手里剩下的饼干全部塞进嘴里。"好了，亲爱的，"她说，"下次你会提前告诉我的，对吗？"安德鲁再次点点头。

安德鲁的母亲正是用模糊的界限来传达她关于饭前吃甜食的规则的。当她说完这些时，她相信自己的信息已经传达出去了，但事实真的如此吗？在关于饭前吃甜食这个问题上，安德鲁真的学到什么了吗？

安德鲁明白他母亲的话，并且似乎也很配合，但在他母亲说教的同时，他仍然吃个不停。对安德鲁来说，只要能忍受母亲的唠叨，他完全可以在饭前吃甜食。而他母亲所允许的界限，和她原本要传递的信息是不一样的。

模糊的界限只是理论上的规则，而非实际上的。这种界限往往因为信息混杂而引发试探。家长的语言是要求孩子停下来，但行动却是告诉孩子，停下既不是期待的，也不是必须的。对于这一点，安德鲁可谓是非常清楚的。因此，在遭遇"警告"时，他的反应和那些叛逆的孩子如出一辙。他承认收到信号，但仍然自行其是。

从教导的角度看，模糊的界限是无效的，因为它们没有给孩子提供足够的信息，也没有使他们明白我们的语言和行动之间的因果关系。这种信号无法传递出明确的信息，更糟的是，模糊的界限经常会取得相反的效果。它们会引发孩子的试探，使不良行为升级，进而还会引发家庭纠纷。

模糊的界限有很多种形式，它们可以是无效的口头信息，也可以是无效的行动信息。有时候，二者兼而有之。但是，它们的共同之处在于，都不能有效地传递我们想要传递的信息。顺从既不是期待的，也不是必须的。让我们来看几个典型的例子。

期望、希望和应当

4岁的玛迪知道不能玩父亲的新CD机，但她总觉得她知道应该

第四章 你的界限是坚定的，还是模糊的 / 85

怎么做。她打开电源，一通乱按，想弄点儿音乐听听。就在这时，她母亲进来了。

"玛迪，我真希望你不要再动爸爸的新 CD 机了。我担心你会把它弄坏的。"玛迪对她的话不予理会，仍然按个不停。

她母亲又试着说道："玛迪，爸爸不喜欢你玩他的电子设备。他告诉过你别碰它。记得吗，亲爱的？"玛迪继续摆弄着。

"玛迪！我快生气了，"她母亲说，"我真希望你赶紧停下来，否则我就要发火了。"可是玛迪仍然摆弄着，想让机器转起来。

在这些话语中，你是否听到了一个明确的信息，要求玛迪必须停止摆弄 CD 机？玛迪没有听到。对孩子来说，"期望""希望"，以及"应当"这几个词听上去像在说，停下会很好，但你并不需要真的那样做。当叛逆的孩子听到类似的信息时，他们常常会做出试探，以明究竟。正如玛迪所做的，她对母亲的话置之不理，继续摆弄按键。

重复和提醒

12岁的马特正在客厅里看他最喜欢的电视节目，电视的声音开得很大。恼怒的父亲在隔壁屋子里喊道："马特！把电视声音关小点儿。"

马特并不理会。

几分钟过去了。

他的父亲再次大喊："马特，我要告诉你多少次才行？把电视声音关小点儿。你聋了吗？"

马特仍然置之不理，于是他父亲又一次冲他大喊："关小点儿！对面街上的邻居都能听见电视的声音。"这一次，马特仍然没有回应。

最后，马特的父亲走进客厅，站在了马特和电视之间。他把手放在电视的开关上，对马特说道："把声音关小点儿，否则我就把它关掉。"马特站起来，把声音关小了。

当马特对他父亲的第一次要求无动于衷时，发生了什么事吗？什么也没有。马特对此感到心满意足，他要的就是这个结果。面对第二次和第三次的请求，他仍然不予理会。第四次的时候，要不是马特的父亲动了真格的，马特会听话吗？当然不会。

尽管父亲告诉他"把电视声音关小点儿"，但父亲的行为实际上是在说"我不打算做什么，至少目前如此"。如果你是一位12岁的叛逆少年，你很喜欢看电视的时候把声音开得很大，那你会听从哪个信息呢？像大多数叛逆的同龄人一样，如果不是迫不得已，马特是不会把声音关小的。因此，对孩子来说，家长的重复和提醒实际上教会了孩子对他们的话置之不理。

警告和第二次机会

7 岁的达里尔骂他的弟弟为笨蛋。他的妈妈过来干预道："达里尔，这样说你的弟弟很不好，尤其是那样骂他。你那样做很不好。"

"他就是一个笨蛋。"达里尔坚持说，带着一脸坏笑。他对妈妈的强烈反应似乎很得意。

"不许你对弟弟或其他人那样说！"他妈妈一脸严肃地说，"你明白吗？我警告你。"

达里尔决定试探一下。"笨蛋！笨蛋！马克斯是个大笨蛋！"他竟然唱起来。

这次他妈妈真的生气了。"别叫了！"她冲他吼道，"我可是认真的，最后一次警告，要是我再听见一次，今天你就待在房间里别想出去了。"

"太好了！"马克斯回嘴，试图挑逗他的哥哥。

"好吧，他是一个丑八怪。"达里尔说道，并且洋洋得意于自己的聪明。

"够了！"他妈妈生气地大喊，"你今天就待在房间里，哪儿也别去了！"

"太不公平了！"达里尔抗议道，"这一次我没叫他笨蛋啊，你怎么说话不算数？"

"你知道我的意思,"她坚持道,"但我可以给你最后一次机会。要是我再听见一次辱骂,你今天就只能待在房间里了。"

达里尔骂了他弟弟多少次呢?每次他那样做之后发生了什么呢?他被警告了很多次,却又被给予了很多次机会。既然骂人真的不好,为什么她还能允许他骂了六次而一次也没有采取有意义的行动呢?

劝说和解释

10岁的珍妮特被告知不戴护膝和护肘就不能玩旱冰鞋,但她还是偷偷地那样玩了,结果被发现了。

"滑旱冰真的很危险,珍妮特,"她的父亲不无担心地说道,"你可能会受伤的。如果伤了膝关节和腰,恢复起来很慢的。"

"戴上护膝护肘实在是太傻了,"珍妮特抱怨道,"我的朋友们都没有戴,也没有人受伤啊!"

"那是他们幸运,"她父亲回应说,"你妈妈和我可不愿意让你冒这个险。我们想让你平平安安的。我希望你下次不戴护具滑旱冰时,先想想那会有多危险。"

珍妮特的父亲认为他的劝说和解释能说服女儿使用护具，但是如果她不相信他的话会怎样呢？对她来说，顶多就是再受一次说服教育。她可不在乎这些。

因此，如果珍妮特的父亲真的希望她能戴上护具，那么他就需要用有效的行动来支持他说的话。比如，只要她不戴护具滑旱冰，他就收走她的旱冰鞋。

谈话、说教以及训斥

11岁的桑德拉虽然知道放学后应该直接回家，但她还是决定先和朋友们在外闲逛一会儿。等回到家里时，她已经比平常晚了两个小时了。

"你去哪儿了，小丫头？"她母亲忧心忡忡地问，"这个星期你已经第三次这样了。你知不知道我很担心你。我给学校打电话找你，我还差点儿就报警了。"

"我和苏茜，还有爱丽丝，一块去买酸奶喝了，"桑德拉回答说，"我忘记时间了。"

"那你也太不体谅别人了，"她母亲回应说，"要是我们都想什么时候回来就什么时候回来，那我们的家会变成什么样？"

在这个例子中，你有没有听到不能容忍晚回家的明确信息？桑德拉没有听到。像她母亲这样的说教会帮助她以后准时回家吗？很可能不会，尤其是如果她想和朋友们闲逛的话。桑德拉相信只要她能够忍受母亲烦人的说教，她就可以晚点儿回家。在这种情况下，她是不可能把母亲的话当回事的。除非她母亲在她每次回来晚时，就狠下决心，坚决取消她放学后出去玩的权利——或者几天，或者更长时间。

陈述事实

6岁的特雷·乔应该在进房间时脱掉脏鞋子的，可是这次他却匆匆忙忙地直接进屋。从门口到厨房的地上，他留下了一大串泥巴脚印。

"你要把我逼疯了！"他母亲看到乱七八糟的脚印时说，"地毯是很难清理的，整天给你收拾烂摊子，我已经受够了。"听到这儿，特雷·乔赶紧从屋里跑出来。

你认为这样的说法会阻止特雷·乔下一次不再这样匆匆忙忙地进入房间吗？很可能不会。因为他知道他还是可以指望母亲收拾屋子的。如果她真想阻止他穿着脏鞋子进屋的话，她就得采取行动：每当他那样做时，就让他自己收拾。

对不良行为视而不见

3岁的艾莉森很喜欢在吃饭时，在杯子里吹泡泡玩。她的父母尽管很烦，但却尝试着对此视而不见，希望过一会儿她就不会再那样玩了。但是艾莉森却让他们失望，没完没了地吹个不停。以至于到后来，吃饭时间竟然成为让她家长很头疼的时间。

是什么会让我们认为没有绿灯就等于是红灯呢？充其量，那也顶多是个黄灯而已，而且我们知道叛逆的孩子对待黄灯是如何反应的。当我们对不良行为视而不见时，我们实际上是在说：那没什么，随你便，你没有必要停下。

如果艾莉森的家长真想让她不再吹泡泡，他们就需要给她提供一个正确的信号。他们需要明确地说出来，并且一旦她决定试探，他们就把她的杯子收走一会儿。

指示不清

9岁的伊莱经常在晚饭时回来很晚。他的父母对此很是恼火。有一天当他又要出门玩的时候，他的母亲提醒他说："我们六点吃晚饭，别玩得太晚了。"

对一个想多玩一会儿的9岁孩子来说，"别太晚"到底意味着什么呢？六点一刻，还是六点半？或者六点四十五，还是更晚？到底是谁来决定准确的时间呢？伊莱对这些并不清楚，他只知道他晚点儿回来，家长是可以承受的，而且他已经这样做了。

不清楚或者模糊的指示会引发试探，并会导致家长和孩子之间发生冲突。如果伊莱的家长想让他记住晚上六点准时回家，他们就需要说清楚。他们应该说："伊莱，你应该晚上六点到家。如果你到时回不来，那么明天就五点回家。你必须坚持那样做，直到你能按时回来。"只有这样，伊莱才掌握了全部信息，而这可以让他据此做出较好的选择。

无效的角色榜样

10岁的柯特和他8岁的弟弟克里斯正在为一个电子游戏而争论

不休。吵闹声打扰了他们的父亲，于是他过来看看到底是怎么回事。当他赶到现场时，他发现两个孩子正在推搡打闹，并且互相辱骂。

"住手！"他们的父亲喊道，"你们就不能一起玩游戏吗？能不能别像捣蛋鬼一样？"说着，他猛地打了他们两人各一下子，让他们坐回到椅子上。"给我安静一会儿！"他冲他们吼道。然后，他离开了房间。

孩子从中学到了什么呢？他们本来就试图通过喊叫、殴打以及辱骂的方式来解决冲突。结果他们的争斗惊扰了他们的父亲，而他又是怎么做的？他试图用更多的喊叫、殴打和辱骂来解决问题。事实上，他教给孩子的，恰恰是他想要制止的。

请求、乞求以及哄骗

4岁的谢丽已经学会自己穿衣服了，但是每天早上去幼儿园之前，她都要拖拖拉拉好一阵子。

"快点儿，谢丽，"她妈妈催促道，"请你快一点儿，又要迟到了。"但是谢丽却只穿着内衣站在地板上，一副满不在乎的样子。她妈妈再次试图劝她快点儿。

"你要是能快点儿穿好，妈妈真的会很开心的，"她鼓励道，"我真骄傲我的女儿长大了。"谢丽抓起一只袜子，慢慢吞吞地往脚上套。

"这就对了。"她说。但是谢丽却花费了足足五分钟才穿好一只袜子。时间不多了。

"那只袜子穿得真不错，"她又说，"让我看看你能不能更快地穿好另外一只。"谢丽抓起另一只袜子开始穿，又过了五分钟，终于

第四章 你的界限是坚定的，还是模糊的

把两只袜子都穿好了。

"真是我的乖女儿！"她高兴地喊，"你就快穿好了！只剩下短裙、衬衫和鞋了。"

"裙子太难穿了。"谢丽抱怨道，希望妈妈帮她一下。

"你昨天穿得就很好啊，"妈妈说，"快点儿吧，让我看看我的乖女儿是怎么做的。"谢丽能感觉到妈妈声音里的失望。时间不多了，但谢丽仍然进展缓慢。

"来，"她妈妈说，"先穿衬衫吧，我知道你可以的。"谢丽抱着胳膊坐着，不情愿地撅着嘴。"求你了，亲爱的，"她妈妈恳求道，"我会告诉爸爸你今天很了不起！"

又过了五分钟。终于，谢丽穿上了衬衫。时间只剩下三分钟了。现在她妈妈真的有些失望了。

"你真的得抓紧时间了，"她妈妈请求说，"我们没有时间了。"很不幸，谢丽仍然在磨蹭。最终，被激怒的妈妈放弃了。她麻利地给谢丽穿好衣服，以便能准时出发。

生活中，家长为了让孩子合作，往往会采取请求、乞求以及哄骗的办法。但这样做实际上是在告诉他们：你要是愿意你就做。到底是谁来决定什么时候做或者不做呢？自然是孩子。谢丽知道顺从是可以选择的，而非必须的。因而，她可以故意拖延，以求能得到最多的关注。

如果谢丽的妈妈真的期望她的女儿自己能及时地穿好衣服，她就需要简洁明了地传达信息，并及时采取行动。她需要让谢丽明白早上只有二十分钟的穿衣时间。定好时间后，她就应该到一旁待着。

不用请求，不用乞求，不用哄骗。如果时间到了，谢丽还没有穿好衣服，那就应该抓起衣服并把它塞到袋子里，拎起谢丽直接出门。这样下一次谢丽就会抓紧时间穿好衣服了。

早上的习惯性磨蹭，浪费的不只是孩子的时间，还有家长的时间。其实解决这个问题并不难，只要家长能够做到，管好自己的同时，让孩子自己承担穿衣服的责任就够了。

讨价还价和谈判协商

13岁的内森知道自己在星期六早上应该先修剪完草坪才能干别的事，但他还是决定先和朋友出去玩一会儿，然后告诉父母说他忘记了。当他出门时，他妈妈提醒道："别忘记先修剪完草坪再出去。"

"可是我必须得干吗，妈妈？"内森问道，"草长得没那么长。"

"你上周就应该修剪了，但是你没有，"她提醒说，"记得吗？你答应过今天修剪的。"

"为什么我不能下午再干呢？"内森问，"我保证这个星期会把它们修剪完的。"

"要是你午饭前干完，你下午就可以痛痛快快地和朋友玩，就不用惦记什么了嘛！"他妈妈说。

"但是我上午不想干啊，"内森抱怨说，"要不我们折中一下吧？下午我先把前面的草坪修剪完，明天再修剪后面的。"他感觉母亲已经有些不耐烦了。

"那好吧，"她有点儿失望，但还是做出了让步，"但我不会每次都让你这样的。你明白吗？"

"我明白。"内森说。

实际上，在这个例子中，内森真正明白的是他母亲有关修剪草坪的规则是可以协商的。对孩子来说，尤其是叛逆的孩子，可以协商意味着可以选择。你能想象下一次当内森仍然不愿意修剪草坪时，他的家长会怎么做吗？那些常常做出让步的家长，实际上是在诱导孩子试探和修改他们的规则。

争辩

4岁的罗伯特讨厌收拾自己的玩具。当他母亲宣布"把你的玩具收拾起来，准备睡觉了"的时候，你可以想象他的反应。

"我不想收拾，"他抱怨说，"我很累。"

"我知道你累了，"她说，"但是你知道规矩的。当你不玩了的时候，你就应该把玩具收起来。"

"你有时候就不收拾你自己的东西，"罗伯特反驳说，"如果你不收拾，我为什么要收拾？"

"我可不像你那样，"她说，"我经常自己收拾的。"

"可你缝衣物的东西就不收拾。"罗伯特说。

"那是因为我还没有做完呢，"她回应道，"现在赶快去收拾吧。"

"那不公平！"罗伯特抗议道。

"我不想跟你争辩，小家伙！"她说，"你知道规矩的，现在就去。"

"愚蠢的规矩。"罗伯特嘟囔着回敬说。

通过争辩，罗伯特的母亲给他传递出了什么信息呢？争辩的结果又如何呢？显而易见，争辩并没有让罗伯特收拾自己的东西。争辩不结束，自然不用考虑他会收拾。更何况有时候，争辩往往会没完没了地持续下去。

这样和儿子进行争辩，罗伯特的母亲实际上是在说，她的规则遵守不遵守取决于他们争辩的结果。这是一种鼓励罗伯特进行试探的做法，这种做法的结果只能是引发新的家庭纠纷。

贿赂和特殊奖励

对贾斯廷和蒂娜的母亲来说，带孩子去商场购物简直如同噩梦一样。每次她带着6岁的双胞胎去商场时，他们总是哭着喊着要这要那。如果得不到满足，他们就会撒泼打滚。一位邻居出于好心，建议她试一试贿赂的方式。

她想，没准儿邻居说得对。第二天在出门去商场之前，她对孩子说："要是你们在路上不吵不闹很配合的话，我就给你们每人买一个玩具。"

两个孩子都很乐意。而且让她吃惊的是，一路上两个孩子果然相安无事。"哇！这招真管用！"她自言自语道。

那个星期，她一共去了两次商场。每次她都给他们买个玩具作为贿赂，而孩子每次也都很配合。可是到了月底，她为购买新玩具花了将近70美元。到这时，她开始怀疑这种方式是否真的明智。

"我小的时候可没有人花钱让我配合。"她心想。越想这些，她就越生气。

到下次购物时，她对孩子宣布："你们两个在公众场合已经能很好地合作了。但你们做的也都是应该做的，我不应该再为此给你们买玩具了。"

"那不公平！"蒂娜立即抗议道。贾斯廷也随声附和。

"要是你不给我们买玩具，我们就不配合。"贾斯廷威胁说。直到这时，他们的母亲才意识到自己之前给出的信息原来是错误的。

当家长提供贿赂或者特别的奖励作为对孩子合作的回报时，实际上是在说合作是可以选择的，并且取决于是否提供奖励。通常情况下，只要奖励不再提供，合作就会立即终止。

更多关于无效口头信息的实例
（模糊的界限）

- 该洗澡了，好吗？
- 你能试着听话一点儿吗？
- 快一点儿，赶紧行动起来。
- 帮我一个忙，配合一下。
- 你没看见我在接电话吗？
- 我不喜欢你的态度。
- 你最好听话点儿！
- 要是我打扰了你你会怎样？
- 你表现得像个混蛋！
- 该赶快行动了。
- 真不敢相信！你差点儿就配合了。
- 别在那儿傻笑了。

家长之间的不一致

如果妈妈说,"出去玩之前先收拾好你的玩具",而爸爸说,"让他去吧,亲爱的。他的朋友们在等着他呢",并且开门放孩子出去的话,孩子会对他本应该遵从的规则作何感想?

在这个例子中,家长之间的规则各不相同。妈妈的规则说,"请你那样做",而爸爸的规则在说,"你并不需要那样做"。谁的规则会占据上风呢?自然,对孩子来说,无疑爸爸的规则会占据上风。

当家长下一次要求孩子出门前收拾玩具时,孩子会怎么做呢?他很可能会做出试探,看看到底谁说了算。如果妈妈要他做时,他很可能说:"爸爸说我不用收拾。"要是爸爸要求他做,孩子很可能会说:"你上次说过我不用收拾的。"无论哪种情况,家长之间的不一致常会让他们三方都陷入冲突。

更多关于无效行动信息的实例
（模糊的界限）

- 允许孩子不收拾东西就走开。
- 给孩子收拾烂摊子。
- 给孩子穿衣服，尽管他们自己会穿。
- 无视孩子的胡闹，希望孩子自己停下。
- 当你心情好时，对孩子的胡闹熟视无睹。
- 当孩子打人时，扇耳光以让其知道挨打的滋味。
- 当孩子因胡闹受罚时袒护孩子。
- 为孩子的胡闹寻找借口。
- 当孩子胡闹时责备自己或他人。
- 降低标准以希望孩子能完成任务。
- 一旦孩子大发脾气就妥协。

坚定的界限：当"不"的确意味着"不"

5 岁的玛吉和她母亲在收银台前排队等待结账。玛吉从架子上抓了一条糖果，然后看着妈妈。

"玛吉，放回去，"她母亲说，"你知道我说过在付钱时不能买吃的。"

"求你了，就买这一次？"玛吉请求说。

"不行，"她说，语气很平静，"请把它放回去。"

玛吉决定使出演戏这一招。她开始大哭大闹。

"对不起，"玛吉的妈妈对收银员说，"我过一会儿再回来。"她抱起哭泣的玛吉出门回到车上。没有大声嚷嚷，没有尖声喊叫，没有威胁或者生气的训斥。当然,也没有妥协让步。五分钟的哭闹和啜泣之后,玛吉冷静下来了。

"你准备好要回家了吗?"她妈妈问道,玛吉点点头。

她们回到店里,付了钱,离开了。

帕特里克的父亲不允许他在吃饭时吹哨子。8 岁的帕特里克决定试探下父亲的命令,结果却碰了钉子。一天早上吃饭时,帕特里克在他的谷物食品盒里发现了一个赠送的小哨子。他把它取出来塞到嘴里,连吹了好几下看是否会响。哨音很响亮,吵得他的兄弟们都捂上耳朵并叫喊着让他停下来。帕特里克对引起的骚乱很是开心,继续大吹特吹。

当他们的父亲进来时,他看见了发生的事情。"帕特里克,请不要在屋子里吹哨子,到外面时再吹。"他平静地说道。

帕特里克一脸不屑地看了他父亲一眼,但还是服从地放下了哨子。可等他父亲刚走出门,帕特里克就抓起哨子,挑衅似地一顿猛吹。他的父亲返回来,什么也没说,直接把哨子没收了。

在传递他们的规则和期望上,帕特里克的父亲和玛吉的母亲都使用了坚定的界限。他们言行一致,说到做到。两个孩子收到的信息都很清楚。他们听到了停下的命令,也体验到了停下的事实。顺从既是令人期待的,也是必须的。两个孩子都收到了他们所需的信息,这样下一次他们就能做出令人满意的选择。

更多关于有效口头信息的实例
（坚定的界限）

- 停下,不许打人。
- 我们不在客厅吃棒冰。
- 请把你的鞋子从沙发上拿下来。
- 出去玩之前把你的积木收起来。
- 记得在五点半前到家。
- 要么遵守规则,要么去玩别的游戏。
- 把电视声音关小点儿,否则我会把它关掉。
- 如果你在屋子里踢球,我就会把它拿走。
- 如果乱扔食物,吃饭就结束了。

关于我们的规则和期望,坚定的界限会给孩子传达出清楚的信号。孩子明白我们说一不二,是因为他们体验到了他们所听到的。我们的语言和行动是相互一致的。在这种情况下,孩子会学会把我们的话当真,会减少试探并更多地配合我们。结果显而易见——更

好的沟通、更少的试探和更少的家庭纠纷。对叛逆的孩子而言，坚定的界限是让他们更好合作的不二之选。

> **更多关于有效行动信息的实例**
> （坚定的界限）
>
> - 当孩子打人时采用计时隔离。
> - 如果孩子无视你的要求，继续在客厅吃棒冰的话，那就拿走棒冰。
> - 如果孩子不收拾积木，那就把积木收走三四天。
> - 如果孩子没按要求在五点半前到家，那就暂时把回家时间改到四点半，并持续几天。
> - 如果孩子不遵守游戏规则，那就暂时不允许其参与。
> - 如果孩子拒绝关小声音，那就关掉电视。
> - 如果孩子试探着在家里踢球，那就把球收走。
> - 如果孩子因为粗心而毁坏或丢失玩具，那就不给其提供新玩具。

本章总结

界限有两种基本形式：坚定的和模糊的（见表6）。坚定的界限（当"不"意味着"不"）是极其有效的信号。因为它不仅向孩子表明了我们严肃的态度，也明确告诉了他们其所寻找的清楚界限。在这种方法下长大的孩子之所以很少试探，是因为他们明白顺从既是令人期待的，也是必须的。

>>> 表 6

· · · 坚定的界限与模糊的界限的对比 · · ·

	坚定的界限	模糊的界限
特征	以清楚、直接、具体的行动术语进行表述 语言有行动支持 顺从既是令人期待的，也是必须的 提供所需要的信息使孩子做出令人满意的选择并尽力配合 培养责任心	以不清楚的术语或者"混合信息"进行表述 行动并不支持想要达成的目标 顺从是可选择的，不是必须的 不提供所需信息，使之难以做出令人满意的选择 缺少责任心
可预期的后果	合作 界限试探逐渐减少 对规则和期望有清楚的理解 认真对待家长的话	抵制 界限试探持续增多 不良行为和家庭纠纷日益增多 对家长的话置之不理

续表

	坚定的界限	模糊的界限
孩子学到的	"不"就是"不"	"不"意味着"可以",或者有时候是"也许"
	我需要并且必须遵守规则	我不需要遵守规则
	规则对我和其他人来说并无不同	规则是为他人而定,并非为我
		我可以自定规则,随心所欲
	我应该对自己的行为负责	家长对我的行为负责
	家长是认真的	家长并非是认真的

模糊的界限（当"不"意味着"可以",或者有时候是"也许"）是理论上的规则,而非实际上的。尽管它们形式各异,但都会引发孩子的试探和抵制。因为孩子很想知道,我们对他们到底有何期望和要求。对叛逆的孩子而言,模糊的界限势必会引发试探和家庭纠纷。

第五章

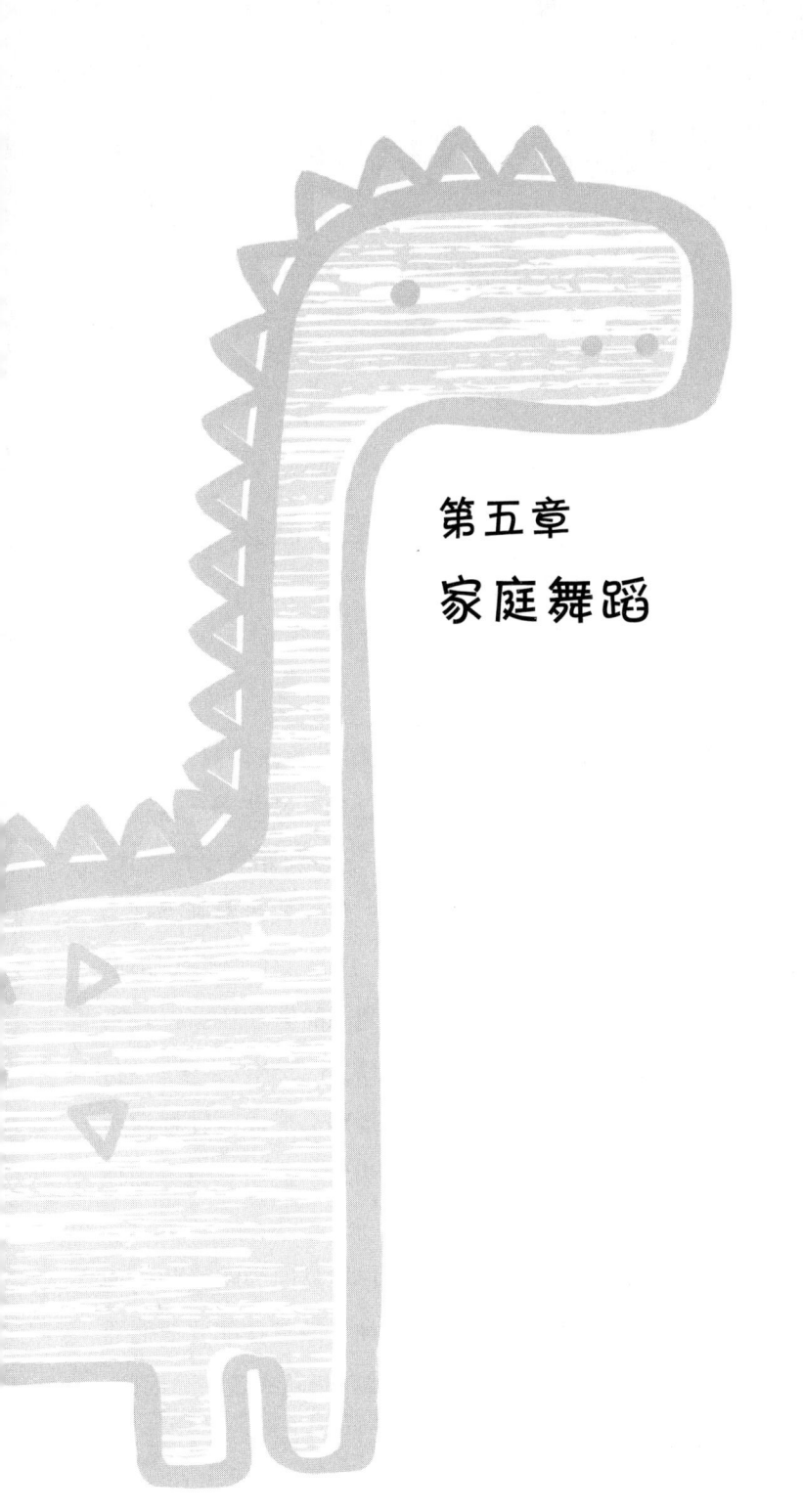

家庭舞蹈

对叛逆的孩子来说，如果你的界限很模糊或者教育效果很差，那么毫无疑问，你已经创造出了属于你们自己的特殊舞蹈。这种家庭舞蹈往往在你们发生冲突时，被反复跳起。家庭舞蹈有多种形式：宽容式舞蹈往往表现为废话连篇、没完没了；惩罚式舞蹈则表现为生气和戏剧化；混合式舞蹈则两者兼而有之。但是，不管形式如何，在设定规则并让孩子配合这一点上，所有家庭舞蹈的努力都是徒劳的。

家庭舞蹈是一种无效的问题解决模式，常常会导致亲子冲突，并使家庭纠纷日益增多。时间长了，跳这种舞蹈会变成一种根深蒂固的习惯。家庭成员会对这种沟通方式习以为常，甚至意识不到他们正在跳这种舞蹈。

正如我们本章所关注的那些家庭，他们很容易因为糟糕的沟通方式而陷入困境。由于意识不到这一点，再加上缺乏技能，他们通常没有什么选择的余地，只能在这种仅知的舞蹈里跳来跳去。因此，认识到这一点是他们挣脱束缚的首要前提。

如果你怀疑自己陷入这种家庭舞蹈而不能自拔，那么本章将会帮助你挣脱束缚，重获自由。通过学习，你将会知道你的舞蹈是如何开始的，又将如何结束，并且知道它为什么会持续不断。最重要的是，你将会认识到，你应该摆脱这种舞蹈，并寻找更有效的沟通方式和解决问题的方法。

家庭舞蹈会鼓励孩子的不良行为

设想一下你只有 5 岁，还不太会掌握时间。你的父母对你管教得很严，甚至不允许你跑到另一个街区玩耍。每次他们让你收拾玩具时，你都会因为厌烦而抱怨不断，而他们则没完没了地说个不停。他们软硬兼施地又是恳求哄骗，又是警告提醒，又是说教解释。假如你仍然坚持己见，他们就会生气地冲你喊叫，并且威胁说要拿走你喜欢的玩具，甚至说要长时间地剥夺你的某项权利。

"哇哦！看他们怎么办！"你会这么想，"他们看起来很不高兴！"形势虽然有点儿不妙，但是根据以往经验，你知道他们根本不会真的采取行动。即便他们真的那样做了，也似乎关系不大，因为在这个过程中你所获得的乐趣，让你感觉值得那样冒险。

仅仅凭借抵制一个请求，就能制造出这么多的乐趣和开心，你对此会有何感想呢？你是不是觉得自己很有能耐？你是不是觉得自己掌握着控制权？你是不是还感到非常好玩？毫无疑问，你肯定觉得是的。

家庭舞蹈就像给孩子看的肥皂剧一样，而且更类似于持续演出的现场娱乐节目。孩子是制片人和导演，而家长则是领衔主演。剧本已经经过反复多次排练，每个人都知道自己演出的那一部分，并且很清楚情形可能会怎样发展。但是他们的演出，总是一而再、再而三地以冲突收场。

在我看来，家庭舞蹈是一种对家长错误言行的强化，常常会无意识地鼓励甚至奖励孩子的不良行为。家庭舞蹈给孩子提供的奖励有两种形式。第一种是任由他们自行其是，或者使他们在家庭纠纷中获得胜利。假如你只有5岁，你不想收拾玩具，那么想办法让家长收拾就是一个很不错的选择。即便他们不收拾，你也会得到现场娱乐的机会。这就会带来第二种奖励，即孩子通过把家长引入舞蹈而获得的消极关注、权力和控制。对孩子来说，家庭舞蹈本身就是一种奖励。

如果家长时常和孩子跳这种舞，那么很可能，他们无意之中恰恰奖励了自己正努力制止的不良行为，这是一种恶性循环。这种恶性循环的情形很难改变，除非家长意识到了自己正在做的事，并且

不再给予这种奖励。要知道，制止这种家庭舞蹈取决于家长。但意识到这一点，仅仅是解决问题的第一步。让我们来看看下面这对夫妇是如何发觉他们的舞蹈的。

宽容式舞蹈

迈克和谢丽有两个孩子，6岁的贾斯廷和9岁的布鲁克。说实在的，他们家可真够忙的。除了照顾孩子，两位家长还要应付全职工作，而孩子还参加了很多课外活动。贾斯廷常常和父母对着干。万般无奈之下，迈克和谢丽找到了我。

"无论什么事情,贾斯廷的第一反应都是'不',"谢丽抱怨说,"当我们告诉他不能做什么事的时候,他总是和我们争论个没完没了。有时候,我们会忍不住冲他嚷嚷几句,而他总是反唇相讥,以至于他的姐姐也无法忍受,喊叫着让我们全都闭嘴。您觉得他这种行为正常吗?他快把我们逼疯了。我真不知道自己是否还能承受得了。"

迈克同样感到非常失望:"对待贾斯廷,我们尽可能地做到公平合理,但是他却利用这一点,对我们很不尊敬。家里面总是为此吵闹不休。我不知道究竟该怎么做才能说服他。"

尽管迈克和谢丽没有意识到,但是很明显,他们和贾斯廷之间的家庭舞蹈已经有些时日了。日益增多的冲突和家庭纠纷让他们无法自拔,留给双方的只有厌倦和失望。针对这种情况,我觉得首要的任务是帮助他们认清各自不同的气质。于是,我给他们每人勾画了一份气质量表。

贾斯廷的量表显示出他很叛逆。在消极坚持、反应性以及强度方面,他的得分都很高。他几乎对每个人都表现得很强硬。他的姐姐布鲁克正好和他相反——很听话,几乎很少惹人生气。她很讨人喜欢,也很乐于配合。迈克的气质有点儿像布鲁克,而谢丽则和贾斯廷有点儿相似,性格叛逆、情绪紧张、容易过激。

透过他们的气质量表,我们可以直观地了解他们家庭的互动机制。我能够理解迈克为什么对贾斯廷的行为如此难以理解,因为他们的气质完全不同。在发生冲突的时候,迈克总是愿意选择配合。他的反应往往表现为努力寻找一个大家都能接受的解决办法。而贾

斯廷正好相反，他总是试图按照自己的意愿解决问题，而且常常不惜采取极端的方式。如果不合他的心意，他才不会配合呢。

我同样也能理解为何谢丽对贾斯廷的反应会如此强烈，因为他们的气质非常相似。两人都很强势，容易言行过激。一旦发生冲突，他们俩就像两个带电粒子一样，会发生激烈反应。而且两人都态度坚决，总想压倒对方。我把这些看法分享给了迈克和谢丽。

接下来，我打算看看他们的教导方法与贾斯廷的气质和学习方式是否匹配。我要求两位家长都选取一个贾斯廷胡闹的典型例子，并且尽可能详细地描述出来，甚至包括他们自己是如何说的，如何做的。结果，两位家长都毫不犹豫地一致认为，每天早上贾斯廷的抵制是一天中最难熬的时候。可以说，每天的一开始都很不顺心。

"好吧，"我说，"请描述一下早上的情况，当你们要求贾斯廷为上学做准备时。"

谢丽第一个开始。在她描述时，我按照先后顺序，用图把每一步都画出来。在帮助家长更好地认识他们的舞蹈上，直观的可视图表非常有用。当谢丽说完后，我们花了几分钟的时间来观察这张图（见图5.1）。当她看到这张图的长度时，谢丽惊讶得睁大了眼睛。

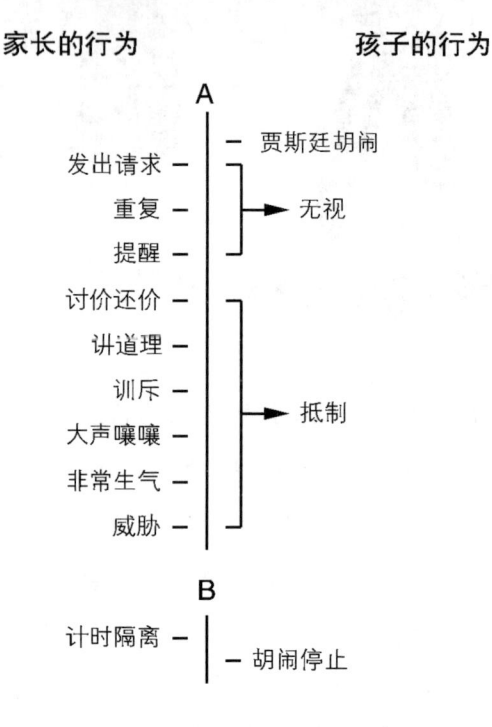

```
        家长的行为              孩子的行为
              A
                ┃— 贾斯廷胡闹
      发出请求 —┫
         重复 —┣━━▶ 无视
         提醒 —┫
      讨价还价 —┫
        讲道理 —┫
          训斥 —┣━━▶ 抵制
      大声嚷嚷 —┫
      非常生气 —┫
          威胁 —┛
              B
      计时隔离 —┃— 胡闹停止
```

图5.1 谢丽的互动简图

"哇！"她吃惊地大喊，"光看完这些就让我很疲惫了。可实际上，我每天都在那样做。"

"说真的，这是一种很长而且乏味的舞蹈，"我回应道（我觉得那样说并不为过），"我知道你为什么会感觉如此疲惫。"

对很多家长来说，跳家庭舞蹈就像在存储"压力优惠券"一样，

第五章　家庭舞蹈 / 113

一旦收藏得足够多，他们就会兑现礼物：头痛、胃痛、失落，以及其他各种各样的烦恼。谢丽收藏这些"压力优惠券"已经有好些日子了。

谢丽的图说明了一切。从第一次开始干预直到结束，她尝试了很多种说服的办法，试图制止贾斯廷的胡闹，但是无一奏效。很典型地，从一开始的重复、请求，到后来的提醒，她的请求从不被理会。接下来，她还试着跟他讨价还价、讲道理、训斥，但结果还是一样——贾斯廷仍然我行我素，根本不在乎。

而谢丽说得越多，她就越生气，直到说教变成了大喊大叫，讨价还价变成了威胁恐吓。到最后，她实在控制不住自己的怒气，终于彻底爆发了。她不由分说地直接把他送回他自己的房间里，然后告诉他七点四十五分必须准时出发，如果他没穿好衣服，就没有早饭吃。这时，贾斯廷的胡闹通常就会结束。因为他很清楚，如果能准时穿好衣服，他就能吃到早饭。否则的话，只能在离家的时候带上一袋烤面包片或者干麦片。

在两位家长查看的时候，我回到谢丽的简图上，并且在所有使用语言的措施上画了一个圆框。我把它们标记为"口头措施"。它们几乎占据了整张简图。接着，我绕着"计时隔离"这个词画了一个方框，并把它标记为"行动措施"。这个小方框只占据简图很小的一部分（见图5.2）。

"在A点和B点之间，你尝试了很多种不同的措施让贾斯廷配合，"我说，"但到底是哪一种措施最后制止了他的胡闹呢？"谢丽的眼睛直直地盯着图下方的方框。一切都很清楚，她把大量的时间和精力都花费在了毫无用处的事情上。

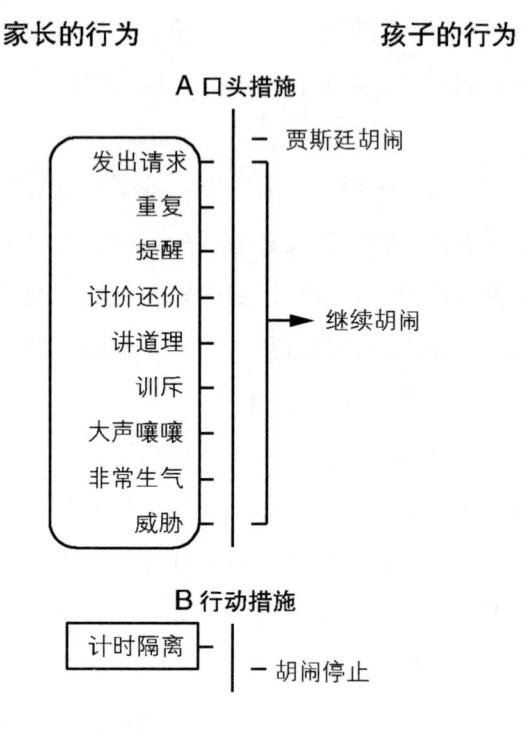

```
          家长的行为              孩子的行为
         A 口头措施
                          — 贾斯廷胡闹
         ┌ 发出请求 ┐
         │ 重复    │
         │ 提醒    │
         │ 讨价还价 │
         │ 讲道理  │ ──→ 继续胡闹
         │ 训斥    │
         │ 大声嚷嚷 │
         │ 非常生气 │
         └ 威胁    ┘

         B 行动措施
         ┌─────┐
         │计时隔离│ — 胡闹停止
         └─────┘
```

图 5.2 谢丽的互动简图：口头与行动措施

根据她的图所反映出来的情况，我进行了总结："从 A 点你最初发出请求到 B 点你最终采取行动，贾斯廷之所以一直在跟你唱反调，就是想知道他到底可以有多过分。他越过分，你说得越多，你就越生气。当你终于忍不住爆发时，你的行动最终停止了舞蹈。"

谢丽赞同地点点头。

"你知道在什么时候，你给出的信息变得清楚了吗？"我问。

她指了指她的行动措施。

"非常正确，"我说，"正是在那个时候，他才停止胡闹，开始配合。而且实际上那也正是贾斯廷一直在寻找的。当你开始采取行动时，事情一下子就变得简单多了。"

对我所说的这些，谢丽表示理解。她能够看出来，她的教导方法和儿子的个性极不匹配。到了这时，她的脸上终于露出了轻松的表情。

接下来，我想帮助谢丽探寻一下家庭舞蹈的起源。我要她描述一下她小时候胡闹的时候，她的家长是如何做的。她一边回忆，我一边用图解法在黑板上记录。然后，我把这个新的简图和她之前的那个简图放在一起做比较。当她描述完后，我退后几步，好让她仔细地对比一下。看到这两个简图，她很是吃惊。

"我一直以为我的处理原则和我父母的做法是完全不同的。"谢丽说道。但从图上看，事实并非如此。除了结尾不同外，两个简图几乎一模一样。谢丽用计时隔离的方式结束了舞蹈，而她的父母则是采用打屁股的方式来结束的。除了结尾略有不同，他们的舞蹈并没有太大的差别。

实际上，许多家长都很依赖他们父母教育孩子的模式。当他们意识到这一点时，往往都会很吃惊。一些家长，比如谢丽，试图修改方法，以纠正上辈人的错误。如果他们认为自己的父母当年过于严厉，他们现在就很可能会过分宽容。如果他们认为自己的父母当年过于宽容，则他们现在很可能会过于严厉。但是，在大多数情况下，他们基本的舞步并无差异，只是结尾稍有不同罢了。不仅如此，类似的舞蹈剧本往往会代代相传。

下面该谈一谈迈克的舞蹈了。我让他详细描述一下早上的时候，他是如何对付贾斯廷的抵制的。在他回忆时，我同样绘制了一幅简图（见图5.3）。绘制完后，我停下来，好让我们都能审视一下它。

/ 116

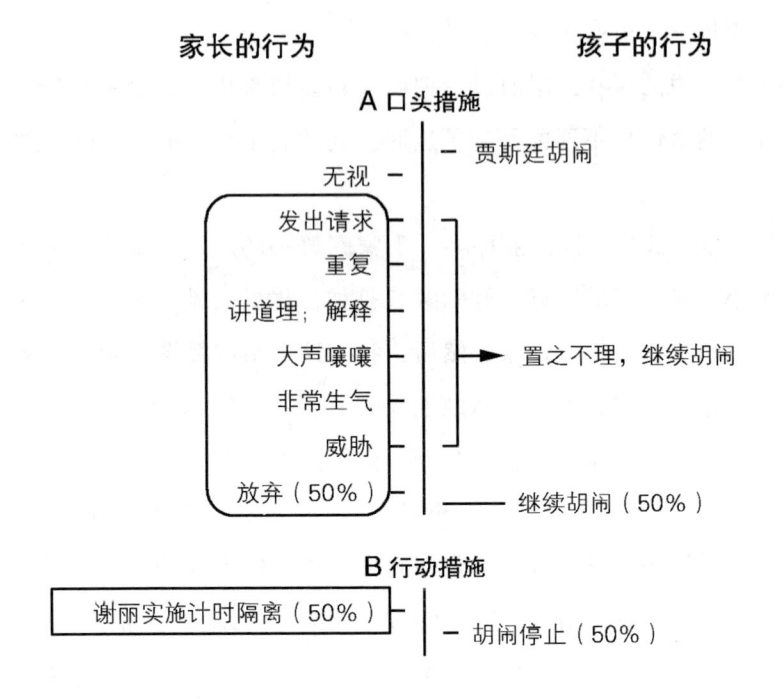

```
           家长的行为              孩子的行为
              A 口头措施
          ┌─ 无视 ─┐   ─ 贾斯廷胡闹
          │ 发出请求 │
          │  重复  │
          │讲道理;解释│
          │ 大声嚷嚷 ├─→ 置之不理,继续胡闹
          │ 非常生气 │
          │  威胁  │
          └放弃(50%)┘   ── 继续胡闹(50%)

              B 行动措施
       ┌──────────────┐
       │谢丽实施计时隔离(50%)│  ─ 胡闹停止(50%)
       └──────────────┘
```

图 5.3　迈克的互动简图

"这种舞蹈看上去是不是有点儿熟悉?"我问。

"的确如此,"迈克回答说,"这种舞蹈我跳了无数次,在我心里,每一步都清清楚楚。"

乍看上去,迈克的简图似乎显示为一种混合的舞蹈,但缺少行动措施是其最明显的特征。他的这种宽容式舞蹈混合了好几种特征,具体表现为:大声嚷嚷、生气以及戏剧化。但是,这种舞蹈基本上还是以对话为主,并且缺少行动。

通常在开始的时候,迈克会尽量无视贾斯廷的胡闹,以避免发生正面冲突,但这个办法从来就不管用。过不了几分钟,迈克就会感到厌烦。于是,他开始用生气的口吻发号施令。但是贾斯廷对此

第五章　家庭舞蹈

根本不予理会。迈克厌恶这种被人忽视的感觉,但还是竭力保持冷静。随后,迈克试着重复自己的要求,想方设法地提醒贾斯廷,并且给他讲道理、做解释,试图动之以情,晓之以理。但是贾斯廷仍然不理不睬。

到了这时,迈克就会大发脾气。他开始训斥贾斯廷,冲着贾斯廷大声嚷嚷,甚至还进行威胁恐吓,但贾斯廷对这些戏剧化表演不以为然。因为他早已拿定主意,宁折不弯。不仅如此,他也不甘示弱,反过来还冲着迈克大喊大叫。

等到双方的冲突陷入白热化,打得不可开交时,谢丽多半会过来把贾斯廷带回到他自己的房间里。直到这时,胡闹才最终得以结束。迈克常常会垂头丧气地走开,而贾斯廷则往往对自己的成功喜不自胜。

回到迈克的图上,我画了一个圆框,把他所有说的话圈起来,并且标记为"口头措施"。这个圆框几乎占据了整张图。而最终制止了胡闹的行动措施属于谢丽,但并不是每次都那样,只有50%的概率。

在迈克的图完成后,我开始进行总结。"对于你的管教,贾斯廷之所以屡教不改,是因为他想知道自己可以有多过分。他做得越过分,你说教得越多,你就越感到生气。最终,当你实在无法忍受时,要么你失望地走开,要么是谢丽来结束舞蹈。"听到这些,迈克点点头。他承认了自己跳的是宽容式舞蹈,并且也明白他的方法和贾斯廷的气质与学习方式很不匹配。

接下来,我想帮助迈克也探寻一下他舞蹈的起源。我要他也描述一下小时候胡闹的时候，他的父母是如何做的。在他描述的时候，我同样也在黑板上画了一个图。并且，我把这个图和他自己的图放在了一起。

两张图非常相似，除了一点明显的区别。迈克是通过放弃并走开来结束舞蹈的，而他的家长则是通过打屁股的方式。在其他方面，迈克的舞蹈则和他家长的完全一样，都充满了斥责、生气和戏剧化。

迈克和谢丽都已经认识到他们的舞蹈方式，也确认了自己的剧本源头来自他们的家长。但是，问题最困难的部分还在后面。他们需要学习新的技能，才能让自己远离这种舞蹈。

停止舞蹈的最好办法实际上很简单。只要你从一开始就把要求说清楚，并且采取紧密的实际行动来配合你的要求，就可以了。回到谢丽最初的图上，我具体阐释了这个过程。

"还记得谢丽是如何把大量时间浪费在种种无效的口头信息上的吗？"我说，"贾斯廷抵制所有这些信号，直到谢丽采取实际行动。只有在这种情况下，他才会停止胡闹，开始配合。如果你一开始从 A 点就给出清楚的信号，并且在 B 点时直接采取行动，你就可以避免这种舞蹈而无需中间那些无效的措施。当贾斯廷下一次抵制你的时候，你应该明确地告诉他必须在房间里穿好衣服，中间你不要进去，直到他自己完成。你要让他知道，对于不良行为，既没有舞蹈，更没有奖赏。"（见图 5.4）

经过这次咨询，我相信迈克和谢丽两人已经学会如何制止家庭舞蹈了。当然，只要你找到方法，你也完全可以做到这一点。

第五章　家庭舞蹈

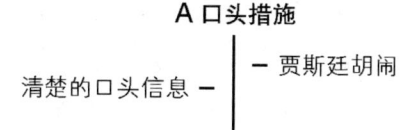

/ 119

```
家长的行为              孩子的行为
     A 口头措施
清楚的口头信息 ─┬─ 贾斯廷胡闹
              │
     B 行动措施
        禁闭 ─┬
              └─ 胡闹停止；无需舞蹈
```

图 5.4　迈克和谢丽的新互动简图

惩罚式舞蹈

里克和琳达有两个孩子，分别是 7 岁和 13 岁。在接待室里看到的一幕，让我对他们的家庭舞蹈印象非常深刻。

"快点儿，莉萨。"当他们被叫进来时，琳达对她 13 岁的女儿说道。但是莉萨只是紧紧地抱着胳臂坐在那里，看上去很不情愿的样子。

"你们进去，"莉萨说，"是你们需要咨询，又不是我。"

"你要是听话，我们也用不着来这儿了。"她母亲生气地吼道。

"才不是呢！你们总能找到理由冲我发火，"莉萨回敬道，"这一点你们可最擅长。"

"我不想再听你这样无礼的狡辩了。"琳达说。

"哦耶！你想怎么办呢？罚我禁足？当你对我无礼的时候，你看起来可一点儿也不难受。"莉萨回敬道。

"因为我是你妈。"琳达反驳道。

"不，你是一个独裁者。"莉萨说，仍然坐在椅子上。

"够了，莉萨，"里克过来干涉，"快点儿，我们该进去了。"尽管极不情愿，但莉萨和她的家长最终还是进到了我的办公室里。然而在我们都还没有坐定时，家庭舞蹈又开始了。

"看看她像什么样？"琳达抱怨说，试图获得我的支持。

"耶，有你在场可真是太有趣了！"我刚想表示一下自己中立的立场，莉萨就话中带刺，冷笑着说道。

"看得出来，你们都很生气，"我说，试图把大家的注意力从莉萨身上转开，"在我感到气愤的时候，我很难解决好问题。让我们都先冷静几分钟。"等待的时候，我给两个孩子每人一份有意思的问卷让他们填写，又给家长一些表单让他们浏览。

咨询还没有开始，我已让家长熟悉了一种技巧：冷静疗法。这种技巧只有他们经常使用，才能中断他们的家庭舞蹈。等到大家都冷静下来后，我问里克刚才发生的争论和在家里的情况是不是很相似。

"莉萨六周前被罚禁足，从那以后情况就一直这样了。"里克回答说。然后，他还给我描述了事情发生的经过，以让我了解他们为什么来这儿咨询。

问题起因于某一天莉萨回家时带回的期中考试成绩单。她的科学与数学成绩都得了 D，是所有课程中最差的两门。当琳达看到成绩后，非常生气。"咱们家不能接受 D 档的成绩！"她宣称。

"到期末还有六个星期呢，我完全有时间把成绩提上去。"莉萨说。

"你的时间比你想的还要多，"琳达反驳道，"因为从今天起，

第五章 家庭舞蹈

放学后你不许再出去玩，直到你把成绩提上来。"莉萨被禁足了，放学后只能在家里玩，不能出去。

当她对母亲的决定表示抗议时，琳达威胁说要取消她更多的权利，并且说没有任何商量的余地。莉萨非常生气。"太不公平了，你真可恶！"她喊道。

于是琳达又决定取消莉萨打电话的权利。"要是你想失去更多的权利，那就看着办吧。"琳达冷嘲热讽地说道。

莉萨跑回自己的房间，重重地摔上了门。

当天晚上，里克试图调解矛盾，但事情却变得更糟。开始时，琳达责怪莉萨懒惰，还说她不够礼貌。莉萨则指责琳达可恶而且不够公平。琳达随后开始大声嚷嚷，于是两人就吵作了一团。等吵到气头上时，莉萨竟然脱口而出骂琳达是"母狗"，尽管她话一出口就后悔了，但是已经太晚了。琳达气得肺都炸了，就在她伸手准备打莉萨时，里克上前拦住了。他取消了莉萨最喜欢的活动，每周六不再允许她滑雪，并且告诉她恢复时间需等候通知。

"我也不知道该怎么办才好。"里克说，带着一脸的沮丧。莉萨每天晚上都被关在家里，而且还不能打电话。"她已经那么大了，我不方便再打她了，但也不能太由着她。"像琳达一样，里克也打算在惩罚措施上再稍微严厉一点儿。

我很想知道到底是什么样不同的气质，导致他们爆发出如此大的冲突。我要求他们每人给我填写一份气质量表。对此，大多数家庭还是挺愿意配合的。

填完之后，我发现他们的气质量表揭示了一切。里克和科迪两人的气质很相似，都很顺从，并且不难相处。琳达的量表显示她性格很叛逆，有些情绪化，容易紧张，并且经常反应过激。而莉萨的性格更叛逆，与琳达相比，有过之而无不及。两个人在一起时，自然水火不容。

我给他们进行了认真的分析，告诉他们各自气质之间的相容性，以及容易产生摩擦的情况。同时也告诉他们，对叛逆的孩子来说，生气、戏剧化的教导方法很容易导致家庭纠纷。听到我说莉萨的试探和抵制行为很正常后，两位家长都松了一口气。同时，他们也明白了应该对科迪的顺从表示感激。

"让我们看一下你们的教导方法和孩子的气质到底有多匹配。"我建议说。然后我先从里克开始。

"当莉萨和科迪胡闹时，你通常会怎么做？"我问。在里克回答时，我用图把他的描述在黑板上画了出来。

"一开始，我会叫他们停下。"他说。

"你说话的语气和现在一样吗？"我问。

他点点头。

第五章　家庭舞蹈

"那他们停下了吗?"我又问。

"没有。我总是得提高嗓门才能引起他们注意。"里克回答说。

"接下来你会怎么做?"我问。

"我通常会再说一次。"他回答。

"那么他们合作了吗?"我询问道。

"科迪会的,但是莉萨不会。她总是跟你争辩,并且问为什么要那样做。"他回答说。

"那你这时候感觉如何?"我问。

"我很生气,"里克说,"通常我就会说一些气话,比如'你就不能不顶嘴,按我说的做一次吗?'"

"别漏掉你的威胁和训斥。"莉萨在旁边补充道。

"是,有时候我也说过一些那样的话。"里克坦白说。

"一些?"莉萨很有些不满地翻着白眼说。

"好吧,我可能也说过不少那样的话。但要是你能配合一次的话,我就不会那样说了。"里克回答。

"接下来呢?"我问,很想知道接下来他是否会采取行动。

"当科迪做得太过分的时候,他通常会挨一顿揍,"里克说,"有时候,我会取消他的某项权利,一周或者两周。要是他真的做了什么特别不好的事情,我就会揍他一顿,尽管并不经常那样做。他大部分时候还是很听话的。莉萨长到12岁时,我就不再打她了。现在,基本上我就是取消她打电话、看电视、听音响、滑雪,以及和朋友出去玩的权利,甚至有时候会罚她禁足几个星期。"

"那样做能让她不再胡闹吗?"我问。

"当时的确很管用,"里克回答,"但是接下来的日子里,一直到惩罚结束,莉萨都会对我们充满怨恨。有时候我在想,比起莉萨,我们倒是更不好受些。"听到这儿,琳达点头表示同意。

绘制完里克的图后,我退后几步,好让每个人都能看清楚。"是不是很熟悉?"我问。

"确实如此,"里克说,"尽管我不确定,但不管这些叫什么,我真没少那样做。"

"我把它们叫做家庭舞蹈,"我回答,"并不是只有你们这样,有很多家长为了让孩子听话都在这样做。让我们看看你们具体的做法吧!"

回到里克的图上,我把他所有的话用一个圆框圈起来,并且标记为"口头措施"。这个圆框占据了整张图的大部分。接下来,我绕着所有的行动步骤画了一个方框,并把它标记为"行动措施",这个方框只占整张图底部很小的一部分(见图5.5)。

"你采用了两种类型的措施让孩子配合:口头措施和行动措施,"我说,"哪一种措施管用呢?"

"我后面的行动措施。"里克回答说。

"非常正确,"我说,"你的行动措施暂时制止了家庭舞蹈。现在,让我们看一看当你做这些时的感受。之前,你说当孩子试图争辩时,你感到生气。争辩又让你对她大加训斥,甚至还进行威胁。局势变得越来越难以收拾,直到最后你采取行动才结束了舞蹈。"

里克点点头。他能看出来,他说得越多,莉萨抵触得就越厉害,他也就越生气。他花费了大量时间在说一些和做一些毫无用处的事情上。

"现在,让我们看一下你采取的行动措施,"我建议道,"你的行动措施暂时制止了莉萨的胡闹,但是她感到气愤、充满怨恨并试图报复。你最终还是用更多短暂而相同的舞蹈结束了一切,尽管没

第五章 家庭舞蹈

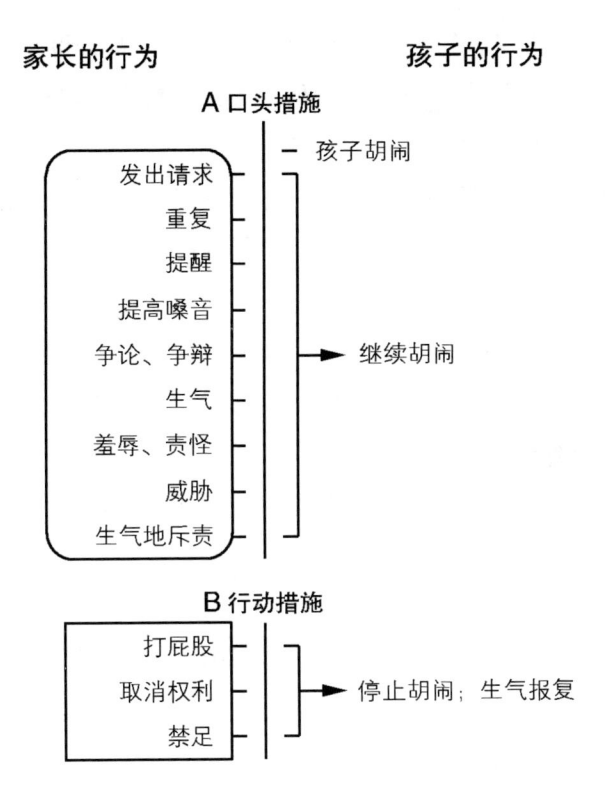

/ 125

```
家长的行为                    孩子的行为
     A 口头措施
       ┌ 发出请求 ┐   ─ 孩子胡闹
       │ 重复    │
       │ 提醒    │
       │ 提高嗓音 │
       │ 争论、争辩├──→ 继续胡闹
       │ 生气    │
       │ 羞辱、责怪│
       │ 威胁    │
       └ 生气地斥责┘

     B 行动措施
       ┌ 打屁股  ┐
       │ 取消权利 ├──→ 停止胡闹；生气报复
       └ 禁足    ┘
```

图 5.5　里克的互动简图

有采取行动。"

"那也正是让我感到困惑的地方，"里克承认，"那个时候我真不知道该怎么做。实际上没有什么可以再惩罚她的了，但我又不能就那样算了。她需要认识到我们很期待她的合作。"

我表示同意，又问："如果有一种办法，既能很好地传达信息，又不会惹她生气怨恨，你愿意采用吗？"

"当然愿意，"里克回答，"对这些家庭纠纷，我已经彻底受够了。"

"很好,"我说,"因为这也正是我准备要告诉你们的。现在,让我们探寻一下你的舞蹈是如何开始的。在你小时候胡闹时,你的父母是怎么做的?"

"我的父母跟我和琳达完全不同。"里克回答说。在他描述他父母的做法时,我把他们做的每一步都列在黑板上,然后我把它和里克的简图放在一块进行对比。

按照现今的标准来看,里克父母所用的方法简直是在虐待孩子。他们冲孩子大喊大叫,威胁恐吓,甚至为了吓唬孩子,还曾经抽出皮带把椅子都打裂了。

说到这些,里克的眼睛里竟然闪着泪花。看来,过去那些痛苦的家庭舞蹈仍然在他心里留有阴影。里克认为他和琳达与他父母的做法完全不同,我对此非常理解。比较起来,他和琳达的做法看起来温和多了。但是在我们审视这两张图时,里克还是注意到了它们的相似性。尽管他和琳达并没有恐吓孩子或者用皮带打骂,但是他们愤怒的、伤害性的舞蹈和他们父母的是一样的。明白了这些,莉萨的憎恨也变得并不难理解了。直到这个时候,里克才明白他的那些惩罚方法并不适合他这个叛逆的女儿。

下面让我们来看一下琳达的做法。"琳达,当孩子胡闹时你是怎么做的?"我问。

"大部分和里克是一样的,"琳达回答,"但是我可不像他那么有耐心。我往往是一开始就忍不住冲她发火,并大声嚷嚷,而且从头到尾大部分时间都是那样。"

我给琳达画的图和里克的很相似,只不过在琳达的图上,我开头写的是"开始发火"。"是这样吗?"画完图后我问。

"我觉得你遗漏了一些东西,"莉萨插嘴说道,"那些嘲讽和挑衅呢？我妈总是对我说，'请便，再做一次给我看看，我看你敢！'爸爸从来不会那样说。"

"是，有时候我确实有些过分，"琳达承认说，"尤其是我威胁说要罚她，而她还在继续争辩的时候。"

在琳达的图上做了更改后，和以前一样，我围着所有的语言步骤画了一个圆框，围着所有的行动步骤画了一个方框（见图5.6）。然后，我问："是这种舞蹈吗？"

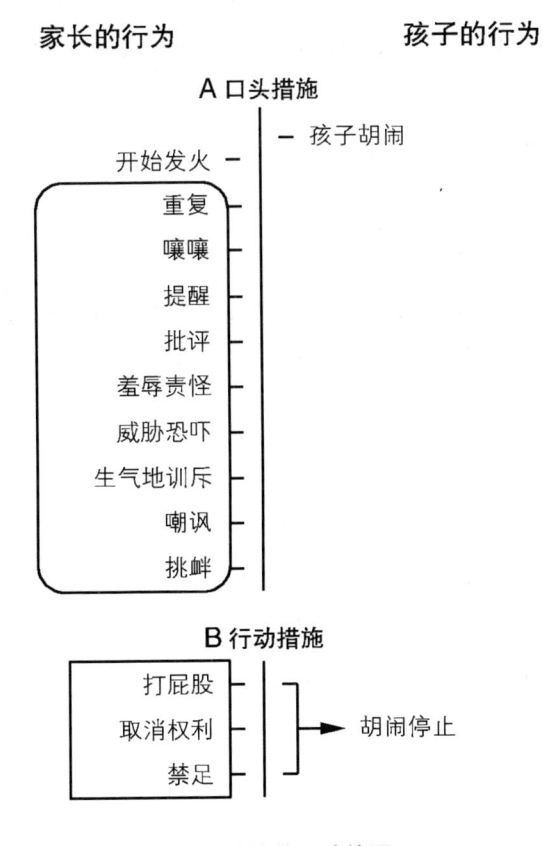

家长的行为　　　　孩子的行为

A 口头措施

— 孩子胡闹

开始发火
重复
嚷嚷
提醒
批评
羞辱责怪
威胁恐吓
生气地训斥
嘲讽
挑衅

B 行动措施

打屁股
取消权利　→ 胡闹停止
禁足

图5.6　琳达的互动简图

她点点头。然后我们都盯着她的简图看了几分钟。

和里克比起来，琳达更容易嚷嚷，更容易情绪化。但在很多方面，两人又很相似。在处理问题上她花费了很多时间，结果却陷入和莉萨的唇枪舌剑之中难以自拔。她越说教，莉萨越抵制，她也就变得越发生气。当她觉得实在忍无可忍时，她就会用带有伤害性的惩罚措施来结束舞蹈：打骂、禁足或者长时间取消某项权利。

"叛逆的孩子对清楚而且态度坚定的信息反应最好，而且不会非常戏剧化或者情绪化。如果你直接从A点转移到B点，并省略掉所有中间的步骤，会怎么样呢？"我问。

"那样就不用费太多口舌了。"琳达若有所悟地说。

"而且还不会让你过于生气，"我补充道，"取消这些步骤，你就能用更少的时间和精力制止莉萨的胡闹。但是莉萨对你采取的行动，仍可能会感到生气和怨恨。现在，假如你有一些新办法，不仅能制止她的胡闹，而且不会让她产生怨恨。你觉得还用得着你的舞蹈吗？"

"你说的这些听上去倒是很容易。"琳达说。

"你会发现这些方法简单易用，"我回答说，"不过最难的还是立即停止你的家庭舞蹈。如果你能认识到这一点，那就迈出了最重要的一步。现在，让我们看看你是如何学会这种舞蹈的。"我让琳达描述一下小时候当她胡闹时，她的父母是如何说的和做的。

"我知道我的这些戏剧化天赋来自哪里，"琳达说，"我妈妈常常因为一些小事对我们大吼大叫。她整天唠叨个不停，不断地提醒我们。通常情况下，我们最后都会配合的。但是如果我们不听话，她就会取消我们的某项权利或者罚我们禁足。我还记得自己曾经因为一件很小的事情而被禁足了好几个星期。"

"那时候你有何感受？"我问。

"生气，内心充满憎恨。"她回答说。

"像莉萨一样？"我问。

琳达似乎明白了我的意思。"和莉萨很像，"琳达说，"而且当我认为妈妈不公平的时候，我总是跟她对着干。我爱她，但我们的关系实在是太糟了。"

"是不是有点儿像你和莉萨的关系？"我问。

琳达又笑了。她能看出来她和她母亲之间的舞蹈，与她和莉萨之间的舞蹈非常相似，而且围绕这种舞蹈发展出的母女关系也是如此相像。

"你的父亲会怎样做呢？"我问。

"我的父亲会惩罚我们，但是从来不大声嚷嚷，更不会威胁我们或者表现得很气愤，"琳达说，"他只是告诉我们停下。如果我们不听话，他会打我们几下，虽然不是很重，但也足够让我们不再胡闹了。后来我们长大了，他就取消我们的某项权利，或者罚我们禁足，但绝不像我妈妈那样一次就罚我们好几个星期。他总是尽可能地做到公平。"

了解了这些，我们再看琳达的方法，就会发现她所用的，实际上是她父母方法的混合。她的口头措施类似于她母亲用过的，而她的行动措施又结合了她父母的两种方法。

这次会谈，让里克和琳达很有收获，不仅让他们认识到了自己的惩罚式舞蹈，也让他们明白了自己的教导方法和女儿的气质很不匹配。会谈结束时，他们都表示已经做好了准备，要学习更好的方式来传递信息了。

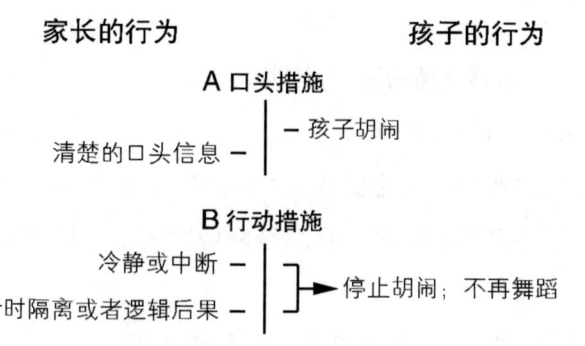

```
         家长的行为              孩子的行为
           A 口头措施
      清楚的口头信息 ─┬─ 孩子胡闹
                    │
           B 行动措施
         冷静或中断 ─┐
    计时隔离或者逻辑后果 ─┴─▶ 停止胡闹；不再舞蹈
```

图 5.7　里克和琳达的新互动简图

在后来的会谈中，他们学会了如何以清楚简洁的信息进行沟通（见第六章，如何让你的表达更清楚），也学会了当莉萨试图将他们引入家庭纠纷时，如何使用冷静和中断技巧（见第七章，避免家庭纠纷）。再后来，他们还学会了如何使用有效的后果（见第八章，如何让你的行动更清楚）。他们知道用计时隔离以及使用逻辑后果的方式，代替打骂、禁足以及长时间取消某项权利的做法。等做到了这些，我想，他们新的简图看起来就会如图 5.7 显示的那样。当然了，你也可以做到这些。

混合式舞蹈

在所有家长和孩子的舞蹈中，混合式舞蹈是时间最长、声音最吵并且最具戏剧性的，同时也是最有害的一种。它混合了两种极端方式的最坏特征，常常引发叛逆的孩子做出更极端的行为。它鼓励孩子过分地试探我们的规则和权威,并且一旦孩子遭遇我们严厉的惩罚,便会冲着我们大发脾气,由此给家长带来的疲惫感和伤痛也是相当大的。

混合式舞蹈有好几种形式。一些家长在开始时就试图采用惩罚的方式,一旦遭遇孩子的抵制,就又很快转变为宽容的方式。另一些家长则是在几周甚至数月的时间里对孩子宽容以待,直到实在难以忍受孩子的抵制和无视,感到疲惫不堪、满心失望时,才又转向严刑峻法,直到最后连他们自己也觉得难以忍受自己的专制为止。然后,他们又重新回到宽容的轨道上。如此循环往复,短则持续几周,长则持续数月。

混合式最普通的表现形式就是,家长在开始的时候往往十分宽容。他们会不断地采取重复、提醒、警告、哄骗、说教以及解释等方式。等到这些都不管用的时候,他们就会转而惩罚孩子,比如羞辱、责怪、嚷嚷、打骂、禁足,甚至长时间拿走孩子最喜欢的玩具或取消某项权利。

康妮就是这方面的一个很好的例子。作为一名单身母亲,她有两个儿子,分别是4岁和6岁。来到我的办公室时,她一脸的憔悴。

"我4岁的小儿子基思快把我逼疯了,"她说,"无论什么事,不管是早上穿衣服、吃饭、洗澡、收拾玩具,还是不许他捉弄哥哥,都能引发一场纠纷。基思对我的话满不在乎,顶嘴、对抗、骂人,并且稍不顺心就会撒泼打滚。他的哥哥泰勒从来都不会像他那样。泰勒对我总是言听计从。"

听她说完，我对他们的气质类型已经了然于胸，但我还是想检验一下。在我的帮助下，康妮给每一位家庭成员都填写了一份气质量表。

我的猜测得到了证实。量表显示康妮和泰勒生性比较顺从，没有难以相处或者极端的个性特征。在发生冲突时，他们的内心往往倾向于讨人喜欢并乐于配合。因为两人的气质很相像，康妮比较认同泰勒，并且很容易理解他的行为，两个人很是合得来。

基思则恰恰相反，可以说对任何一个家长来说，他都是一个考验。他喜怒无常、反应过激，而且固执己见。像大多数叛逆的孩子一样，要让基思学会规则真的很难。他的量表让康妮证实了自己一直以来的一些猜测，可她还是感到困惑。她仍然有一个很迫切的问题要问。

"他正常吗？"她问。

"对我来说，他很正常，"我说，"尽管他的确有些难以对付。"

听到我说"正常"后，康妮松了一口气。

"叛逆的孩子需要清楚、坚定的界限来指导他们朝着正确的方向前进，"我补充说，"让我看看你的教导方法是否和基思的气质与学习方式相匹配。"我让康妮准确地描述一下当基思捉弄泰勒的时候，她是如何说的和如何做的。在她描述的时候，我在黑板上画了一幅简图。图很大，黑板几乎不够用。画完之后，她难以置信地盯着它看了很长时间（见图5.8）。

"我真不敢相信我竟然做了这么多，"她说，"我每天要如此反复很多次的。"

"是啊，这绝对是让人精疲力竭的舞蹈。"我认同地说道。要知

第五章　家庭舞蹈

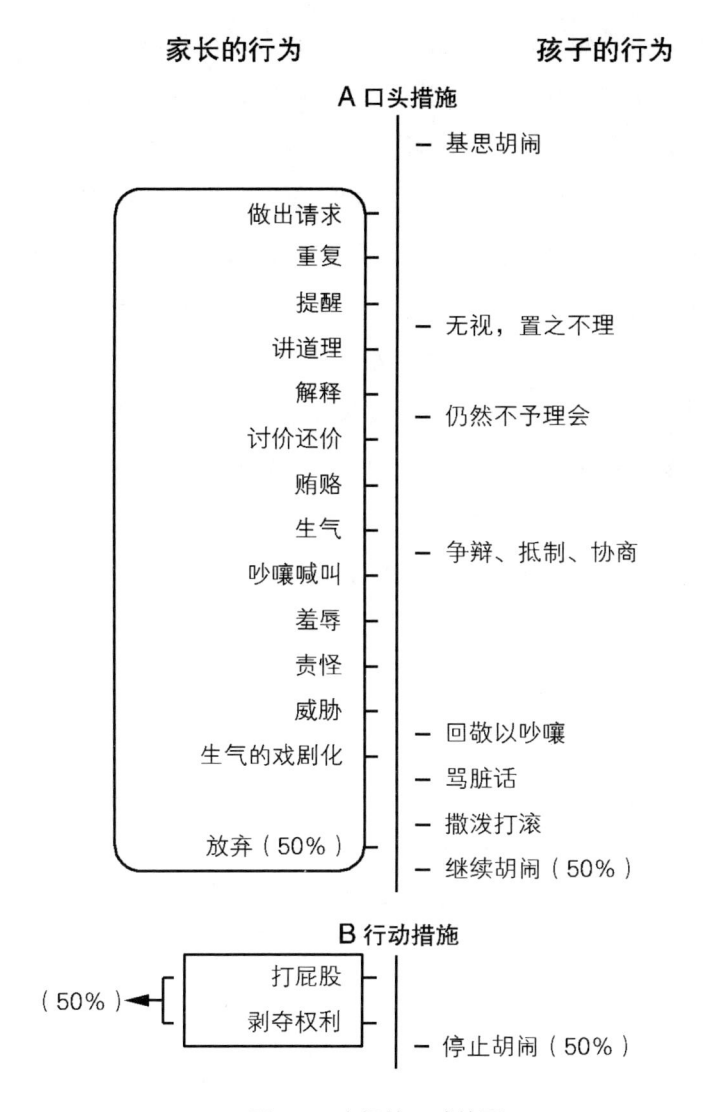

```
          家长的行为              孩子的行为
            A 口头措施
                             — 基思胡闹

         ┌ 做出请求
         │ 重复
         │ 提醒
         │ 讲道理            — 无视，置之不理
         │ 解释
         │ 讨价还价          — 仍然不予理会
         │ 贿赂
         │ 生气
         │ 吵嚷喊叫          — 争辩、抵制、协商
         │ 羞辱
         │ 责怪
         │ 威胁
         │ 生气的戏剧化       — 回敬以吵嚷
         │                    — 骂脏话
         │                    — 撒泼打滚
         └ 放弃（50%）
                             — 继续胡闹（50%）

            B 行动措施
              ┌ 打屁股
   （50%）───┤
              └ 剥夺权利        — 停止胡闹（50%）
```

图 5.8　康妮的互动简图

道，仅仅画这张图就够我累的了。

康妮每次总是要重复说好多话，反复地提醒，可是基思通常都

置之不理。不管她再怎样给他解释、讲道理，都难以奏效，尽管这一套对泰勒来说很管用，但基思仍然对她不理不睬。

接下来，她会试图通过贿赂作为交换，跟他讨价还价，希望基思能够合作。有时候，这会管点儿用。但在大多数情况下，基思往往会下定决心死扛到底，有时候还会变本加厉地故意和你对着干。

到了这种时候，康妮就会忍不住大发雷霆。她开始冲他大声嚷嚷，对他厉声斥责，还威胁说要揍他或者没收玩具，再不就是剥夺其他权利。而基思对这些戏剧化表演根本不以为然。相反，他还会反过来冲她大喊大叫，甚至辱骂她。如果她不让步的话，他就会大发脾气，撒泼打滚。半数情况下，康妮会坚持使用惩罚措施。另外一些时候，她会感到疲倦不堪，除了几句训斥和警告，她只能听之任之。

"你的舞蹈可真够热闹的，"我说，"那你什么时候发现自己变得容易生气的呢？"

"前几年我总是很冷静，"她说，"但是结果并没有什么两样。现在我从一开始就会发火，而且往往从头至尾都是这样。但是基思不跟我顶嘴时，我一般会压着自己的火气。一旦他跟我争辩，我就会失去耐心，开始大声嚷嚷。"被消磨殆尽的耐心足以证明，这种惹人生气的混合式舞蹈让她备受折磨。

在康妮的简图上，我在开头的地方写上了"以生气开始"。简图完成后，我开始进行总结。

"你说得越多，基思试探得就越多，你就越感到生气。到最后，当你忍不住冲基思发火时，他也会反过来冲你发火。半数情况下，你会采取行动措施终止舞蹈，其他时候，你会一边斥责，一边听之任之。"康妮赞同地点点头。她能够看出来她的方法和儿子的学习方式很不匹配。

"现在，让我们寻找一下你们家庭舞蹈的根源吧。小时候当你或者你的兄弟姐妹胡闹时，你们的父母是如何做的？"我问。

"在我们家，基本上都是我母亲教育我们，"康妮回答说，"我比较听话，不需要太多的管教，但是我姐姐就不一样了。我母亲总是不断地提醒她，给她讲道理、做解释，同她讨价还价。不过我母亲也喜欢大声喊叫，假如我们太过分了，她就威胁说让父亲来收拾我们，而他通常会打我们。"

"那可真有意思，"我评论说，"你的母亲比较宽容，而你的父亲比较严厉。合在一起，他们的方法就是混合的方式。你有没有注意到相似之处呢？"

听我说到这儿，康妮开始明白她正在重复她父母的舞蹈。一开始她像她母亲一样宽容，但到了最后，就会像她父亲那样严厉。她融合了他们两人的方式，并形成了自己的混合式舞蹈。我想，应该告诉康妮如何抛弃这种舞蹈了。

指着她的简图，我对她说："在你的舞蹈里，有十六种措施。但是只有两种制止了基思的胡闹，是哪两种呢？"康妮指了指她采取的行动措施。

"很对，"我说，"基思对你的行动很在乎，但是你那样做的后果却有些不妥，容易引发纠纷。要是一开始在 A 点时你就做出请求，并在 B 点时立即采取措施，那会怎样呢？要知道，那样做并不会伤害他，也不会让他产生怨恨。"

康妮明白了我的意思。通过取消 A 点和 B 点之间所有无效的措施，她不但可以制止基思的胡闹，并且能够让他尽快地学会配合。这个过程，既不会惹人生气，也不会出现戏剧化表演，更不会发生纠纷。做到这些之后，康妮的新简图看上去就会如同图 5.9 一样。

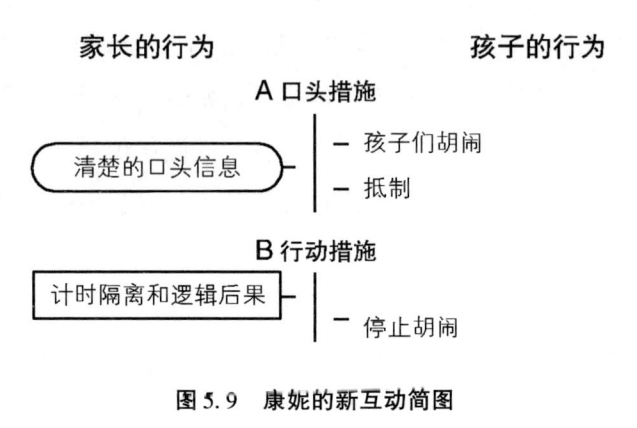

家长的行为　　　　　　**孩子的行为**

A 口头措施

清楚的口头信息 ── ─ 孩子们胡闹
　　　　　　　　　─ 抵制

B 行动措施

计时隔离和逻辑后果 ── ─ 停止胡闹

图 5.9　康妮的新互动简图

本章总结

就沟通和解决问题而言，家庭舞蹈是一种有害的模式，但是它却代代相传，延续至今。它们给出的信息往往模糊不清、缺乏效率，并且充满了愤怒、对抗、误解以及憎恨，以至于冲突和争执日益增多。

对家长而言，家庭舞蹈源源不断地产生失望、压力以及挫折。对孩子而言，家庭舞蹈则提供了丰富的现场娱乐节目。对专业的帮助者而言，家庭舞蹈是一种对错误的强化，家长的所作所为实际上鼓舞和奖励了孩子继续胡闹。

天长日久，家庭舞蹈就会变成一种司空见惯的习性。它会深深植根于家庭生活当中，成为家庭成员自然而然的行为方式，而他们甚至意识不到自己在跳这种舞蹈。因此，要想挣脱束缚，首先要做的就是意识到这一点。

停止舞蹈的最好办法就是避免其发生。我们应该一开始就给出清楚的信息，并且避免孩子引诱我们，从而陷入纠纷。如何做到这一点，下一章将会告诉你。现在，就让我们把舞鞋高高挂起，去采用更高效的沟通方法吧。

第六章

如何让你的
表达更清楚

清楚的信息取决于恰到好处的表达，大多数家长跟孩子间的沟通之所以常常发生中断，就是因为他们说的或者做的过了头。**生气、戏剧化以及情绪化都会轻易破坏信息的准确度，从而减少合作的可能性。实际上，家长应该明白，重点不仅在于你说了什么，更在于你如何去说**。对孩子来说，家长的语言是非常重要的指导工具。

本章将告诉你如何用最清楚、最有效的方式使用这种工具。只需要几个简单的指导原则，你就能学会如何给孩子提供他们所需的信息。对那些喜欢试探的孩子来说，这些信息可以让他们据此做出比较满意的选择，并且从一开始就学会合作。

让我们来看看下面这个典型的情景中，两位家长是如何教育孩子的。

你可以想象一下这样一个场景。两个 6 岁的孩子马修和托马斯，正在游戏架子上玩爬梯，他们的妈妈则坐在一旁的凳子上观看。一切都很正常，直到托马斯突然想炫耀一下自己的本事。他从游戏架子上面的平台上猛地跳下来，差一点儿撞到了在下面玩的几个孩子。看见这危险的一幕后，托马斯的母亲赶紧跑过来。

"托马斯！你是怎么回事？"她冲他喊道，"你会撞伤他们的。你就不能像其他正常的孩子一样规规矩矩地玩吗？你就这么喜欢出风头吗？"她厌恶地摇着头说："要是我再看见你那样跳，我会非常生气的。你明白吗？"她狠狠地瞪了他一眼。托马斯又跑回去玩了。

从架子上跳下来确实不好，可托马斯是否听到这样一个清楚的命令呢？没有。他有没有听到必须停止从架子上往下跳的命令呢？也没有。那他听到的是什么呢？他听到的是他那样做会让他母亲很生气。而这一点需要他停下吗？并不需要。那么如果他还要跳，最糟的结果是什么呢？很简单，顶多会让他母亲更加生气而已。

假如你6岁，性格叛逆，而且非常喜欢从架子上往下跳，那么这样的信息会阻止你吗？很可能不会。你甚至很想知道，在你母亲真正采取行动拦住你之前，你还可以跳多少次。这种无效的信息只会让托马斯反复试探，并且不断地和母亲产生冲突。

现在，让我们来看一下，当马修打算模仿托马斯的动作从爬梯上往下跳时，他的母亲会怎样做。她走到马修跟前，语气平静地说："从架子上往下跳是不对的，马修。如果你再跳的话，你就只能下来到别的地方玩了。听清楚了吗？"

马修点点头。

没有羞辱，没有责怪，没有喊叫，没有戏剧化。她的信息重点关注的是行为——不是态度，也不是感情，更不是马修作为一个人的价值所在。她的语言明确直接。她的语气自然平静。她只是简单地告诉他，她想让他怎么做以及他不做的话会有何后果。除此之外，她并没有说别的。

马修得到的信息，可以让他做出是否合作的选择。他可能会选择配合，也可能选择不配合，但无论哪种选择，只要他母亲能够做到言行一致，他都会从中学到些东西。她清楚的信息给他上了很有教益的一课。

如何给出清楚的信息

用语言给出清楚信息的关键在于，你应该只说那些必须说的，并且要说得明确、坚定、态度尊重。下面有一些提示可以帮到你。

重点关注行为

在教导孩子时，我们的首要目标是拒绝不好的行为。因此，在给出信息时，我们应该关注正确的事情——行为，而不是态度、感情或者孩子那样做的价值。一切羞辱、责备、批评或者让孩子感到丢脸的做法都应该丢弃。因为那样做不但使信息模糊，而且否定行为不端的孩子，而不是否定其做法，往往会给孩子造成很大的伤害。

举个例子，如果你5岁的孩子在吃饭时喜欢用手戳弄他的弟弟，你想制止他，你就应该说"请把你的手从弟弟身上拿开"，或者"不要戳弄你的弟弟"。你不应该说"如果别人吃饭时戳弄你的话，你会怎么想"，或者"为什么你要这么让人讨厌"，或者"你要是那样做，就没人会喜欢你"之类的话。这些信息对 5 岁的孩子来说，没有实质内容。换句话说，它不能告诉你的孩子，在吃饭时戳弄弟弟是不对的，并且必须停下。

如果你想让 10 岁的孩子不要在房间里大叫，你就应该说"请小点儿声说话"，或者"不可以在房间里大声喊叫"，而不是说"你能试着稍微体谅一下别人吗"，或者"要是你正忙着的时候我打扰了你，你会怎样想"。

尽量明确直接

清楚的信息应该能明确直接地告诉孩子，你想要他们怎么做。如果需要的话，告诉他们什么时候做、如何做。语言越简洁，效果越明显。

如果你想要 9 岁的孩子在出去玩之前，收拾好自己桌子上的杂物，你应该说："请你把桌子上的东西收拾好，然后再去做其他的事。也就是说，你要把你的碗和其他餐具放到池子里，并且擦净桌子。"

如果你说的是"我希望你今天能做点儿好事，打扫一下卫生"，或者"希望你今天能让桌子更干净一些"。那么到底谁来决定"好事"或"更干净"的含义呢？是你还是你的孩子？缺少明确而直接的信息，孩子的行为往往会不符合你的期望。

如果你想要 12 岁的孩子晚上六点半前就回到家里吃晚饭，你就该说"请你晚上六点半前回来吃晚饭"，而不是说"别太晚回来"或者"尽量准时回来"。后面的两种说法，无论你使用哪一种，你都会遭遇这样的问题：是谁来决定"太晚"或者"准时"的含义呢？是你还是你的孩子？要知道，后两种信息都会让孩子做出试探，而你这样说的结果只能是你倚门等待。

使用正常语气

家长说话的语气也很重要。过高的、带着怒气的嗓音会发出错误的信息——情绪失控。这种时候,孩子通常更有可能采取试探行为,因为他们意识到你已经乱了阵脚,并且开始表演家庭舞蹈了。

作为家长,你的语气应该传递出这样的信息:你的目标坚定不移,你完全能够掌控局势,而且孩子必须照你说的做,你对此的态度非常坚决。而传递出这种期望的最好方式,就是用正常的语气就事论事地说出你的要求。

坚定的界限并非需要严厉的口气来陈述。要让孩子相信你是认真的,并不需要大声嚷嚷、惊声尖叫或者刻意提高嗓门。如果需要采取行动的话,那么行动传递出的信息会比你的语言更加有力。你只需要用正常的语气说出你对他们的要求,并且准备好随时采取行动就可以了。

这听起来是不是过于简单?对一些家长来说确实如此。但对另一些家长来说,情况就大不一样——尤其是对那些在喊叫吵闹家庭里长大的家长来说。天长日久,生气、失望以及争吵会变成一种根深蒂固的习惯,并且成为一种自发的反应。你也可能会在某一天突发奇想,试图做些改变。但这些旧的积习并不会因此而在一夜之间销声匿迹。你必须付出努力,情况才能有所改变。控制愤怒和强烈的感情是一项你可以学会的技能,但就像任何新的技能一样,学习的过程需要时间、耐心以及大量的实践。你练习得越多,你提高得就越快。本书第十二章("耐心——愤怒和沮丧的补救措施")会帮助你应对你期望的改变。

明确不顺从的后果

家长应该记住，叛逆的孩子都是咄咄逼人的试探者。当他们决定试探或者抵制你的命令时，他们很想知道你的底线，或者说他们想知道自己可以有多过分。当你要求他们停止胡闹时，他们常常会想："如果我不听话又能怎样？"如果家长从一开始就给孩子提供足够多的信息，让他们能够做出令人满意的选择，那么就可以避免很多试探和纠纷。

如果你料到孩子会试探，那就用正常的语气告诉孩子，如果他们不配合的话会怎样。这并不是要你威胁孩子。你只是在给孩子提供他们所需的全部信息，以让他们做出令人满意的选择。

举例而言，如果你想制止7岁的孩子在热闹的马路上玩滑板车，并且知道他会想方设法地试探你时，你就应该这样说："请不要在马路上玩滑板车。如果你非要那样做，我就只能没收它几天。"

现在，你的孩子得到了他所需要的全部信息。他不但知道你的期望，也知道他不听话的后果，至少是理论上的后果。假如他还是决定试探，去马路上玩滑板车的话，你只需要按照你原来说的没收滑板车就可以了。

如果你想让 10 岁的孩子关小游戏的声音，但料到他肯定会试探，你就该说："请把声音关小点儿，否则我会把它拿走。"这样，你的孩子就有了他所需要的全部信息，让他完全可以据此做出选择。假如他还是决定试探的话，那把游戏机拿走就可以了。

如果你想让叛逆的 3 岁孩子吃饭时不在杯子里吹泡泡，你就应该这样说："吃饭时不允许吹泡泡。如果你还要那样做，我就把杯子拿走五分钟。"如果她决定配合，那就太好了。但如果她决定试探你，那就照你说的做，拿走杯子五分钟。无论哪一种情况，只要你说到做到，你的孩子就会朝着你的预定目标迈进一步。

本章总结

有效的指导，它的信息从一开始就是清晰明确的。大多数情况下，沟通中断是由语言表述不清导致的。生气、戏剧化以及情绪化都会轻易破坏信息的含义和准确度。实际上，你不需要说太多，更不需要戏剧化以及情绪化去证明你是认真的。你只需要说得足够清楚就可以了。

一个清楚的口头信息关注的是行为，而不是态度、感情或者孩子那样做的价值。你的信息应该明确直接，并且要态度坚定、语言尊重。如果你料到他们会试探，那就提前告知你的孩子，如果他们不配合的话会怎样。清楚的教导信息会减少试探和停止家庭舞蹈，并且能给孩子带来有教育意义的学习体验。

第七章
避免家庭糾紛

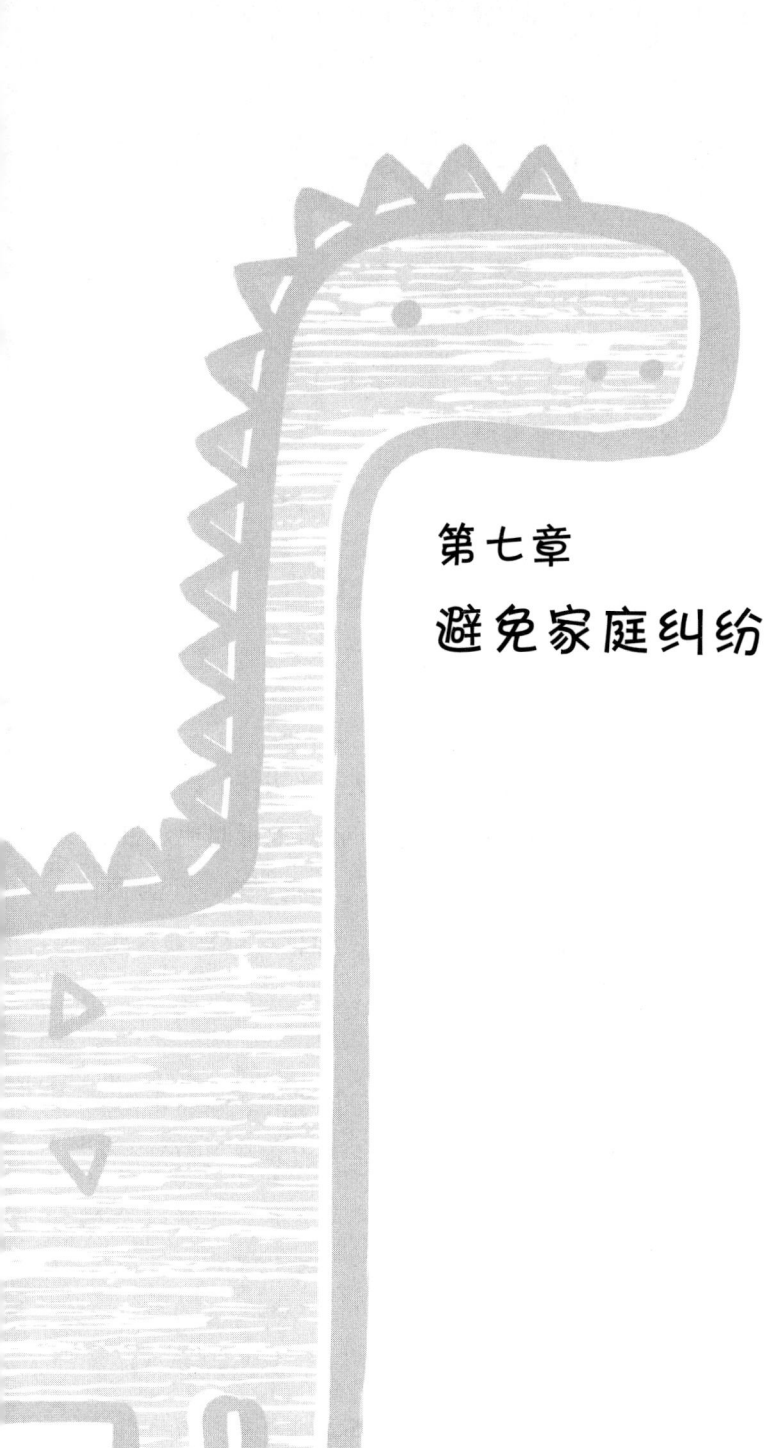

停止家庭舞蹈的最好办法就是从一开始就不要去跳。因此，在和孩子沟通时，我们不但应该做到信息清楚，而且要抵制他们想把我们引入家庭纠纷的企图，并且始终保持态度坚定。在这个方面，汉娜的爸爸就是一个很不错的例子。当然了，你也可以做到这些，但是不要指望叛逆的孩子会轻易地放弃试探。

汉娜尽管只有9岁，却能把很多大人弄得团团转。她既能像法庭上的辩护律师那样唇枪舌剑地同你争辩，也能在突然之间对所有的事情充耳不闻，即便你说得再清楚不过，她也会置之不理。不仅如此，她更知道什么时候哭闹或者装作难过，才能让家长无可奈何甚至最终妥协。

汉娜的这些花招引起了她父母的注意。于是，他们打算找机会摆脱掉这种舞蹈。一个星期六的上午，当汉娜正准备像往常一样收拾自己的东西时，几个朋友打电话约她一起溜冰。"我可以去吗，爸

第七章　避免家庭纠纷

爸?"她问道。

"当然可以,"他回答说,"不过你先得收拾完自己的东西。"可是没等他把话说完,汉娜就离开了客厅。"她到底听清楚我说的话了吗?"他想,"我最好去核实一下。"

当他来到汉娜的房间时,发现她正忙着穿溜冰的衣服。"你听清楚我要你走之前做的事了吗?"他问。

汉娜一脸茫然地看着他。她果真没有听进去,于是他又重复了一次刚才的要求:"我说你走之前必须收拾完自己的东西。"

"可是爸爸!我的朋友二十分钟之内就会到了,"汉娜抗议道,"我可以回来后再收拾的。"听到这儿,汉娜的爸爸差点儿忍不住和她争执起来,但最终他还是控制住了自己。

"这件事情我们已经说完了,汉娜。"平静地说完这些之后,他离开了。

"他不是说真的,"汉娜心想,"他还会来反复提醒我的,到时候我再跟他争辩几句,然后等我朋友们一来,他肯定就让我走的。以前都是这样。"

果不其然,汉娜的爸爸几分钟之后又进来了。但是出乎意料的是,他不仅没有提醒她,反倒直截了当地宣布:"你只有十五分钟收拾家务的时间了。"他说:"我会看着时间的。如果干不完,你就不能出去。"说完这些,他又离开了。

"嗨!怎么回事?"汉娜心想,"没有提醒,也没有争辩,更没有请求和哄骗?他不应该这样的。"汉娜对此感到很意外。但很快,她做了决定。她急忙收拾好东西,好让她能在朋友们来时如愿出去。

在你开始采用新方法的时候，孩子很可能会进行挑战。即便你的要求非常清楚，他们也可能会想方设法地把你拉回到家庭舞蹈之中，就像汉娜对她家长做的那样。而你极有可能经不住这样的"诱惑"而回到过去。对于孩子的这些行为，本章的内容会告诉你如何应对。你会学到如何识别孩子设下的圈套，如何抵制引诱，并彻底摆脱家庭舞蹈。让我们现在就开始认识这些圈套，并学习如何避免它们吧！

当孩子假装没听见时，进行核实

把家长引入纠纷的一个最好方法，就是假装没听见，无视他们的请求。出现这种情况时，大人们常常会想："是我没说清楚，还是孩子故意不理我？我到底该不该采取行动呢？"

进行核实是回答这些疑问的最好办法。而且，这样做并不会让你重新回到过去那种反复提醒的老一套做法中去。你可以这样来问：

"你听明白我说的话了吗？"

"我说得清楚吗？"

"用你的话重复一下我怎么说的。"

例如，当6岁的戴维正在看他最喜欢的动画片时，他的母亲在隔壁房间喊道："戴维，把电视关上，洗手吃晚饭了。"但是戴维没有任何回应，继续看他的电视。

"他难道没听见我说的话吗？"她想，"他如果听见了，就不会

第七章　避免家庭纠纷

/ 153

那样无动于衷。"她决定进行核实。她走进房间，站到戴维和电视中间，并且直视着他的眼睛。

"我刚才叫你做什么来着？"她平静地问道。

"关掉电视，洗手吃饭。"他回答说。

"那就赶快行动吧！"她说，"否则今天晚上你就不能再看电视了。"戴维关掉电视，走去洗手了。

"她怎么回事啊？"他很意外，"怎么没有警告、提醒，甚至威胁了呢？按理说我还可以再磨蹭十分钟的。"

在这个例子中，戴维很明白他母亲的要求，但是他决定充耳不闻。实际上，他正是在试探她。他本来以为在最终关掉电视之前，她会重复提醒很多次的。但是通过核实，戴维的母亲消除了信息的模糊性。她的要求清楚明了，他只能乖乖地照做。

让我们给上面的这个例子增加一点儿情节。假如说，当戴维的母亲进行核实时，他一脸茫然地看着她，因为他确实没听到。那么这种时候，她应该怎么做呢？

很简单，她应该再重复告诉他一遍。如果他仍然不愿意配合，那就关掉电视。记住，当信息足够清楚的时候，就应该采取行动。

当孩子说到做不到的时候，核实程序同样非常有用。

9岁的鲁宾就是一个例子。

他知道不应该把鞋子放在沙发上，但还是那样做了。他的父亲看见后对他说："鲁宾，请把你的鞋子从沙发上拿下去。"

"我会的。"鲁宾说。但几分钟过去了，鞋子仍然在沙发上放着。于是他的父亲决定进行核实。

"鲁宾，我刚才让你做什么来着？"他问。

"我会的。"鲁宾说，像第一次那样言之凿凿，但是仍然迟迟不见他行动。

"你嘴上说你会的，但是却光说不练。那好吧，我很清楚地告诉你，如果你现在不把鞋子拿下来，你就只能找别的地方坐。"他的父亲说。信息非常清楚明了。

"该死！他怎么能这样对我？"鲁宾一边小声嘟囔着，一边从沙发上拿下鞋子。

当孩子争辩时，及时中断

当你的规则受到试探或者侵犯时，你不应该同孩子争执或者辩论，而应该直接采取行动。**如果你中了孩子设下的圈套，并且跟他们争辩你的规则的话，那你实际上在告诉孩子你的规则是可以商量的。**

对叛逆的孩子而言，可以商量就意味着可以选择，而可以选择

第七章 避免家庭纠纷

的规则往往会引发试探。那些愿意就他们的规则和孩子唇枪舌剑的家长，实际上为家庭纠纷打开了方便之门。对你来说，应该如何避免这种纠纷呢？

中断程序是一种尊重他人的方式，它可以及时地结束争执或者辩论，以防止其演变成家庭纠纷。当孩子试图把你引入争辩时，采用下面的说法可以中断讨论：

"这件事情我们已经说完了，要是你再提的话，就到你房间里独自待五分钟吧。"（如果孩子继续坚持的话，就采取计时隔离。）

"讨论已经结束了。你要么现在就按照我说的做，要么先去你的房间里等上五分钟，直到你准备好为止。你愿意选择哪一个？"（点明计时隔离的后果。）

让我们来看一个例子。

12岁的埃利奥特知道不经过允许，他是不可以动他父亲的贵重相机的。但他的朋友们正在屋外表演自行车秀，他很想用父亲的相机给他们拍几张照片。当他拿着相机出门的时候，被母亲看见了。

"埃利奥特，那是你父亲的相机吗？"她问。

他点点头。

"你不知道要先经过允许吗？"

埃利奥特又点点头。"我忘了，"他说，"我能先用用吗？我想给几个秀车技的朋友拍几张照片。"

可是她的态度很坚定。她知道一旦她这次妥协了，他下次还会再犯的。"今天肯定不行，"她说，"也许明天你就可以用，如果你事先征求允许的话。"

"求你了，妈妈，"埃利奥特恳求说，"你就不能给我一次机会吗？求求你，我保证下一次一定先问。"

"抱歉，埃利奥特，"她说，"肯定不行。"

"但是那也太不公平了，"他争辩说，"我的朋友们正在表演车技呢，你就不能破例一次吗？"

诱饵展示得很有技巧，埃利奥特的母亲差一点儿就要上钩了。她刚想继续跟他辩论公平时，突然想起来她所了解的家庭舞蹈。哦，不，她对自己说，我们再也不能这样了。

"放回去，埃利奥特，"她心平气和地说道，"如果你再提这件事的话，那你就去自己的屋子里待上十分钟。"听到她这样说，埃利奥特嘟囔着，极不情愿地把相机放回到原处。

如果你过去对待孩子一直很宽容，那么当孩子问你为什么现在提出这样的请求并且质疑你的请求时，你很可能会感到左右为难，因为你不得不给出理由和解释。**实际上，探讨你的规则并没有错，但请记住，探讨应该在服从之后进行。**你可以像下面这样对孩子说：

"等你做完我要你做的事之后，我会很乐意告诉你原因的。"（随后找一个时间进行探讨。）

大多数情况下，你会发现真正的问题不在于为什么，而在于他们是否必须得那样做。如果他们可以通过一场讨论或者争辩让你灰心丧气的话，那么顺从就是可以选择的，而非必须的。先要求孩子服从，再跟他们探讨，你就可以消除潜在的家庭纠纷。请看下面的例子。

8岁的朱莉，虽然知道应该先写作业再出去玩，但她还是决定先出去玩一会儿。当她正要跑出屋子时，她被母亲看见了。

"你写完作业了吗？"她问。

"是的。"朱莉回答。

她的母亲有些怀疑。"我能看看吗？"她说。

朱莉知道露馅了。"我过一会儿再写，"她说，"我很想跟朋友们玩一会儿。"

"我知道，"她母亲说，"但是你知道规矩的——先写作业，再玩游戏。"

"为什么？"朱莉问，"给我一个好的理由，为什么我必须现在就那样做。"

"等你写完作业后，我会很高兴告诉你原因的。"她母亲说。

"到底怎么回事？"朱莉心想。没有争论？没有辩解？甚至也没有讨论？回到房间后，她赶快写作业，这样才能有机会和朋友们玩。假如朱莉继续争辩的话，她的母亲会让她知道，继续争论的结果很可能是要被罚计时隔离。

当孩子挑战规则时，给出有限的选择

8岁的亚历克斯在圣诞节时收到一份礼物——一辆遥控卡车玩具。他迫不及待地想玩，但是他父亲先给他制定了规则。

"除了花圃以外，你可以在院子里任何地方玩，前面或后面都可以。记住不要让玩具车开到花圃上。"他说。

"我会的。"亚历克斯说,并且他也确实做到了——但是只坚持了一小会儿。亚历克斯很快就发现花圃的地形非常适合玩遥控车。花圃里不仅有很多小土堆和红木树皮,更有各种各样的花草灌木,尤其适合操控玩具车从中穿过。诱惑实在太强了,他根本无法抗拒。当他父亲回到家里时,亚历克斯在花圃上玩得正起劲。于是他父亲决定让亚历克斯自己做选择。

"要么你在我说的地方玩车,要么我就把车收走,并且一下午都不能再玩,"他说得很平静,"这是你的选择,你愿意怎么做?"

"我会离开花圃玩遥控车的。"亚历克斯回答。

"不错,"他父亲说,"谢谢配合。"

亚历克斯的父亲采用的正是有限选择的方法。**当孩子决定挑战或试探我们的规则时,有限的选择是一种极为有效的方法**。在这种情况下,父亲的做法,让亚历克斯无法逃避对自己选择的行为负责。

规则非常清楚，不服从的后果也很清楚。亚历克斯得到了他需要的全部信息，他可以据此做出令人满意的选择，也即选择合作。但不管他选择合作还是不合作，无论哪一种，他都能从中获得教益。这正是他父亲想要实现的目标。

下面的这些例子，说明了采用有限选择的一些其他方式。通常，这些教导方式会让孩子选择合作。但是，我也会尽量提供一些其他的例子，比如孩子决定试探或者挑战你的规则的情况。这样，你就知道如何跟进了。

5岁的吉尔坐在桌子旁边，为了逗弄她的两个弟弟，嘴里故意发出打呼噜一样的噪音。当她母亲命令她停下时，她暂时停顿了一下，然后很快又发出呼噜声。于是，她母亲给了她两个选择。

"你要么停止制造噪音，"她说，"要么就回屋子里待上五分钟，直到你愿意听话为止。你愿意怎么做？"听到母亲这样说，吉尔最后还是选择了配合。

8岁的菲利普在玩游戏时作弊。当他的姐妹们要求他公平游戏时，菲利普置之不理。听到她们的抱怨，他的父亲过来干预。

"菲利普，你要么遵守游戏规则，要么就玩其他的。你愿意怎么做？"

"好吧，我遵守规则。"菲利普说。但是五分钟后，他又开始作弊。他的姐妹们又开始抱怨，于是他父亲真的采取了行动。

"菲利普，你去别的地方自己玩吧，"他说，"今天不许你再和她们玩这个游戏了。"

使用有限选择的若干准则

1. 限制你给出的选择数量。限定选项为两到三个，并且确保你想要的纠正措施为其中之一。举例而言，如果你不想让孩子在家里玩飞盘，你应该说："你可以在院子前面或后面玩飞盘，但如果你在家里玩飞盘，我会没收它的。你愿意怎么做？"

如果孩子试图提出其他不合理的选择，你应该说："我说的这些是你仅有的选择。你愿意怎么做？"要知道，叛逆的孩子经常会把你提供的有限选择变成另一个他们所喜欢的游戏，他们准会说："让我们做个交易吧！"

2. 记住，给出的选择要在你的界限之内。表述选择时要态度坚决，不要来回摇摆不定，否则就会引发孩子的试探。举例而言，如果你不想让孩子在家里除餐桌以外的地方吃冰棍，你应该说："你可以在餐桌上或者屋子外面吃冰棍，但要是在家里其他地方吃的话，我就会把它没收的。"在给出选择时，如果界限过于模糊，就难以收到应有的效果。

3. 让孩子为自己的决定负责。在给出有限的选择之后，问你的孩子："你愿意怎么做？"这个问题会让孩子知道应该对自己的选择负责，而不是由你来负责。

4. 当孩子说到却做不到时，及时跟进你说的后果。比方说："你可以在路边或者空地上玩滑板车，但不能在街道上玩。否则，我会没收你的滑板车。"这些选择非常清楚。如果你的孩子决定挑战或试探你的规则，非要在街道上玩的话，那就收走滑板车。

在另外一个例子中，两个男孩为了一些棒球卡片大声争吵。没过多久，俩人开始相互推搡，然后又大声嚷嚷。他们的母亲听见后，走过来干预。

"你们是选择平静地解决争端呢,还是回到各自的房间里待上一会儿呢?"听到这些,两个孩子决定还是通过友好协商来解决争端。

12岁的玛丽亚在房间里摆弄她的收音机,声音开得震天响,吵得家里的其他人在楼下都看不成电视。她的母亲走过来。

"玛丽亚,请把收音机关小点儿,我们都看不成电视了。"

玛丽亚满不在乎地看了她一眼。于是母亲说:"要么你把声音关小点儿,要么我把它关上并且拿走一会儿。"她说:"你愿意怎么做呢?"

玛丽亚的选择很清楚。尽管很不情愿,但她还是决定把声音关小点儿。

"谢谢。"她母亲说。

当孩子磨磨蹭蹭时,设定时间

10岁的姬米志向远大,一心想成为一名画家。但是每次画完之后,她都很讨厌收拾自己的烂摊子。在刚完成的作品上喷洒完闪光的颜料后,她拿着作品骄傲地向家长展示。展示之后,她就跑到隔壁房间里看电视去了,任凭自己的颜料在厨房的柜台上扔得到处都是。看到这一切,她父亲走过来。

"姬米,你需要马上把你的东西收起来,然后才能干别的事。"他一脸严肃地说。尽管在这之前,他也曾经这样教育过她。

"我会的,"姬米说,"但我先得去一下卫生间。"十分钟后,发现她还没有收拾东西,姬米的父亲开始怀疑她到底干什么去了。结果一检查，他发现姬米正在另一个房间里玩电脑游戏。

"姬米，你刚才听见我说的话了吗？先收拾完你的东西再干别的事。"他说。

"我会的，"姬米回答说，语气里带着几分厌恶，但是她仍然坐在电脑前一动不动。她正在试探他所说的"马上"到底是何意思。十五分钟？二十分钟？或者可能是永远都不。她知道怎样搞清楚这一点。她继续磨磨蹭蹭，耽误时间。

这一次，她父亲没有再说什么，而是直接走过去关上了电脑。"我给你十分钟的时间，"他说，"要是时间到了，你还没有收拾完，你就回到自己的房间里待着，直到你决定收拾为止。听清楚了吗？"

"可恶！"姬米嘴里嘟囔着。她再也想不出别的法子可以逃避任务了。尽管很不情愿，但她还是走向厨房收拾东西去了。

6岁的科林早上穿衣服时，故伎重演地磨磨蹭蹭。他以为母亲会像往常那样警告、哄骗、请求、乞求，甚至贿赂，但令他吃惊的是，她却明确宣布："不管你是否准备好，二十分钟后我们就出发去学

校。我会看着时间的。"

"要是我抓紧时间的话，那她还怎么请求、乞求或者给予我特别的对待呢？"科林心想，"她不会是说真的。"

等时间到时，科林只穿上了内衣、衬衫和一只袜子。"该走了。"他母亲平静地说。然后，她抓起其余的衣服和上学用的东西，放进一个大购物袋里，拉起科林就往门外走。出了门，科林赶忙飞也似的跑到车里穿好衣服，生怕被伙伴们看到。有了这次经历，相信当他母亲下一次再给他设定时间的时候，科林肯定会把她的话当真。

忽视不尊重的态度，但不纵容不良行为

嘟囔、抱怨、白眼、摔门，以及不耐烦和厌恶的表情，都是孩子试图让家长妥协而设下的圈套。对很多家长来说，抵制这些真的很难。如果你中了圈套并像孩子一样给予回应，那你们就又回到家庭舞蹈当中了。如果这样的话，那你教会孩子什么了呢？如何给言行无礼的孩子一个教训？实际上，孩子早已经知道这些了。当孩子试图用不尊重的态度故意惹你生气时，请记住下面安东尼母亲的例子。我们必须清楚：**我们应该忽视的是孩子不尊重的态度，而不是不良行为。**

12岁的安东尼知道写完作业后才能玩电脑游戏，但当他母亲正在别的屋子里忙活的时候，他还是决定先玩一会儿。听到他玩游戏的声音后，他母亲走过来。

"安东尼，请关掉电脑，先完成作业，"她尽力平静地说，"否则，今天晚上就不可以再用电脑了。"

安东尼不满地白了母亲一眼，嘴里低声嘟囔着什么，然后故意打了一个很响的饱嗝。"这不公平，"他抱怨说，"埃文的妈妈就允许他先玩电脑再写作业。我不明白为什么要听你这个愚蠢的规定。"

安东尼的母亲压住怒火，镇定地等待着。"我是大人，他是孩子，"她提醒自己，"我可不能被他恶劣的态度左右。"

当安东尼看到她并没有打算让步的意思，他极不情愿地选择了配合。他关掉电脑，开始写他的作业。

"谢谢你，安东尼。"她说。

安东尼竭尽所能，试图用不尊重的态度让母亲妥协，但是她并没有上当。相反，她立场坚定，沉着冷静，并且自始至终只关注她想要的结果——他的配合。

这个例子是不是意味着忽视孩子不尊重的态度就可以了？不，并非如此。不尊重的态度让人感觉很糟糕，并且没人喜欢那样。但是如果你对此给予回应，反倒会让他们变本加厉，更加过分。因此，应该避免强化孩子的错误。

那么这些不尊重的态度什么时候会越过底线，成为无法再忽视的不良行为呢？及时地做出判断是每一位家长都应该掌握的技能。我可以提供一些准则供你参考。低声咕哝、嘟囔抱怨、翻白眼、蔑视以及冲你伸舌头都是孩子的圈套，对此我通常都会视而不见。而诅咒、辱骂、侮辱、恶毒攻击或者极端粗鲁的手势，则完全不可以忽视。每当这个时候，我就会采取计时隔离的方法进行处理。

当孩子越过底线时，坚定立场

你的孩子是否曾经为了逃避承担后果，而请求再给一次机会，或者承诺以后绝不再犯？你是否答应了呢？那些答应了孩子的家长会给他们自己招来更多的试探和纠纷。**当孩子言行不一时，一定要坚定立场并且坚持关注他们的行为**。让我们来看一下迪安的母亲是如何做的。

8岁的迪安经过妹妹的身旁时，故意踢了她一脚。她顿时尖叫起来。听到声音后，他们的母亲立即赶过来。

"迪安踢了我。"他的妹妹抱怨说。她腿上的印迹仍然清晰可见。

"我根本就没有碰到她，"迪安说，"她的腿并不疼。"

"踢别人很不好，"他的母亲平静地说，"到你的房间里去，一刻钟后再出来玩吧。"她对他采用了计时隔离。

"我再也不会那样了，"他一脸懊悔地说，"再给我一次机会好吗？"

他的母亲态度很坚定。"也许下一次会给你的，"她说，"但是这一次你必须自己待一会儿。"

再看12岁布伦达的例子。当她未经允许就把她母亲的手机带到学校时，她也曾经体验过类似计时隔离的方式。

"布伦达,你的背包里装的是我的手机吗?"她的妈妈问,"你知道未经允许,你是不可以用它的。给我掏出来,好吗?"

"求求你,妈妈,"布伦达愧疚地说,"我忘记了,我再也不会这样做了。我发誓。就让我用一次,好吗?"

她的母亲不为所动。"这次肯定不行,"她回答说,"也许下次你事先经过我允许的话就可以。"

她母亲并没有再给她机会,也没有与她进行家庭舞蹈。当布伦达下次还想带母亲的手机去学校时,她一定会认真考虑的。

当孩子情绪激动时,先让他们冷静下来

在生气或者情绪激动的氛围下,无论对家长还是对孩子而言,有效地解决问题都是很困难的。**冷静的方法可以使双方远离家庭舞蹈,直到解决问题的时机成熟。**在生气或者心烦意乱时,把你和孩子分开会比较好。你可以按照下面这样做:

(当双方都心烦意乱时)"我想我们大家都需要一点儿时间冷静一会儿。在你的房间(或客厅、书房等)里等我一下,或者五分钟,或者更长的时间,等你冷静下来我们再谈。"

(当家长心烦意乱时)"我感到很生气,我需要一些时间冷静一下。"

当家长和孩子分别处在不同的房间时,冷静效果往往最好。恢复到心平气和的状态,人们需要的时间各不相同。绝不要以为你准

备好交谈了，孩子也就准备好了。在解决问题之前，一定要给出充分的时间让大家平静下来。你也可以试着问孩子："你准备好了吗？"如果波澜再起，那就再次使用这种方法。并且，需要几次就用几次。请看下面的例子。

当我初次遇见 9 岁的萨姆时，他和他爸爸之间的关系闹得正僵。无论何时，只要萨姆犯了错，他的爸爸就会冲他大声嚷嚷，并常常出口伤人，尽管事后总是后悔不迭。

父亲的话往往让萨姆感觉很受伤，但久而久之，萨姆也慢慢习惯了，并且学会了以牙还牙。了解了这些之后，我觉得需要采取措施终止他们的家庭舞蹈。我建议让他们采用冷静的方法。他们也同意试一下。

此后不久，有一次萨姆在车库里修理东西。等完成之后，他把很多钉子落在了车库的地上。当他父亲看到后，就忍不住爆发了。

"萨姆！你给我过来！"他生气地大吼。但是话一出口，他就想起来我们之前的讨论。

当萨姆赶过来时，他已经做好了最坏的打算。可是，让他吃惊的是，这一次他的父亲没有恶语相向，反倒很平静地说："我需要几分钟冷静一下，请在你的房间里等我一会儿。"

五分钟后，他走到萨姆的房间里，心平气和地请萨姆把车库地上的钉子捡起来。没有吵嚷，没有羞辱，更没有伤害感情！连萨姆自己对这样礼貌的对待都感到意外，但是他非常乐意配合。

通过使用冷静的方法，控制自己的愤怒并在解决问题时尊重他人，萨姆的父亲为我们树立了很好的榜样。可以说，在结束他们的家庭舞蹈之路上，双方都迈出了很大的一步。

家长越过底线时要道歉

5岁的贾梅这一天过得很糟糕。一早醒来她就不大高兴，对母亲准备的衣服挑三拣四。等到吃早饭时，她仍然抱怨个不停。看到妹妹冲她嬉笑，她一气之下竟把自己的饮料倒入妹妹的橘子汁里。结果，她被家长计时隔离了一阵子。等到出门上学的时候，贾梅又摔门而去，并且忘了带学校要求家长填写的郊游同意书。没办法，她的母亲只好又额外往学校跑了一趟。

当贾梅从学校返回时，她故伎重演，像早上出门时那样让人费心。她先是骚扰妹妹，接着写作业时又抱怨个不停。当母亲要求她

把书本和背包收好时,她又一个劲儿地冲母亲吐舌头。所有这一切终于让她母亲忍无可忍,大发雷霆。

"真可恶,贾梅!"她母亲大声吼道,"你到底是怎么回事?对你这种惹人讨厌的态度,我真是烦透了!你简直就像个2岁的孩子。"当她母亲还要继续说下去的时候,突然意识到自己有点儿言重了,于是停下来改口说:

"请回到你的房间里等我一下,我需要一点儿时间冷静一下。"

过了一会儿,她走到贾梅的房间里给她道歉。

"对刚才说的话我很抱歉,"她母亲很坦率地说,"我不该发脾气,我把你想象成一个9岁的大孩子了,没有注意到你今天很不开心。但我非常爱你,你能接受我的道歉吗?"贾梅点点头,给了她母亲一个大大的拥抱。既没有报复,也没有纠纷。

养育叛逆的孩子是一项充满挑战而且耗神费力的工作。生活中，我们很可能会经常失去耐心，并且在沮丧的时候言行过激，说一些不该说的，做一些不该做的，尽管过后又常常后悔不迭。那么在这种时候，我们究竟该如何处理呢？

道歉是最好的方法。降低姿态可以传递出所有正确的信息。它不仅能告诉孩子如何尊重别人的感情，还能治愈家庭关系中那些常会导致憎恨和家庭纠纷的小伤痛。更重要的是，来自大人充满关爱的道歉会让孩子明白"人非圣贤、孰能无过"的道理，并且让他们更有勇气尝试、面对一切。

一些家长认为给孩子道歉是一种软弱的表现，会让孩子对家长更加不尊重。我多年的家庭咨询经验告诉我，事实恰恰相反。对孩子而言，道歉并非软弱的表现。相反，敢于道歉是一种力量，会鼓舞孩子更加勇于尝试。那些有勇气承认自己不够完美，并为自己的错误负责的家长，更能赢得孩子的尊重。

不要把不良行为人格化

当孩子胡闹时，你是否会经常问自己："他为什么要这样对我？"如果是这样的话，你很可能惯于将孩子的试探人格化，并且将你同孩子对立起来。孩子咄咄逼人的试探固然会让人感觉疲惫不堪，但是他们的本意并非要进行人身攻击。10岁的锡德，就是一个很好的例子。

第七章 避免家庭纠纷

锡德的妈妈已经多次告诉他，不要在家里面穿旱冰鞋，因为轮子会在地板上留下印迹。但是锡德在外面玩得太累了，口干舌燥。趁妈妈没注意的时候，他没有脱旱冰鞋就溜到厨房找水喝。

"锡德！你为什么非要和我对着干？"她生气地说，"你知道我不允许你在家里穿旱冰鞋。它在地板上留下的印迹是很难清理的。"

"我已经很小心了，"锡德回答说，"我以为我只进厨房你会不介意的。"

"我当然介意了，"她说，"你一点儿也不为别人着想。除了给你收拾东西，还有许多干不完的家务活在等着我。你明白吗？现在赶紧脱掉旱冰鞋，整个下午你都不能再玩了。"

"太不公平了！"锡德抗议道，"我以后再也不那样做了。我发誓。再给我一次机会吧？"他请求说。

"你明天可以再玩，"她说，"快把它们收起来。"

"你真讨厌！"当锡德脱掉旱冰鞋时，他嘴里嘟囔着。

锡德之所以要坚持试探，并非是要挑战他母亲的权威。实际上，他的试探和他母亲一点儿关系都没有。他只是在争取他想要的。并且，这也是他的学习方式。他需要以亲身体验的方式收集所有的证据，才能相信他母亲的规则是必须要遵守的，而不是可以选择的。坚持试探是他正常学习过程中的一部分。

当他违反了母亲的命令时，他母亲要求他脱掉旱冰鞋是对的。但是当他母亲将他的试探人格化的时候，他母亲却将本来很有教益的教导过程变成了一场家庭纠纷。如果你也倾向于将孩子的试探人格化，那么你应该试着改变你的看法。咄咄逼人的试探是叛逆的孩子正常的学习步骤之一。当家长将孩子的试探人格化时，这常常会引起家庭纠纷。

本章总结

让我们回顾一下到目前为止，你学习的新工具吧。在第六章，你学习了如何让你的表达更清楚。在第七章，你学习了如何避免家庭纠纷。对于如何说孩子才会听从，大多数家长已经掌握了方法，但语言只是你发出的全部信息的第一部分。如果孩子继续试探，那就采取行动。让孩子体验后果是你发出的全部信息的第二部分，它们远比你的语言管用。下面就让我们认识下下一个你要学的新工具吧。

第八章

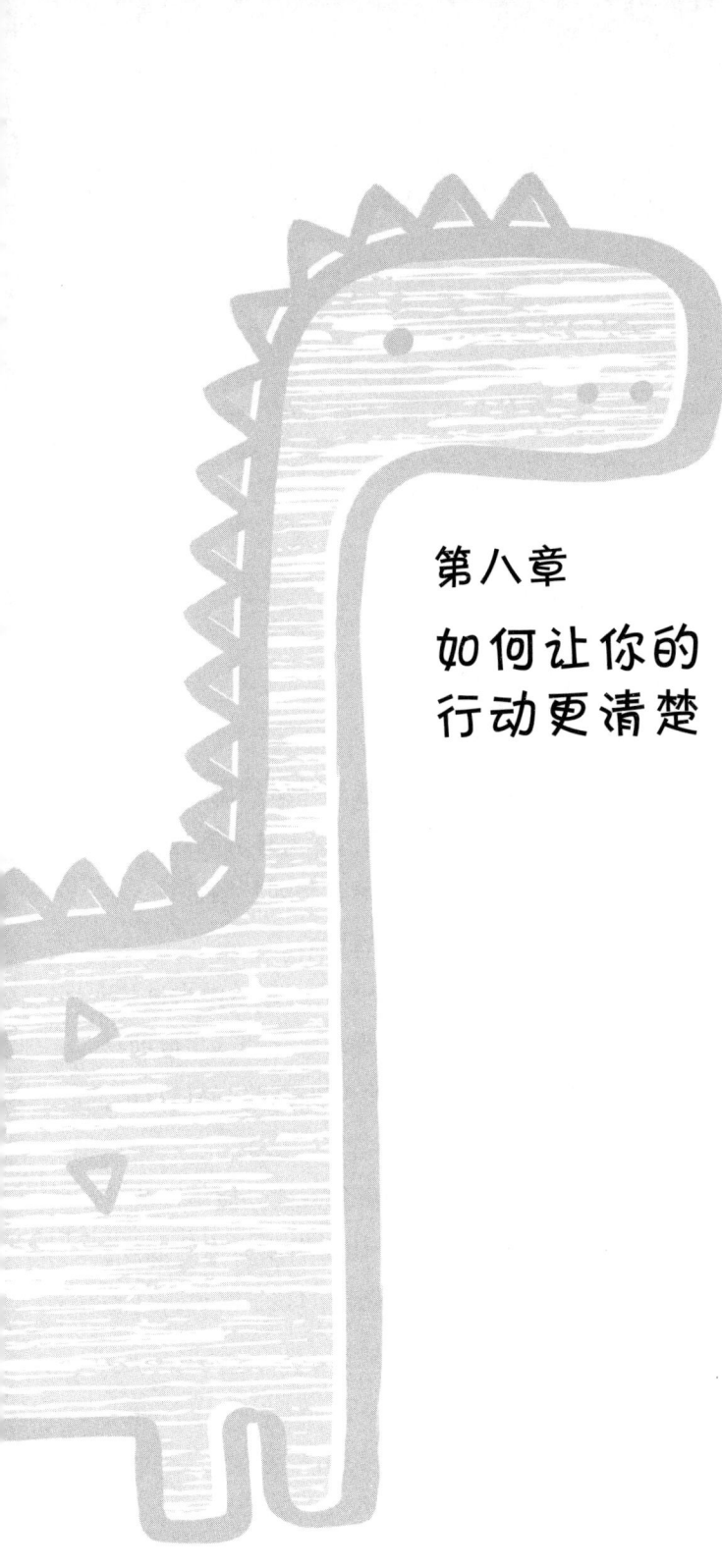

如何让你的
行动更清楚

对叛逆的孩子来说，要让他们确信你的规则是必须服从的，而不是可以选择的，光靠语言是不够的。他们需要亲身体验到这一点，然后才会相信你说的。这并非意味着家长的语言不如行动重要。它只是意味着你的语言只是所有信息中的第一个部分。

即使你给出的信息再清楚不过，叛逆的孩子还是会做出试探。在这种情况下，对话已经没有必要了。你需要采取行动，并帮助孩子从学习过程中吸取教训。在你给出的所有关于界限设定的信息中，后果是第二个部分，它们远比你的语言管用。

本章将告诉你如何以最清楚和最容易理解的方式，使用这些有教育意义的教导工具。你应该了解它们，并让它们成为你的朋友，为你所用。今后，你将会经常用到它们。对叛逆的孩子来说，这些工具大有裨益，是你获得孩子信任的通行证。

让孩子亲身体验自己行为的后果

后果往往坚实如墙,它们可以制止不良行为。它们给孩子的试探、研究提供清楚明确的答案,并且帮助他们用自己的方式学习规则——这种方式尽管有些艰难,但是学习效果最好。后果正是这种艰难的方式。

在本章学到的后果,将有助于教会叛逆的孩子认真对待你说的话,而且会更多地同你合作。如果你过去常常选择宽容,那么后果会帮助你重新获得信任和树立权威。如果你过去常常借助于惩罚,那么后果会帮助你重新建立合作性关系。这种合作性关系基于双方的互相尊重,而不是害怕和胁迫。如果你过去采用混合式,后果将帮助你建立一致性。而对任何采用过模糊界限的人来说,学习完本章的内容,会让他在正确的方向上迈出一大步。

是什么让体验后果如此有效

后果可以成为非常有效的工具，但这在很大程度上取决于你如何使用它。如果你将它运用于惩罚、宽容或者前后不一致的教育方式中，那么它就没有多少价值。而且，那样做教给孩子的很可能不是你想要的结果。如果你在运用后果时，既注重逻辑，又注重方式，并能结合下面的这些要求，那么你就会赋予后果以最高的教育价值。

直接

4岁的特蕾西大口地喝着牛奶，好让自己的嘴上糊一个牛奶胡子。第一次那样玩时，大家觉得很好笑，于是她没完没了地那样做。在父亲的要求下，她暂时停了一下。可几分钟后，她故伎重演。这一次，她的父亲没再说什么，而是直接将她的杯子从桌子上拿走了。

让人难以接受的行为发生后，尽可能直接地运用后果，收效才会最好。在上面的例子中，直接运用后果帮助特蕾西认识到她的胡闹和杯子被拿走之间的因果关系。假如特蕾西的父亲选择再给她一次机会，那就收不到应有的效果。

一致性

12岁的特伦顿知道在上学期间（周一至周五），家长是不允许

第八章　如何让你的行动更清楚

他晚饭后出门的。但有天晚上他很想给住在同一条街的伙伴凯文看一些东西。

"我可以去凯文家玩一会儿吗？"他问母亲，"我想给他看一些东西。"特伦顿希望母亲这次能例外开恩地让他去。但是母亲的态度很坚决。

"你可以明天再给他看的。"她说。

"可恶！"特伦顿心想。他决定去央求爸爸，但他爸爸同样不为所动。

特伦顿还记得上次，当他违反父母的命令偷偷溜出去后，被禁足三天。"我只出去一小会儿，"他心想，"他们不会知道的。"结果很不幸，他还是被发现了。这一次，他又被禁足三天。对特伦顿来说，他又一次体验了这种艰难的学习过程。

想要有效地训练孩子，保持前后一致的后果非常重要。但是，一致性有很多方面。我们说的和做的需要一致，家长之间需要一致，不同的时间也需要一致。所有这些都很重要。任何一个方面的不一致都会导致训练失去效果。

特伦顿的家长在所有这些方面都很一致。他们给了他最清楚的信号，告诉了他家长的规则和期望。顺从不但是被期望的，也是必须的。

如果特伦顿的家长在执行命令时，一致性只有50%，你认为结果会怎样？会出现更多的试探吗？答案毫无疑问。如果规则只在半数的情况下有效，那特伦顿如何知道什么时候有效，什么时候无效？他当然不得而知。只有经过试探，他才能知道。对叛逆的孩子而言，家长的不一致性实际上是在邀请孩子试探父母的规则。

逻辑上的相关性

假如我们有几个月没能支付电话费，电话公司会因此中断我们的供水吗？当然不会。那样并不会制止我们不付费地继续使用电话。相反，电话公司会采取适当的措施，即应用逻辑后果。他们会中断我们的电话服务。这种后果传递出关于责任的正确信息：如果你想继续使用电话，那就必须支付话费。

如果一个孩子到了晚上还不把自行车收起来，那么取消他的点心或者不让他看电视的做法是没有什么意义的。点心和电视跟他把自行车收起来到底有什么关系？一点儿关系也没有。要知道，这种后果和行为并没有任何联系。

只有在和行为存在逻辑上的关系时，后果才最具有教育意义。对拒绝把自行车收起来的孩子而言，什么是有逻辑关系的后果呢？很明显，取消骑车才是。信息很明确：要么收好你的自行车，要么失去骑车的权利。

惩罚性后果并不具有逻辑性，而且惩罚性思维也不具有逻辑性。惩罚性思维总是这样想：孩子喜欢什么、在乎什么，我要让他们知道，我可以把它拿走。惩罚的目的是伤害和强迫服从。惩罚性后果不但没有教会孩子什么是责任，反而会引发愤怒、憎恨以及报复。

以宽容的方式应用后果，效果会更差。那样做不但态度不够坚定，而且信息也不够明确。同时，宽容会鼓励试探，而不是合作。9岁的贾斯廷就是一个很好的例子。

贾斯廷知道不经过家长的允许，他是不可以邀请朋友来家里的泳池游泳的。但是当他母亲开门时，她却看到他的两个朋友穿着泳衣拿着毛巾站在门口。

"贾斯廷在家吗？"汤米问道，"他邀请我们来你家游泳。"她只好请他们进来，然后去找贾斯廷。

"你怎么又没有经过我们的允许就带朋友们来家里游泳？"她说，"你知道我怎么想吗？你一点儿也不考虑别人的感受。难道你就没有想一下，我很可能有其他的事情要做，而不是在旁边监督着你们游泳？我真的很不喜欢这样。"

"我很抱歉，"贾斯廷说，带着几分懊悔的表情，"他们可以游泳了吗？"

"好吧，"她又一次妥协，"但这绝对是最后一次。你明白吗？要是再这样的话，我肯定会赶他们走的。我可是说真的。"

"你当然会了，妈妈。"贾斯廷笑着心想。他抓起毛巾跑向他的朋友们。

你认为贾斯廷听到这样的说教会有多少次了呢？他母亲以前是否说到做到呢？既然没有，贾斯廷这次怎么会把她的话当真呢？未经允许就邀请朋友到家里游泳，你认为这是贾斯廷最后一次这样做吗？

比例适当

使用后果时，要注意和它相应的行为比例适当，这样才能收到应有的效果。也就是说，后果不能过重，不能过轻，时间不能过长，也不能过短。对那些习惯了惩罚或宽容方式的家长来说，这一点并不容易掌握。看一下下面的例子。

8岁的托比，从游乐场回到家时迟到了二十分钟。他的父亲对此非常恼火。

"我告诉过你下午五点到家的！"他大声吼道，"现在已经五点二十了。从现在开始，罚你禁足三周。"

"但是爸爸，那不公平，"托比抱怨说，"我只迟到了二十分钟啊。"

"别跟我顶嘴，"他严厉地说，"如果你喜欢顶嘴的话，我就罚你禁足一个月。"

谈到惩罚性思维，托比的父亲可以说是一个很好的例子。在惩罚孩子这个问题上，他由衷地相信多多益善。因此，他常常在使用后果上过了头。

冗长持久的后果常常会让家长比孩子更难受。为什么呢？因为家长不得不同充满愤怒和怨恨的孩子一起生活，一起承受后果。比例适当的逻辑后果，比如说在上面的这个例子中，只惩罚托比第二天不能出去玩，效果可能会更好。

以宽容的方式使用后果，常常会因为"过于简单"或者"过于轻微"而收效甚微。孩子不会把它当回事，更不会引起他们的重视。7岁的克莱尔就是一个例子。

尽管家长已经多次要求克莱尔不要在马路上骑自行车，但是她

第八章　如何让你的行动更清楚

/ 181

根本不听。无奈之下，她的母亲只好过来干预。

"克莱尔，我已经反复告诉你很多次，不要在马路上骑自行车，你就是不听。现在你必须把车子放一边，到屋子里待上十分钟。"她说。

"十分钟！开什么玩笑！"克莱尔心想，"我正准备回屋吃点儿东西呢。"

你认为这样的方式，能阻止克莱尔继续在马路上骑自行车吗？很可能不会。根据她的情况，只有一整天不让她骑自行车才会起点儿作用。

既往不咎，重新开始

当一个后果结束时，就应该真的结束了。不要事后总结，不要说教或者追根究底，更不要事后诸葛亮似的说什么"我已经告诉过你会这样"之类的话。如果你的孩子缺乏行为得当的技能，那就采用适当的方法进行训练，否则，就要让他们在实践中学习。你不要寄希望于反复说教能让孩子取得更多的进步。实际上，说得过多以及做得过多都会影响使用后果的效果。如果你的孩子屡教不改，那就再提供一些准确可靠的信息，并让孩子重复体验之前的经历。但是一旦后果结束，那就应该既往不咎，重新开始。

举例来讲，6岁的汤米知道晚饭前他不能看电视，但他还是找机会打开电视看起来。他母亲看到后，关上了电视，而汤米还试图同她争辩几句。

"我们已经谈论过这件事了，汤米，"她说，"如果你还是要提的话，那就回你自己的房间里待一会儿吧。"

"你真不讲理！"汤米抱怨说，希望能和她再商量一下，"我不明白为什么要遵守这个愚蠢的规定。"但她不由分说，坚持把他送回房间。五分钟后，他回来了，看起来打算要合作了。

"从这件事中你学到了什么？"她生气地问道，"要是你一开始就照我说的做，事情不就很简单了吗？对你这样屡教不改的我真的烦透了。你究竟什么时候才能学会啊？"

看上去，汤米的母亲对这件事并不打算就此罢休。在应该对汤米现在的配合给予鼓励的时候，她却仍然对其以前的行为耿耿于怀、念念不忘。汤米需要一个新的开始，需要一个新的机会来证明自己可以合作。

现在，对于如何让后果有效，你已经有了很好的了解。接下来，让我们看一下其他不同类型的后果。你可以使用它们应对各种类型的不良行为。首先，我们将会从那些花费较少时间和精力，以及家长介入较少的后果开始。

自然后果

8岁的凯伦和他的伙伴克雷格，两个人在外面玩得很起劲儿。等他们回到凯伦家的时候，俩人又累又渴。

"可以给我们来两盒冰饮吗？"凯伦对他妈妈说。他特别喜欢在热天里喝盒装冷饮。

"没问题，"她从冰箱里取出两盒饮料，拉开上面的封口，放入吸管，"拿着吧。"他们说了声"谢谢"就跑到门外了。

当凯伦的母亲透过窗户往外看时，她发现凯伦拿着盒装饮料像玩水枪一样朝克雷格身上喷射。随后，克雷格同样喷了凯伦一下。再接着，两人干脆互相喷射起来。

"那样挤的话，饮料一会儿就没了。"她心想。她的担心不无道理。没过几分钟，两个孩子就拿着空盒子回屋了。

"再给我们每人来一盒，可以吗？"凯伦问道。"没有了。"凯伦的母亲觉得这是个好机会，可以借此让他们知道什么是自然后果。

"你们每人只有一盒。"她说得很平静。

"可是妈妈，我们真的很渴！"凯伦恳求道。

"你们互相朝对方喷射饮料，自然就没有多少可喝的了，"她说，"如果你们仍然很渴的话，你们可以喝水，喝多少都行。"

凯伦的妈妈正是使用喷射饮料的自然后果，来让这两个孩子从中吸取教训。像很多家长一样，她也差点儿忍不住对他们说"我已经告诉过你们会这样了"，或者就此而教训他们一通。但是她意识到任何过多的语言，都可能破坏凯伦体验真实经历的效果。只有这种体验，才会让他在下一次打算这样做时，三思而后行。

自然后果，顾名思义，是一件事或一种状态自然发生的后果。可以说它们是孩子通过"艰难方式"学习的自然版本。自然后果几乎不需要家长干预。类似于"我告诉过你会这样了"这种企图解决问题的说教，或者增加其他额外的后果，都会破坏自然后果的教育价值。自然后果实际上是一种自我教育的过程。

一些家长认为自然后果简单易用，因而热衷于寻找孩子犯错的机会，好让他们从中吸取教训。另一些家长则认为，要想用好自然后果并不容易。因为孩子犯错时，他们发现自己的内心往往斗争得很激烈。他们需要努力抑制自己内心的冲动，不去过多地干预孩子。如果你也是这种情况，那么你可以通过不断反复陈述这些显而易见的事实后果来锻炼自己减少干预。比如说，玩具坏了，我们就告诉自己不能再玩它了。下面，让我们来看看可以使用自然后果的一些情形。

使用自然后果的情形

当孩子因粗心大意而把东西弄丢、毁坏或者让其被偷时，当孩子养成丢三落四的习惯时，当孩子故意磨磨蹭蹭拖延时间时，当孩子完不成自己的任务时，自然后果都可以成为很有教益的教导工具。

当孩子因粗心大意而把东西弄丢、毁坏或者让其被偷时

自然后果：东西丢了不要立即再买，毁坏了也不要立即修补，要给孩子足够长的时间体验弄丢或毁坏东西的后果。

12岁的乔丹过生日时，收到一份家长送的昂贵礼物，一个微型的电子游戏机。可收到礼物没几天，他就把它落在一个社区的游乐场里了。等他想起来回去找时，它已经不见了。他大哭起来，家长只好又给他买了一个新的。

第二个电子游戏机也只用了两个星期。有一天，乔丹把游戏机落在了汽车的后座上。可是那天天气很热，长时间的炙烤把游戏机的塑料部分熔化了，游戏机不能玩了。乔丹又一次哭着要求家长再买一个。

不过这一次，家长吸取了教训。不管乔丹怎样乞求，他们都不为所动。

"如果你能节省点儿零用钱，并能攒够买游戏机的一半钱，我们就会给你支付另一半钱的。而且，你要向我们保证，你能认真保管它。"他的父亲说。

尽管很不情愿，乔丹还是同意了。这一次经历，毫无疑问让乔丹学到了不少东西。

当孩子养成丢三落四的习惯时

自然后果：不要试图提醒或者替他们做他们本该做的事。让他们自己承担责任。

9岁的肯德拉每天上学时，不是忘记带家庭作业，就是忘记带中午的餐费。每次出现这种情况时，她的家长都得额外跑一趟学校去送。看到这已经变成一种习惯时，肯德拉的老师建议他们采用自然后果来处理这个问题。她建议他们两个星期都不要来学校。在老师眼里，肯德拉是个乖孩子。即便是一两次不吃午餐、不交作业，也不会对她造成伤害。肯德拉的家长同意了。

第一周的星期二，肯德拉忘记带午餐费了。到吃午餐的时候，她问老师她的家长是否来给送过。"还没有。"老师回答。

那天晚上，肯德拉向她父母抱怨："你们忘记给我送午餐费了。我今天没吃午餐！"

"我相信你明天肯定会记住带的。"她父亲用平静的口吻说道。除此之外，他并没有多说什么。

肯德拉的确记住带午餐费了，但是星期四她又忘记带作业了。和星期二一样，她又问老师她的家长是否送来了。"还没有。"老师说。那天的作业评分，肯德拉得了一个零分。

肯德拉又一次对她父母抱怨："你们又忘记给我送作业了。今天的考评我得了一个零分。"

"你是一个非常好的学生，"她母亲说，"我相信你明天一定会记得的。"

当孩子故意磨磨蹭蹭拖延时间时

自然后果：让他们自己体验磨磨蹭蹭拖延时间的后果。

5岁大的亚历克斯对于早上如何获得尽可能多的关注十分在行。每次给他穿衣服时，他总是磨磨蹭蹭，尽可能地拖延时间，这几乎成了每天的固定节目。他的家长尝试了各种办法，提醒、哄骗、讲道理、解释、贿赂、讨价还价，甚至威胁没收玩具等，但是都不管用。失望之余，他们决定使用自然后果。

一天早上，当亚历克斯故伎重演时，他的母亲宣布："亚历克斯，你只有一刻钟的时间穿衣服，到时不管穿没穿好，我们都要出门。我会看着时间的。"

"她不会来真的，"亚历克斯心想，"她会提醒我好几次，到最后还会过来帮我穿好衣服的。"于是他仍然心不在焉地拖拖拉拉。十五分钟后,他只穿上了袜子、内衣和衬衫。闹钟响了。

"该出发了。"他母亲平静地说。她把他剩下的衣服塞到购物袋里,拖起他就往门外走。这一幕恰巧吸引了上学路上其他孩子的注意。

"哦不!"亚历克斯心里说。他可没有打算让同学们看笑话。他们都认为他会穿衣服并且能准时出门的。他急急忙忙地跳进汽车。

"给你衣服。"当他们坐进汽车后,他的母亲把袋子扔给他。亚历克斯几乎要哭出来了,他匆匆地穿好了衣服。他穿得很快,当车子刚拐出车库驶到马路上时,他已经把裤子、上衣和鞋子都穿好了。一路上,他的母亲再也没有说什么。到了第二天早上,亚历克斯非常准时地自己穿好了衣服。

当孩子完不成自己的任务时

自然后果:让他们自己体验后果。

塞雷娜已经 10 岁了。她知道应该把自己的脏衣服放在卧室的洗衣篮里,然后到周六的时候带到楼下洗衣房去洗,但她却懒得那样做。相反,她总是把脏衣服扔得满屋子都是。她的家长对此很是头疼,却又不得不替她收拾。

到最后,他们决定教会她自己干这些事。经过商量,他们一致决定谁也不再帮塞雷娜收拾脏衣服。如果她想穿干净的衣服,她应该自己把脏衣服放到洗衣篮里并且在周六带到楼下。

两星期过去了,塞雷娜发现自己没有干净的袜子可穿,甚至连干净的内衣都快没有了。

"妈妈,我没有袜子可穿了。"塞雷娜抱怨说。

"周六的时候,我没有看见洗衣篮里有你的衣服要洗,"她母亲说,"要是楼下的洗衣篮里没有衣服,我自然就不会洗。我看你今天只好穿脏的了。"没办法,塞雷娜只好穿上脏袜子,尽管她很不喜欢那样。等到下周六的时候,塞雷娜一大早就把装满脏衣服的洗衣篮放到楼下了。

逻辑后果

梅雷迪思,今年9岁,知道不戴头盔是不应该骑自行车的。上一次被她母亲抓住时,她被罚了一天不能骑车。但是梅雷迪思却是一个爱好冒险的孩子。她决定再试一次,但不幸的是还是被家长发现了。

"把它放回车库,梅雷迪思。"她母亲说。

"可是妈妈,我和辛迪说好五分钟后到她家的,"梅雷迪思抱怨说,"就让我骑一次吧,求你了。"但是她母亲的态度很坚决。

"你明天可以骑,"她说,"今天你就走着去吧。"

在这个例子中,梅雷迪思的妈妈使用了逻辑后果,来支持她骑自行车必须戴头盔的规则。和自然后果不同的是,逻辑后果并不是随着一个行为而自然产生的,逻辑后果往往是结构化的学习机会。它们由大人来安排,由孩子来体验,并且和当时的情形或行为存在着逻辑关系。

因为选择不遵守家长的规则，梅雷迪思暂时失去了骑自行车的权利。没有嚷嚷，没有威胁，也没有警告、说教或者第二次机会，更没有拿走与骑车毫无关系的玩具或者剥夺她的其他权利。她母亲的信息很清楚：要么戴上头盔，要么就不能骑自行车。实际上，梅雷迪思所体验的后果正是她自己选择的。

对叛逆的孩子来说，逻辑后果是一种比较理想的教导工具。它可以制止不良行为，可以教授责任，并且能以最清楚和最易理解的方式，推动孩子学习。如果在使用时能够保持一致，你就能获得孩子充分的信任。

一些家长在使用逻辑后果时往往困难重重，要么是考虑得太多，试图给每一种情况找出最完美的后果；要么是考虑得不够，感情用事，并且用宽容或者惩罚的方式运用后果。

使用逻辑后果的一些原则

如果你愿意花费一点儿时间来认识这些工具的话，你会发现逻辑后果使用起来非常简单，几乎每个人都可以使用。你不需要像法庭上的律师那样反应迅速，也不需要绞尽脑汁地为每一种情况寻找最完美的后果。你只需要进行富有逻辑性地思考，同时遵循几个简单的原则就可以了。

使用正常的语气

逻辑后果在使用时如果能用就事论事的方式，就能产生最佳效果。生气、戏剧化或者情绪化，会显得你过分干预，并且破坏后果的教育价值。记住，逻辑后果的目的是要制止不良行为，而不是羞辱、责怪孩子或者让你的孩子感到灰心丧气。

进行富有逻辑性地思考

当你进行简单而富有逻辑性地思考时，合适的逻辑后果通常就会出现在你的眼前。举例来说，孩子的大多数不良行为无非分为以下几种情形：孩子和其他孩子、孩子和大人、孩子和物品、孩子和活动或者孩子与某种权利。大多数情况下，你可以通过短暂地分离两者来使用逻辑后果。比如，把一个孩子同另一个孩子分开，把一个孩子同一个家长分开，把一个孩子同一个物品如玩具、自行车等分开，把一个孩子同一项活动如玩电子游戏分开，或者把一个孩子同一项权利如放学后玩的权利分开，等等。

当孩子磨蹭时，使用计时器

当孩子抵制我们的规则而故意磨磨蹭蹭或者拖延时间时，计时器就会非常有用。12岁的卡丽就是一个很好的例子。

有一天晚上，到八点半的时候，卡丽已经打了将近一个小时的电话。

"该结束谈话，准备上床睡觉了。"她母亲说。

"我会的。"卡丽说。但是又过了五分钟，她仍聊个不停。她母亲再次要求她挂断电话。

"我会的。"卡丽立即回答说，但是仍然没有要停下的样子。这一次，她母亲决定用逻辑后果来支持自己的要求。

"你只有一分钟的时间来结束谈话，"她说，"要是时间到了，你还没有挂断，那么两天内不允许你再打电话。"听到这儿，卡丽才把她的话当真，赶紧挂断电话。

根据需要使用逻辑后果

作为一种教导工具，逻辑后果通过真实的生活体验，给孩子提供有意义的信息，好让他们相信你的规则是必须遵守的，而不是可以选择的。对于同一个行为，你的孩子可能需要多次体验那种后果。不要仅仅因为这个缘故，就认为逻辑后果是无效的。很可能是因为，你的孩子有很多东西需要学习。而且，艰难的学习过程是要花费时间的。

惩罚性思维并不富有逻辑性

如果你过去依赖惩罚性方式，那么今后你应该避免以惩罚性方式使用逻辑后果。惩罚性后果可能会制止孩子的不端行为，但它们对教导或激发孩子以使其行为得当并无裨益。为什么？因为孩子往往将惩罚性后果视为一种人身攻击，而他们从中学到的内容也仅此而已。惩罚性后果不会促进父母和子女之间形成合作关系。

如果你有惩罚性倾向，请反思你的思维模式。记住，惩罚性思维不是富有逻辑性的思维模式。当你的孩子行为不端时，你是否有过这样的想法：他们喜欢什么？我要让他们知道，我会把它拿走的。如果你的答案是肯定的，那你很可能有惩罚性倾向，你的教导方式可能会收效甚微。

如果你对此仍有疑问，那就审视一下你使用的后果类型。它们是否与孩子的不良行为或当时的情形存在逻辑性的关联？你的后果是为了教会孩子采取可接受的选择或行为呢，还是为了伤害他们，让他们知道家里到底谁说了才算？如果对最后一个问题你的答案是肯定的，那么你使用的很可能就是惩罚性后果。好好想想这一点，然后试试采取新的方式吧。

何时采用逻辑后果

逻辑后果在很多种情况下都可以使用，下面只是一些可能的情况。

当孩子不和其他孩子合作时

逻辑后果：把孩子暂时分开。

7岁的塞思正在和他5岁的弟弟保罗玩跳棋。塞思试图利用弟弟没有经验这一点耍花招，结果被发现了。

"你耍赖！"保罗大喊，"你不能一下子就跳两格。我要告诉妈妈。"

"不，我没有，"塞思说，"你真是个小娃娃！"

"是吗？"保罗回答说，"你是个骗子！"塞思推了一下保罗，保罗也回敬了塞思一下。当他们的母亲赶到时，两个孩子正在大吵大闹，彼此辱骂。

"孩子，接下来的半个小时里你们只能各玩各的了，我会看着时间的。保罗可以到客厅玩，塞思可以到书房玩。"她说。

使用玩具或物品不当

逻辑后果：暂时予以没收。

3岁大的凯特知道不应该把三轮车当作碰碰车一样玩，但是当她看见朋友坐在手推车里时，她还是冲着朋友撞了过去。她母亲看到后赶紧上前拦住了她。

"那样骑三轮车是不对的，"她母亲就事论事地对她说道，"今天下午我们只能把它暂时放在一边了。"

制造混乱

逻辑后果：收拾整齐。

8岁的克雷默，不喜欢收拾自己的东西，客厅的地板上到处都是他扔的建筑模型。当他又一次打算悄悄溜走的时候，被他父亲发现了。

"克雷默，你需要把你的建筑模型都收起来，然后才能出去玩。"他父亲说。

"我等会儿再收拾，"克雷默说，"我保证。"

可是他父亲的态度很坚决。"不收拾好，你什么也不能玩。"他父亲说。然后，他父亲有意待在房间里等着他服从命令。尽管很不情愿，克雷默还是开始收拾起自己的玩具。

当孩子对自己的玩具不负责时

逻辑后果：暂时把玩具收走一段时间。

7岁的莎娜,把自己的玩具扔得满屋子都是,却拒绝收拾。

"你有十五分钟的时间把它们都捡起来,"她母亲说,"如果你不捡的话,我就把它们放到'周六篮子'里,你得等到周六才能玩。"听到这些,莎娜看上去并没有打算让步。

一刻钟后,看她没有什么行动,她母亲果然说到做到,把剩下没有捡的玩具都装到"周六篮子"里,并把它放在车库一个很高的架子上。她告诉莎娜只有等到周六才可以拿回来。如果同样的玩具她多次不收拾的话,她母亲就会把它们放到"永别篮子"里,莎娜再也别想拿回来了。

"周六篮子"是一种很有教育意义的逻辑后果,可以帮助孩子学会对自己的玩具或者东西负责。采用这种方法的家长可以很快发现,孩子到底在乎哪个玩具。对于他们珍惜的玩具,孩子自然会捡起来,而不珍惜的玩具,他们自然懒得去捡。

当孩子不守秩序时

逻辑后果：暂时让孩子离开该项活动。

10岁的查克,在玩电子游戏上很有一套,但就是不喜欢和别人一块玩。当他的朋友们过来找他玩游戏的时候，他们总是抱怨说查克不守秩序。相似的情形，查克的父亲遇到了好多次。

"你刚玩了一次，"他朋友说，"现在该杰克玩了。"

"这是在我家，"查克说，"应该由我决定到底该谁玩。"

听到这儿，他的父亲过来制止。"查克，在接下来的半个小时里，"父亲说，"你的朋友们将自己玩一会儿。如果你愿意依次轮流，你可以在半个小时后再次加入到他们当中。如果你不愿意的话，到时候我就把游戏机收起来，明天再玩。"

破坏性行为

逻辑后果：修理、替换或者赔偿损坏的东西。

11 岁的玛丽亚对她 5 岁的妹妹随意进出她的房间非常生气。

"如果你再进我的房间，我就把你的蜡笔全部弄断。"玛丽亚威胁说。

"我会告诉妈妈的。"妹妹说。

"随你便，"玛丽亚说，"我才不在乎。"没过几分钟，她的妹妹又进到玛丽亚的房间里。玛丽亚果然说到做到，把妹妹的蜡笔全部折断了。

听到妹妹的尖叫声，她们的母亲过来查看发生了什么事。

"她把我的蜡笔全部弄断了。"玛丽亚的妹妹说。

"但是她一上午都在烦我，"玛丽亚说，"我已经告诉过她，如果她不停下的话会怎样了。"

"把你妹妹的蜡笔全部都折断，显然不是处理问题的最好办法，"玛丽亚的母亲说，"你得用你的零花钱给她买一盒新的蜡笔。"

不当使用或者滥用权利

逻辑后果：暂时取消或限制权利。

8岁的桑德拉，知道放学后如果出去玩的话，应该先告诉母亲一声，但是她并没有那样做。她和几个朋友去公园玩，一直到快吃晚饭时才回来。

"你去哪儿了？"她母亲担心地问，"我们看见了你的背包，可是你既没留信息，也没有打电话。我们还以为你出了什么事了。你父亲和我急得差点儿就要报警了。"

"对不起，妈妈，"桑德拉说，"我只是忘记了。"

"那我们给你点儿时间锻炼记性吧，"她母亲说，"这个星期放学后不能出去玩了。"

没有完成家务或者作业

逻辑后果：暂时中止娱乐活动直到任务得以完成。

乔迪，今年11岁。几年来，他几乎每天放学后都会按照惯例行事。首先，他会把碗从洗碗机里取出来，接着，他会写家庭作业。等到这些都完成了，他就可以自由地看电视、玩电子游戏或者出去和邻居家的朋友一起玩。

有一天，他的朋友们计划放学后去打棒球。乔迪很想和他们一起去。回到家后，他抓了一把零食，换上运动衣，拿起棒球手套就要往外走。

"你是不是忘记什么事了？"他妈妈说。

"我回来后会做家务和写作业的，"乔迪说，"我的朋友们正在打棒球，我很想和他们一起玩。"

"我知道你很想，"她说，"但是你知道规矩的——先完成家务和作业，然后才能玩。我建议你抓紧时间把这些做完，然后你就可以和他们一起玩了。"

"但是妈妈，"乔迪抗议道，"那样就太晚了。"

可是她的态度很坚决，于是乔迪企图威胁她："要是你现在不让我去，我今天晚上绝不会干家务和写作业的。"但她仍然不为所动。

"那取决于你。"她平静地说道。

"可恶！"乔迪心想。真没办法。他考虑了几分钟，然后开始抓紧时间干活，好能出去和朋友一起玩。

乔迪的妈妈所使用的正是"祖母法则"，先工作后玩耍。通过使用这样的逻辑后果，她想教会他养成好的工作习惯和学会负责任。信息很清楚，先完成你的任务，然后才有报酬。如果你完不成任务，就没有报酬。这个例子中的报酬就是"和朋友开心地玩耍"，乔迪只有在成功完成任务之后才能获得。

哭诉、焦躁、唠叨或者纠缠

逻辑后果：暂时把孩子和家长分开一段时间。

4岁的卡莉知道晚饭前不能吃饼干，但她趁妈妈没注意的时候，还是偷偷打开盖子抓了一大把。正要吃的时候，被她妈妈看见了。

"把它们放回去，卡莉。"她妈妈说道。

卡莉把饼干放了回去，但是却开始呜呜地哭泣。"我真的很饿。"她抱怨说。

"你可以喝一杯酸奶或者吃一块奶酪，"她妈妈说，"但是饼干只能在饭后吃。"

"可是我就想吃饼干。"卡莉呜咽着说。她继续软磨硬泡，不停地抱怨，希望她妈妈失去耐心并最终妥协。可是很不幸，她妈妈态度坚决。

"要是你还纠缠不休，卡莉，你就去自己待一会儿吧。"她妈妈说。当卡莉继续抱怨时，妈妈说到做到，真的把卡莉送回自己的房间了。信息很清楚，卡莉不但听到了"不"，而且也体验到了"不"。

伤害别人

逻辑后果： 暂时把孩子同其他孩子分开。

9岁的钱德勒因为妹妹借了他的滑板车而感到心烦意乱。后来他竟然忍不住踢了她一脚。妹妹的一声尖叫，把他们的父亲招来了。

"不许踢人，"他父亲说，"你需要去你自己的房间里待上十分钟。我会看着时间的。"钱德勒不得不回自己的房间里接受计时隔离。

关于逻辑后果的一些常见问题

问 当我拿走孩子不愿意捡起来的玩具时,他总是说:"我不在乎。"这让我很生气。我该如何处理这种情况?

答 这种情况有两种可能。第一种可能是你的孩子真的不在乎你拿走的玩具,而正因为如此,他才拒绝为它们负责。如果是这样,那么对你们来说,没有这些玩具会更好。我建议你可以试着用"周六篮子"的方法,来确定某个玩具是否会经常流落到篮子里。如果是这样的话,你就可以把它们收起来,孩子不会想念它的。

第二种也是最有可能的情况是,你的孩子故意用"我不在乎"这种说法,试图把你引入家庭舞蹈。千万不要中了他的圈套。如果你表现得很冷静,装作不关心的样子,按你之前所说的采取行动,那么这一"烫手山芋"就会落到他的身上,而不是你的身上。暂时拿走玩具,会让他为自己所做的不明智选择负责。

问 当我暂时拿走玩具或者取消权利时,我的女儿总是和我争辩不休,并且态度很不尊重。这种情况我该怎么办?

答 你的女儿很可能是想把你引入家庭舞蹈,好让你最后失去耐心从而妥协。不要上当,继续保持坚定的态度。你可以采用在上一章学到的中断程序。如果她坚持要试探，那就采取计时隔离的方法。当你的规则受到试探或者侵犯的时候，是不适合用讨论的方法解决问题的。

问 我现在觉得逻辑后果的作用不明显。一旦我拿走玩具或者取消权利，过不了几天，孩子就又会重复同样的不良行为，到底是怎么回事？

答 应用后果只是教与学过程的一个部分。积极的试探者需要多次重复学习，但这并不意味着你的后果是无效的。很可能的是，它意味着你的孩子需要收集足够多的信息并进行多次学习，才能相信：遵守你的规则是必须的，而不是可以选择的。只要一贯坚持说到做到，你就会获得孩子的信任。要允许孩子收集他们需要的信息，这样他们才能学会你要教授的规则。

计时隔离法：同美好的事物暂时隔离

5岁的阿莉和她的弟弟正在往书本上贴动物贴画。当她弟弟伸手拿起阿莉也想要的贴画时，阿莉用书本打了他的脸，然后夺走了贴画。他大喊大叫起来，叫声惊动了他们的父亲。

"阿莉打了我。"她弟弟一边抽泣，一边说。

"他拿了我想要的贴画。"阿莉说。

"打人是不对的,阿莉,"她父亲严肃地说道,"去你自己的房间里独自待上五分钟。等你出来后,我们再谈谈怎样更好地和你弟弟分享贴画。"听到这儿,阿莉走向自己的房间,接受计时隔离去了。

在被当作一种逻辑后果来使用的时候,计时隔离是一种非常有效的教导方法。关于我们的规则和期望,它能传递给孩子所有正确的信息。它能制止不良行为,预防家庭舞蹈,并且提供时间让家长和孩子恢复冷静。如果能坚持使用,计时隔离更能在情绪管理以及和平解决问题方面,教会孩子很多重要的技巧。

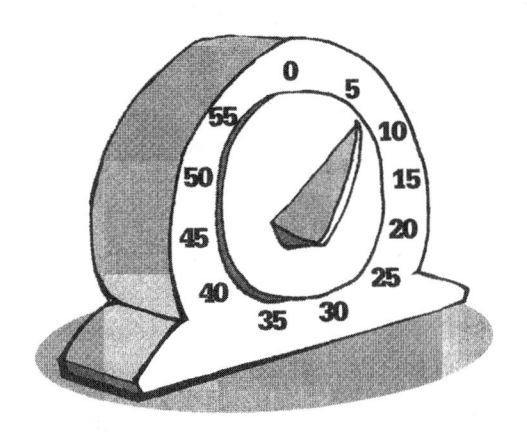

但令人遗憾的是,作为一种教导方法,计时隔离在很多时候常常被误解,并且被误用。一方面,惩罚式的家长把它作为一种禁闭,而强迫和羞辱孩子以使其服从。惩罚式的计时隔离听起来像这样——家长吼道:"去你的房间,待在角落里,除非我告诉你,否则不许出来。要是我听到一声抱怨,那你就准备待上一整天吧!"不但如此,惩罚式的计时隔离往往冗长乏味(几个小时或整个晚上)、充满对抗，并且在执行的过程中夹杂了很多愤怒、戏剧化和情绪化因素。孩子通常会把它看作一种人身攻击，并且会以愤怒、憎恨，甚至报复来进行回应。这种方法严格过了头，因而显得过于苛刻。

另一方面，宽容式家长，则把计时隔离作为一种工具，让孩子自己斟酌使用。孩子决定何时开始、何时结束，甚至决定是否使用。宽容式的计时隔离听起来类似这样——家长建议："我觉得你还是去你的房间里待一会儿比较好，行吗？如果你觉得准备好了就可以出来。"这种方式，让孩子决定时间长度，通常会非常短暂。

对叛逆的孩子而言，宽容式的计时隔离意义不大。为什么呢？因为无论是行动步骤还是体验结果，都是由孩子而不是家长来控制的。这种方法太过温和，服从是可以选择的，而不是必须的。

实际上，惩罚式和宽容式的计时隔离都不是真正的计时隔离。真正的计时隔离既不是判决禁闭或者流放，也不是让孩子自行斟酌，随意选择后果。采用以上任何一种方式，都会把责任转嫁给错误的对象，从而失去后果应有的教育价值。

计时隔离实际上是一种时间上的暂时分离，同生活中的美好事物或者咨询专家称之为"强化物"① 的东西相分离。在大多数家庭中，美好的事物是日常生活中的各种报偿：与家人共享天伦、友情、优先权、令人愉悦的活动或者只是享受自在的时光，等等。计时隔离正是一种暂时把孩子同这些美好事物分开的方法。

---

① 强化理论（Reinforcement theory），由美国著名心理学家斯金纳（B. F. Skinner）提出。斯金纳是新行为主义心理学的创始人之一。该学派的研究者认为，任何条件反射的建立、任何行为的学习都是为了获得强化物、得到报偿，以满足个体的内心需要。（摘自：https：//baike.baidu.com//ietm/强化理论/5402038。）

知道了这些，你还觉得计时隔离听上去像关禁闭吗？这两个在一定程度上有些相似，因为它们在制止孩子的不良行为上态度坚决，犹如一堵高墙，把他们同生活中的美好报偿分离开来。但两者确有一些重要的区别。

一方面，通常来讲，计时隔离的时间都很短（五到二十分钟），并且可以重复采用。为什么这样做有用呢？因为重复的教导为学习提供了更多的机会。记住，叛逆的孩子需要收集大量的信息才能相信：遵守规则是必须的，而不是可以选择的。信息收集得越多，他们学习得就越快。

另一方面，关禁闭的时间会很长。对于孩子收集信息和实践技能，它们难以提供多少机会。孩子收集的信息越少，他们学习得就越慢。禁闭是一种缓慢而且低效的学习过程。

使用计时隔离的一些原则

计时隔离法简单快捷，易于使用。它几乎适用于任何年龄的孩子（从三岁到十几岁），以及很多种不同的情况。下面是你使用时需要知道的几点原则。

使用前先让孩子知道

如果你之前没有使用过，或者你过去使用时是以惩罚或宽容的方式，那么在下一次使用计时隔离之前，一定要先给孩子解释它是如何起作用的。简单的介绍可以像这样：

"我有一个计划，可以帮助你学会合作和记住规则。我想它能让我们相处得更好。情况是这样的：当你不遵守我的规则或者做了一些不好的事时，我会要求你回房间里待上五到十分钟，并且也可能需要多次那样做。

每次我都会定个时间，当时间到时我会告诉你。你可以看书、画画或者安静地做些其他的事。如果时间没到你就出来的话，你得回到房间重新开始。如果需要，我们会经常使用这种方法的。你明白吗？试着用你的话告诉我它是怎样的吧！"

选择一个合适的场所

要想让计时隔离这种方法有效，选择一个合适的场所是非常关键的。在家里的时候，孩子自己的房间可以优先考虑。只要房间里有四面墙、有门，并且没有娱乐设备如电视机、录像机或电子游戏机。记住，计时隔离是一种"暂时远离美好事物"的方法。如果孩子的房间是一个配备有高科技产品的休闲中心，或者是同其他兄弟姐妹分享的一个房间，那么它就不适合用来做计时隔离。你需要选择另一个房间，比如书房或者洗漱间。最安静、最少人打扰的房间才是最好的场所。

经常使用计时器

如果你不用计时器，那就不是在使用计时隔离。并且用不了多久，孩子就会发现你方法的漏洞。他们会认为你的隔离过于专制、不公而心生怨恨。

厨房的计时器就很好。你也可以使用煮蛋用的计时器或者会发声报时的手表。孩子没有进到房间里时，计时是不能开始的。如果时间没到孩子就出来的话，那就把他再送回去，并且重新开始计时。

一旦设定好时间，你就要尽快退出，剩下的就是孩子和计时器之间的事情。

在计时隔离时，我不太赞成让孩子自己设定时间，或者把计时器放在孩子的房间里。要是有家长这样做的话，我敢说他们会遇到世界上最短的计时隔离。

计时隔离的时间多长才好呢？按年龄计算，一岁一分钟比较好（五岁的孩子五分钟），但是三岁以下不要使用。孩子不能离开隔离的地方，除非他们已经愿意合作。计时隔离的一个目标，就是帮助孩子重新恢复自我控制。如果一个孩子在隔离期间大发脾气，或者在隔离时间到后仍然难以很好地控制自己，那么其就应该继续接受隔离直到回归冷静。

对于一些更严重的不良行为，比如说打人、踢人、咬人或者破坏性行为，隔离的时间可以加倍，甚至三倍，但再多就不好了。对那些在过去喜欢惩罚孩子的家长来说，延长时间可能更有吸引力。但是我更赞成他们谨慎行事，不要把长时间的计时隔离变成一种习惯。对于不甚严重的不良行为，按照一岁一分钟的比例给予隔离就足以达到你的目标了。

重新开始

当计时器响起，如果孩子已经停止胡闹并且恢复自我控制，那么计时隔离就应该结束了。如果没有，你可以说："时间到了。要是你已经冷静下来的话，就可以出来，否则你还不能出来。"

当孩子准备好要出来时，你应该态度友好地向其发出邀请。不要事后总结，也不要试探审问，更不要说教什么关于合作的话，诸如"我已经告诉过你会这样"。这会让孩子产生逆反心理，从而制造憎恨并破坏隔离的效果。当你态度友好地迎接孩子时，你实际上已经向孩子传达出信号：你对孩子能够合作并做出更好的选择充满信心。

根据需要多次使用

如果使用得当，并且能做到始终如一，计时隔离会是一种非常有效的教导工具。孩子可能会继续试探你的规则和权威，也可能需要很多次计时隔离。但绝不要就此认为计时隔离不起作用。你应该允许积极的试探者收集其需要的全部信息。始终如一地重复使用计时隔离，会达到你想要的效果。

何时采用计时隔离

计时隔离应该用来处理一些极端的不良行为，如试探行为、极端无礼的行为、挑衅性行为、对抗性或者有害性行为，以及暴力性或者进攻性行为，等等。请看下面的这些例子。

试探行为

11岁的凯茜被告知不能和朋友一起去公园玩，除非她把自己的房间收拾干净。但是她软磨硬泡，试图让妈妈失去耐心而回心转意。

"求你了，妈妈，"凯茜请求说，"太不公平了！我不知道为什么我不能回来后再收拾房间。"可是她的母亲不为所动。

"我们已经说过这件事了，"她母亲说，"要是你再提的话，你就去你的房间里待上十分钟吧，一切都取决于你。"

"可是妈妈!"凯茜抗议说,"你真不公平!"可她的母亲并不吃她这一套。

"我会设定时间的,凯茜,"她说,"十分钟后见。"尽管很不情愿,凯茜还是走回了房间。毕竟,她母亲说得已经够清楚了。

极端无礼的行为

5岁的卡尔很不开心,因为他父亲不允许他在房间里练习翻筋斗。"你这个小气鬼,"卡尔吼道,"我恨你,我真的恨你!"

"你看起来很生气,"他父亲说,"你需要几分钟冷静一下吗?"

卡尔瞪着他的父亲,继续大喊大叫:"我什么都不需要,你这个大便头!"

"我开始设定时间了,"他父亲说,"五分钟后你才能出来。"

听他这样说,卡尔不得不朝自己的房间走去。

挑衅性行为

3岁的查克在餐厅里玩时,把他的塑料恐龙玩具扔得到处都是。"你不玩这些恐龙了吗?"他母亲问。查克点点头。"那就把它们都捡起来。"她说。

"我不想捡,"查克说,"你给我捡吧。"他坐下来,挑衅似地抱着胳臂。

"你要么照我说的做,要么就去房间里待一会儿,直到你愿意把玩具捡起来,"她心平气和地回答说,"你愿意怎么做?"

"我是不会捡的!"查克喊道。

"那就三分钟后再见。"他母亲说。她定了时间,然后把查克送回他自己的房间。等到时间结束了，她主动邀请他出来。

"我还是不会捡的！"查克说得很坚决。

"那取决于你，"他母亲回答说，"但我会重新计时的。"

突然之间，查克改变了主意。"好吧，我捡。"在意识到他母亲的态度如此坚决之后，他无奈地说。

对抗性或者有害性行为

9岁的梅尔，想赶紧冲个澡，然后看最喜欢的电视节目。但是他的姐姐一直在用卫生间。"出来，快点儿！"他在门外大喊大叫，"要是你脸上没这么多恶心的粉刺，你就不会待在里面这么长时间了。"

无意中听到他这样说话，梅尔的父亲很生气。"那样对你姐姐说话是不对的，梅尔，看来你需要独自反省一下。回到你的房间里，十分钟后再出来。"

梅尔只得接受计时隔离这个后果，朝自己的房间走去。

暴力性或者进攻性行为

5岁的莉齐和小伙伴罗宾在沙坑上建造城堡时发生了争执。"该我用小桶了。"莉齐说。

"不行，你刚用过，"罗宾说，"该我用了。"

莉齐试图把小桶从罗宾手里夺过来，可罗宾就是抓着不放。莉齐对着罗宾的肚子踢了一脚，疼得罗宾大叫起来。莉齐的妈妈看见了，赶紧过来制止。

"她踢了我的肚子。"罗宾呻吟着说。

"可是她不给我小桶。"莉齐说。

"不许踢人,"莉齐的母亲平静地说,"给你十分钟,回你自己的房间里。当你回来时,我想跟你谈谈分享小桶的其他方法。"

莉齐只好接受计时隔离去了。

大发脾气

6岁的加文知道自己不应该在屋子里玩威浮球①棒的,趁家长没注意时,他决定偷偷练习几下。等到他父亲看见后叫他停下来时,加文确实照做了。可没过几分钟,一旦他父亲没再注意,他又开始挥舞个不停。看到这些,加文的父亲采取了逻辑后果。他父亲收走了他的球棒,并且说一下午都不能再玩。

加文先是抱怨,继而抗议,可是他父亲却态度坚决。加文决定使出浑身解数。他躺到地板上,铆足了劲儿地大哭大闹。

"我是不会对此妥协的。"他父亲心想。加文的父亲抓起他,把他放回自己的床上。然后宣布:"我给你十二分钟,如果时间到了,你能冷静下来,那你就可以出来。如果你还是哭闹,你就得继续待在这儿。"

对于加文的大发脾气,他父亲可没有给他什么机会。

在户外使用计时隔离

当家长在收银台结账时,孩子缠着要买玩具或者糖果,而一旦遭到家长的拒绝,他们就会哭闹,甚至大发脾气。你肯定见过不少

---

① 威浮球,是一种儿童作为棒球玩的塑料空心球。

这样的情况吧？离家出门时，孩子知道和在家相比，他们更有机可乘。他们想知道我们的规则是否仍然管用，还有如果他们进行试探，我们会采取什么措施。幸运的是，计时隔离的方法在户外同样可以有效使用，但你需要在使用方法上做一些修改。

让我们来看几个例子，了解一下面对这些有挑战性的情况，我们该如何处理。

在商场或者购物中心

达娜的妈妈一想到去商场就发愁，因为4岁的达娜总是从购物车旁跑开，沿着通道跑来跑去。到后来，她决定采用计时隔离这个办法来解决问题。在去商场的路上，她在车里给达娜讲了她的计划。

"达娜，到商场后，你要一直待在我身边。在通道里跑来跑去或者藏在衣架后面都是不对的。如果你那样做的话，你就得接受计时隔离五分钟。"

在商场里计时隔离？她打算怎样做呢？对妈妈的话，达娜不禁感到有些好奇。

对达娜来说，弄清楚自己的疑问并不费劲儿。她们到商场还没有五分钟，达娜就开始了试探。当妈妈忙着和售货员说话的时候，达娜扭头就向通道跑去。

"对不起，"看到这一幕，达娜的妈妈对售货员说道，"请问有没有一个安静的地方可以让我和女儿待上五分钟？"售货员指了指洗手间旁边的休息区。

等抓住达娜并把她领到休息区时，她妈妈说："你在这儿安静地待五分钟吧。"没有教训，没有威胁，也没有责怪。对于达娜的问题和意见,她妈妈一概不予理会。

"唉,一点儿也不好玩,"达娜心想,"我更喜欢原来那样,让妈妈焦急不安地追来追去。"

五分钟过去了。

"你准备好一直跟着我了吗?"她妈妈问道。

"准备好了。"达娜说。后来她果然说到做到了。

对达娜和她妈妈来说,也许需要多次重复这种方法,才能让达娜相信她妈妈的规则是不容置疑的。不管怎样,她妈妈终于有了新的办法,可以让她们的购物之旅变得轻松一些。

在超级市场

3岁的伯尼是个捣蛋鬼。他喜欢跟着母亲逛超市。每次她推着购物车经过他喜欢的东西时,他就会伸手抓一个扔到车子里。对伯尼来说,这样玩很有意思,可对他母亲来说,一点儿也不好玩。她决定采取新的方式来改变这一状况。

有一天,在开车去超市的路上,她宣布了一个新规则。

"不许你再从架子上抓东西了,除非我告诉你那样做,"她说,"要是你再未经允许就随便抓东西,你就得接受计时隔离了。"

听到这话,伯尼有点儿不太愿意相信。她打算怎样做呢?他倒真想知道。到了超市,就在他们沿着食品通道往下走的时候,伯尼心想,试探的机会来了。他快速地伸手抓了一盒喜欢的麦片扔到购物车里。

"对不起,"伯尼的母亲对售货员说,"我能把车子放在这儿几分钟吗？我马上就回来。"

"没问题。"售货员说。

伯尼的母亲把他从购物车里抱出来，走到超市外边，把他放在一条长椅上。"我们得在这儿坐一会儿了，"她说，"从架子上随便抓东西很不好。"在随后的三分钟里，她什么也没有说。这让伯尼得到了他想要知道的结果。

三分钟对大人来说根本不算什么，但是对叛逆的3岁孩子而言，要让他安静地坐在那儿度过这三分钟，已经很漫长了。伯尼几乎都等不及要回到超市去了。但是这一次他学乖了，每次从架子上抓东西之前，他都会指着东西先问他母亲。

"这就对了，谢谢你能这样做。"她说，感激之情溢于言表。

对伯尼来说，他的母亲也许还需要重复好多次这样的训练，才能使他不用试探就服从要求。但是，只要坚持下去，这种教导方法就一定能够获得想要的结果。

在饭馆里

7岁的琳恩，很喜欢跟着家长去饭馆吃饭。她觉得在外面比在家里更自由，即便自己做得有些过分，也可以免受惩罚。有一次在饭馆吃饭时，为了引起别人的注意，她故意很大声地说话。果然，邻桌的人都纷纷看向她。

"琳恩，请小声一点儿。"她妈妈请求说，但是琳恩仍然我行我素。

"她能怎么样？"琳恩心想，"我们都点好菜了，不可能走的。"

第八章　如何让你的行动更清楚

看她这样肆无忌惮，她父亲发话了："琳恩，你要么小声说话，要么就去车里待一会儿。你愿意选择哪个？"

在车里做计时隔离？他真的打算那样做吗？琳恩很想知道。于是她故意更加大声地说话。这一次，她父亲什么也没说，抱起她直接朝外面的汽车走去。

"进去坐下，"他打开车门说道，然后，他也钻进车里，"等计时隔离结束时，我会告诉你的。"说完，他就往椅背上一靠，闭上眼睛小睡起来。对琳恩既没有因为不满而怒目相向，也没有以取消甜点来进行威胁。除了沉默，什么也没有。

"一点儿也不好玩。"琳恩心想。七分钟过去了，等她父亲问她是否准备好听话并回到饭馆时，她点了点头。要知道，她父亲也做好了准备，假如琳恩继续试探，就再次使用计时隔离。

在车里

母亲带着7岁的卡拉和9岁的丹尼尔一起出门。正当她专心开车时，坐在后排的两个孩子却相互打闹个不停。他们一会儿尖叫，一会儿大笑。于是，她把车开到路边停下。

"不许在车里那样闹了，"她说，"要是再闹的话，你们就得接受计时隔离。"

"在车里？"丹尼尔自言自语道。她打算怎样做呢？

两个孩子稍微安静了一会儿。可没过多久，丹尼尔就故意挑起事端。他抓了卡拉一下，而卡拉则尖叫起来。看到这儿，他们的母亲再次把车停下来。

"我们不走了，除非你们两个能老实一些，"她说，"我会看着时间的，十分钟后再说。"两个孩子你看看我，我看看你，似乎都不愿意相信这是真的。

"哇，她真这样做啊！"丹尼尔自言自语道。突然之间，他意识到了母亲的权威。她真的说到做到。安静的十分钟过去了。

"你们两个做好听话的准备了吗？"她问道。看到他们点点头，她启动了车子。

关于计时隔离的一些常见问题

问 当我的孩子拒绝去计时隔离的地方时，我该怎么办？

答 孩子采取的这种试探方式，往往有些咄咄逼人。那就给你的孩子一个选择。告诉他可以选择自己去，也可以选择等你把他强行带过去但隔离时间加倍。给他三十秒的时间考虑。如果他不肯让步，那就强制执行，并且把时间加倍。要不了多久，你的孩子就能想清楚自己去的好处了。

问 时间还没到，孩子就离开隔离的地方时，我该怎么办？

答 把他们送回房间里，重新开始计时。

问 要是他们再次离开的话，我该怎么办？

答 你的孩子正试图确定，当你要他们停止胡闹时，他们是否真的需要停下来。而你的任务就是想方设法地让他们停止胡闹。如果他们拒绝待在房间里，那就把他们再送回去，并且时间加倍。同时，告诉他们在计时隔离期间，你会守在门口保证他们不能出去。当然，这样做并非苛刻无情，也不会对他们的感情和身体造成伤害。毕竟，你没有动手打他们，也没有羞辱他们。他们的房间是安全的地方，你只是在使用有效的行动来支持你说过的话而已。经过足够多这样的训练，你的孩子就会接受约束并按要求去做了。

问 在计时隔离期间，如果他们大喊大叫，我该怎么办？

答 孩子的这种戏剧性行为通常是演给家长看的，或者是为了释放压抑在他们心中的愤懑。对此，家长绝不要让步，也不要进到房间里进行威胁或者训斥。演出终究会结束的。你只需要在外面等着就可以了。一旦时间到了，就欢迎孩子出来。

问 要是孩子乱扔玩具，或者把房间弄得一团糟的话，我该怎么办？

答 告诉他们只有把东西都捡起来放好才能出来。然后，给他们二十分钟的时间收拾东西。如果时间到了，他们还没有把东西捡起来，那就尽量避免纠纷。你要冷静地告诉他们，如果他们不愿意收拾自己的东西，那就不能再把它们放在他们的房间里。找个盒子把他们拒绝收拾的东西装起来，并且放置到他们够不到的地方保管好。然后告诉他们，只有当他们愿意收拾自己的玩具的时候，你才会还给他们。孩子很可能马上就想要回那些东西，但是我建议你最好坚持至少一个星期再给他们，好让他们明白你要传达的信息。

问 要是我的孩子在接受计时隔离之后，仍然不断地重复不良行为，这究竟意味着什么？

答 那很可能意味着你的孩子还需要收集更多的信息，才能让其相信你是说真的。如果需要，就多次重复这种方法。

问 当我对孩子进行计时隔离的时候，他们有时候会大喊大叫、骂人或者说些很不尊敬的话。我是不是应该在他们这样做的时候，再增加五分钟？

答 不。你的孩子只是想通过这些行为，引诱你回到过去的家庭舞蹈之中。不管这诱饵多么吸引人，都不要上钩，不要理会。如果你的孩子走回到房间里，并且能一直待到时间结束，那么实际上，计时隔离就已经起作用了。

问 我看到一本育儿杂志上说，如果家长选择孩子的卧室作为计时隔离的地方，那么孩子就会把卧室同惩罚联系起来。这是真的吗？要是这样的话，我该如何避免这种情况？

答 孩子对计时隔离的反应，在很大程度上取决于你如何运用它。如果你采用惩罚的方式，满怀怒气、大喊大叫、心烦意乱，那么毫无疑问，你的孩子会把他们的卧室或者其他你使用的房间看成为惩罚的场所。如果你能采用本书推荐的方式运用计时隔离，并且态度坚定，充满尊重的话，那么你的孩子就不会把你用来计时隔离的房间同惩罚的场所联系起来了。

最后的手段：采用身体控制

什么是身体控制？家长应该如何使用它？身体控制，是一种非暴力的方式，它制止孩子的不良行为。不要把它同殴打、打屁股或者其他给孩子造成伤痛的行为相混淆。

什么时候需要家长采用身体控制呢？首先请想象一下，有一条线可以把两种形式的不良行为区分开来：

1. 不需要身体控制就能制止的不良行为
2. 只有采用身体控制才能制止的不良行为

家长如何知道孩子的行为是否越过这条线呢？

如果你的孩子正在胡闹，并且拒绝接受计时隔离，那么他们的行为就已经越线。当你要求他们停止那些暴力的、有害的，甚至对他人或者自己构成人身威胁的行为时，如果他们拒绝遵从，那就是越线。在这些情况下，孩子需要家长的帮助，以使他们恢复自我控制。

叛逆的孩子最有可能走极端。7岁的吉尔就是一个很好的例子。

来到我的办公室时，吉尔的母亲看起来非常失望。几年来，面对女儿种种的挑衅和不尊重的行为，她一而再、再而三地妥协。她总是安慰自己说孩子那样做只是阶段性现象，以后就会好的。但是

第八章　如何让你的行动更清楚

没想到吉尔反而胆子越来越大，而她们之间的冲突也就越来越厉害，并且越来越接近吉尔母亲最担心的情况——肢体冲突。

但是吉尔靠着直觉，感觉到她母亲害怕肢体冲突。因而她总是以此相威胁，迫使她母亲不断妥协。那样做确实管用！就连吉尔的弟弟也开始效仿她的做法了。

针对他们的情况，我让这个家庭里的每一个成员都填写了一份气质量表，并给吉尔做了一个界限测试。不出所料，测试的结果显示，一方面，吉尔不但性格很叛逆，而且容易行为过激和情绪紧张。另一方面，她母亲却说话温柔，待人宽和。针对她们不相匹配的气质，我们进行了交流，好让吉尔的母亲知道怎么做才能改善情况。而她很愿意学习新的技能。

我向吉尔的母亲示范如何清楚地表达信息，同时如何使用合适的方法，来避免老套的重复和提醒。同时，我也告诉她，吉尔需要碰几次壁，才能停止不良行为。我告诉她如何使用计时隔离，并且解释了这种方法是如何起作用的。

除此之外，还有一个重要的步骤，那就是，吉尔的母亲需要准备好应对难以避免的冲突。"你管不了我！"对她母亲的命令，吉尔很可能会如此应对。考虑到这种可能，我又给她母亲讲了身体控制的使用方法。至此，吉尔的母亲做好了一切准备，一旦需要的话，她说会把女儿送进自己的房间里的。

第二天放学后，冲突果然发生了。当吉尔回到家里时，她身上穿着一件新外套，那是爷爷奶奶送给她的礼物。"我要出去玩了。"吉尔宣布。

"不能穿这件外套出去玩，"她母亲说，"你得换上你的运动衣。"

"得了吧,妈妈。"吉尔抗议道。

她母亲的态度很坚决。"你知道规矩的,吉尔,"她平静地说道,"学校的衣服是上学时才穿的,运动时你就要穿运动衣。"

吉尔无视她母亲的话,只顾向门外走去。

于是她母亲走过去拦住她,并进行核实。"你听明白我要你做的了吗?"她母亲询问道。

吉尔站在那里,手插在屁股兜里,用充满挑衅的眼光瞪着她母亲。"我恨你和你的那些愚蠢的规矩,"她大发雷霆,"我就是不换,你管不了我!"她挣扎着试图从门口出去,可是她母亲拦得很紧。

"看来你需要自己平静一会儿,"她母亲说,"我给你十分钟的时间。"

"你就是给我两个小时也没用,"吉尔挑衅地大喊,"我哪儿也不去,你就是管不了我!"出乎吉尔意料的是,她母亲抓起她并把她拖回到房间里。吉尔则不停地挣扎喊叫。

进到房间里,吉尔的母亲把她放在床上。吉尔扭头就朝门口跑去,结果被她母亲一把抓住胳臂。"你可以在十分钟后出来,或者等你自己冷静下来再出来。"

吉尔大喊大叫地表示抗议。当她母亲出门的时候,她又一次扑向门口,试图冲出门去。

"我会守着门的,直到你在里面待够十分钟,但如果需要的话,我会守到你彻底平静下来为止。"她母亲说。

在随后的二十分钟里,吉尔喊叫着辱骂、抗议,并且时不时地拉拉门,看她母亲是否还守在那里。但是她母亲始终守在那里。又过了五分钟,吉尔平静下来了。她母亲打开了门,心想只要吉尔同意换衣服，就邀请她出来。可出乎意料的是，吉尔早已经换好了衣服。到这时，什么也不用再说了，她母亲的目的已经达到。

这件事情，让吉尔和她的母亲都很有收获。在结束讨厌的家庭舞蹈，以及重新定义她们之间的关系方面，我相信她们已经迈出了很大的一步。但她们仍有很长的路要走。在这之后的第一个星期里，吉尔又经过三次类似的冲突，才意识到自己的胁迫和挑衅不再管用了。第一个星期结束时，吉尔的内心已经开始接受计时隔离这种方法。当她每一次接受计时隔离时，她都能坚持到时间结束才出来。

本章总结

对叛逆的孩子来说，后果是必不可少的教导工具。它不但可以制止不良行为，而且能给孩子传递出清楚的信号，告诉他们我们的规则和期望。它还能提供坚定的界限，保证孩子做出令人满意的行为。只要能以坚定、连贯并且充满尊重的方式运用后果，它就能教会孩子认真对待你的话，并且尽可能多地同你合作。

运用后果是否有效，关键取决于运用的方式。对叛逆的孩子而言，如果以惩罚或者宽容的方式运用后果，那么它不但没有多少教育价值，反而会引发试探和家庭纠纷。如果能以比较民主的方式，既坚定又很尊重地运用后果，那么它就可以通过让孩子为自己的选择和行为负责来教会他们与人合作。

第九章

应对你可能会遇到的抵制

父母都希望他们在"设定界限"时尽可能顺利，同时又尽可能少地给亲子关系带来伤害。"简单的"学习是非常有吸引力的，但这不是大多数"叛逆"的孩子和"骑墙派"的孩子的学习方式。如你所知，他们大部分的学习过程都是"艰难的"。在他们学会接受我们的限制，尊重我们的权威，做出更好的选择以及配合父母的要求之前，他们需要反复体验他们糟糕的选择和行为所带来的后果。

"艰难的"学习方式仍然是很好的学习方式，但不管你如何想方设法，"艰难的"学习方式对孩子和父母来说都不容易。

当你的方法奏效时，你不太可能听到诸如"哎呀，妈妈，你处理得真好"或者"干得好，爸爸！你给了我一些很好的选择"这类的话。相反，你很可能会听到诸如"你太刻薄"或者"你不公平"，甚至"我现在真讨厌你"等这些话。家长不要指望这一切会很容易承受，更别指望孩子会喜欢你的方法。恰恰相反，你应该料到孩子会选择抵制。

实际上，家长可能会遭遇来自四面八方，并且形式各异的阻力。这些阻力有时候来自叛逆的孩子，有时候来自他们的兄弟姐妹，有时候来自你的配偶，有时候来自其他家庭成员，甚至有时候来自你自己的内心。本章将帮助家长识别各种可能遇到的阻力,学习有效的应对措施,并避免各种可能的冲突和伤害。

什么是抵制

挫折感和伤痛感是学习和行为改变过程中的正常反应,但叛逆的孩子往往在这些反应上会显得过于极端。当事情没有按照他们想要的方式运作时,他们可能会进行强烈的抗议和抵制。他们会扯着嗓子大喊大叫、情绪紧张、乱发脾气、恶语相向,甚至不惜进行身体对抗。对叛逆的孩子而言,所有这些抵制都是很正常的反应,我们完全可以预料得到。

他们选择的策略可能看上去充满戏剧性甚至非常极端,但绝不要被此误导。那些看起来似乎全新的冲突和障碍,实际上只是第二章中界限试探过程的延伸。这仍然是孩子的探究过程。他们仍然想要弄清楚这些疑问:什么是可以的?什么是不可以的?究竟谁说了算?我可以试探到什么程度?如果我太过分会发生什么?

孩子的目标是让你感到疲惫不堪,让你屈服。这就是他们在抗议时充满对抗和戏剧化的原因。他们希望你情绪失控。尽管在大多数情况下,这种情绪操纵,孩子并非刻意或者出于恶意为之。他们之所以这样做,只是因为这种方式很有效。他们的策略只是达到目的的一种手段,最终的目标还是让家长屈服。

但这个过程可能会让父母感到困惑。我们认识到,对叛逆的孩子来说,界限试探是正常的。但是当你面对它时,你有可能会疑惑孩子的抵制是否正常？答案是否定的。孩子的抵制有时候看上去过于极端，往往会给我们带来强烈的情绪化反应。如果跟着感觉走，我们就会重新回到家庭舞蹈中去。对我们来说，反应并不需要成熟的心智、深思熟虑或控制冲动。反应适用于孩子，而不是家长。

反应与回应

在使用后果时，我们往往无法控制孩子对此的反应，但我们可以控制自己对孩子的回应。反应和回应是非常不同的过程。反应常会导致可以预见到的冲突、权力斗争和失去控制。而回应有助于减少冲突并使事情重回控制之中。学会对孩子的抵制做出适当的回应而不是反应，是有效应对抵制的关键一步。

让我们从术语的定义开始。一方面，什么是反应？反应是一个自然的、自发的、近乎条件反射的过程，并不总是在个人有意识控制的范围内。任何人都会有反应，因为它会自然而然地发生：当你遇到某些情况时，你头脑里的第一个想法，你内心里的第一个感受，都属于反应。对于父母设定的界限，孩子通常都会自然地做出反应。只不过顺从的孩子，反应比较温和，而叛逆的孩子，反应比较强烈甚至极端。至于那些"骑墙派"的孩子，则两种情况都有。因为反应不需要控制冲动或者深思熟虑。

另一方面，回应是一个更深思熟虑的过程，包括观察和意识到我们的情绪化反应，然后选择如何做出回应。合适的回应需要我们耐心、体贴以及心智成熟。作为成年人，我们在做出回应时，往往具备更好的心智和情感工具。良好的回应能让我们保持对事态的控制。

第九章 应对你可能会遇到的抵制

当然，从理论上讲，合适的回应听起来很棒，但如何在现实生活中做到这一点呢？当我们的孩子试图也让我们像他们一样做出反应时，我们如何像成年人一样予以适当的回应？要解决这个问题，我们首先需要的是耐心。

当然，我并不是耐心方面的专家。在这方面，我一直在努力。但我很高兴分享对我和其他数千名父母来说有用的东西。这个过程始于意识。首先，我们需要意识到在面对它之前会遇到什么阻力，这样我们才不会感到意外或措手不及。本章提供了许多案例，可以帮助父母了解到这一点。其次，在我们需要做出回应时，请先给自己一段"深思熟虑的时间"。关于如何做出回应，我们将在本章至第十二章进行讨论。

在我的儿子伊恩小的时候，我的"深思熟虑的时间"只是试图给自己一点儿时间冷静下来，并尽力做到以客观的态度看待事情。首先，我对自己说，我是成年人，他还是个孩子。这似乎总是有帮助的。然后，我通常会问自己三个问题：我感觉如何？发生了什么事？我该怎么办呢？

前两个问题很容易回答。通常情况下，我会感到很生气。而且伊恩通常也会以极端的方式对我进行试探。第三个问题有助于让我找到可采用的适当的逻辑后果。随着伊恩日渐长大，我变得更加有耐心，我将自己这个"深思熟虑的时间"的想法变成了一句口头禅：我是成年人，他是孩子。然后直接回答第三个问题：我该怎么办呢？也就在那时，我才意识到我已经可以习惯性地选择做出回应了，尽管这个过程让我花了很多时间并进行了大量的练习。在我的工作坊和家庭辅导经历中，我已经把这个技能传授给成千上万的父母。接下来，让我们看看亨特父亲的一个例子，看看他是如何学会"三思而后行"的。

11岁的亨特，在厨房里吃完零食后，在桌子上留下了一个空的麦片盒，还有牛奶盒、碗、餐具和皱巴巴的餐巾纸。然后，亨特便回到客厅观看他最喜欢的电视节目。当亨特的父亲进入厨房时，他看到桌子上一片狼藉，于是忍不住大发雷霆。

"该死，亨特！"他喊道，"你可真不会体谅别人！你到底是怎么回事？你总是让人收拾你的烂摊子，烦死了。你给我过来，把这儿弄干净！"

"我等一会儿再做。"亨特回答道。

"不行，你现在就做，否则你会后悔的。"他父亲指着他威胁道。

"哦，我真的很害怕，"亨特讽刺地说道，"你能怎样？收走我的麦片？"他翻着白眼，厌恶地看了他父亲一眼，似乎并不打算从沙发上站起来。这让他的父亲变得更加愤怒。

"你不要那样跟我说话，年轻人！"他的父亲说，"如果你现在不清理你的烂摊子，我会立马把电视机关掉，而且今天一晚上你也别想再看一眼。"亨特听了，尽管很不情愿，但他还是走回厨房清理他的烂摊子去了。

是什么说服亨特选择合作？并不是他父亲的愤怒。亨特选择合作，只是因为他不想在晚上剩下的时间里没有电视可看。而他父亲的激烈反应，恰恰助长了他们的纷争并使事情变得更糟。

现在，让我们重回现场。不过这一次，亨特的父亲做了不同的选择。他预料到儿子会抵制于是选择回应,而不是做出过激反应。

当亨特的父亲进入厨房看到混乱的桌子时,最初的反应是一样的,他感到很生气。但是,亨特的父亲停了一下,他决定还是客观地看待事情,而不是选择冲儿子发火。

他告诉自己,这只是一团糟,而不是世界末日。然后,他走到儿子跟前,言语中充满了尊重和体贴:

"亨特,你需要在做其他任何事情之前清理完你厨房里的烂摊子。"他父亲实事求是地说道。没有责备,没有愤怒,更没有戏剧化。

"我等一会儿再做。"亨特回答道。他有些恼怒地冲他父亲看了一眼,但是却没有丝毫要配合的意思。这是亨特的父亲早就预料到的情况。他继续保持冷静,并不上他的当。

"你可以现在去做或者过几分钟再做,"他的父亲说,"但电视要先关掉,直到你清理完桌子上的垃圾。"亨特的父亲走过去直接关掉电视。

"好吧,"亨特不情愿地说道,"这有什么大不了的。"亨特起身走到厨房收拾完他的烂摊子,然后又回到客厅。

"谢谢你。"他的父亲带着欣慰的笑容说道。

这样的回应是不是比简单的反应要更有效,而且压力更小呢?亨特的父亲用更少的精力完成了他所有的目标。在如何尊重地和别人进行沟通和解决问题方面,他以自身的行动做了良好的示范。他赢得了孩子对他规则和权威的尊重,并且他在没有导致家庭纠纷的情况下，很好地化解了亨特的抵制。

宽恕与和解

孩子的抵制常常让父母感到很为难，我们大多数人都同意这一点。但是做父母的如何在遭遇孩子反复抵制的时候，避免伤害和失望，并能做到扔掉包袱而轻松上阵呢？我们如何在应对好孩子抵制的同时，又不给孩子带去负面情绪呢？答案是宽恕。宽恕就是解放，它完全在你的掌控之中。

但是，首先要弄清楚我们宽恕的是什么。我们宽恕的是不可接受的行为吗？绝对不是。不可接受的行为不应该被容忍。这也是我们为此设定界限并提供教导的原因。我们应该宽恕的是在做这种行为的孩子。我们需要将行为与行动者分开。这是一个重要的区分，可以使宽恕成为可能。我们拒绝不可接受的行为，而不是在做这种行为的孩子。

我们要传递给孩子的信息应该是这样的：你是一个好孩子，我爱你，但你做的事情并不好。这个信息将焦点放在孩子的行为上，而不是孩子本身。当我们宽恕孩子时，我们可以卸下愤怒和怨恨的负担而向前迈进。

宽恕是一个单向的过程，完全在你的掌控之中。它不要求你的孩子同意或者接受，也不会向孩子提出其他任何要求。这是一个选择，也是一个充满能量的选择。每当你选择宽恕，你就会让自己和孩子感到解脱。只写下一个你可以想象到的宽恕理由，然后就放手吧。不要带着任何思想包袱。

在我的家庭咨询工作中，我看到许多父母更关心和解而不是宽恕。也就是说，他们希望自己的孩子理解、接受并同意父母的约束和要求。在不好的事情还没发生之前，他们往往会感到忧虑不安。

和解是一个双向过程，父母无法完全控制。我们只能控制我们所说的或所做的事情，但不能控制我们的孩子对此的反应。对叛逆的孩子进行界限设定，期待和解并不现实。

当你给叛逆的孩子设定坚定的界限时，你到底期望他们会有什么样的反应？你想让他们同意你吗？你想让他们明白你所做的是出于你的爱和关怀吗？你想让他们喜欢吗？或者你准备好宽恕他们的行为了吗？当然，选择权在你的手里。当你对孩子不可接受的行为设定界限时，你可以选择心存芥蒂，你也可以选择卸下负担，并和孩子保持一种积极的关系。

典型的抵制形式

对于你可能遇到的抵制，你要尽可能地做好准备以便能有效应对。你应该明白抵制只是孩子试探界限的一种极端情况，关于这一点我们在第二章中已经进行了探讨。你要认识到，只有深思熟虑的回应，而不是反应，才能使你沿着正轨走下去，而不至于陷入家庭舞蹈和权力纷争中。最后，你还需要知道，宽恕会让你丢掉包袱，避免身心俱疲和丧失信心。现在，让我们仔细研究一下家长可能遇到的几种典型的抵制形式。

抵制有多种表现形式，来源也很多。孩子的抵制既可能是轻微的抗议，也有可能是大动干戈。如果还遇到来自其他家庭成员出乎意料的抵制，甚至是自己内心的自我怀疑时，你也不要感到惊讶。无论抵制的形式是什么，我们都要承认它，同时坚定立场，耐心回应，给你的孩子一个宽恕的机会，并朝着积极的方向推进。

增加戏剧性

当温和的抗议和戏剧性表现不足以让父母放弃时，叛逆的孩子往往会调高嗓门并增加戏剧性来达到目的。9岁的西莉亚就是一个典型的例子。

西莉亚讨厌计时隔离。她嘟囔着，抱怨着，磨磨蹭蹭地走到自己的房间。进门之前，她通常会大喊"我恨你们"或者"你们是世上最糟糕的父母"，然后重重地摔门以示抗议。每一次，西莉亚都满怀期待地希望她的父母能够上她的当，然后也冲她嚷嚷。但她坚持了两个星期，什么事也没有发生。她的父母知道，反应只会让西莉亚进一步试探他们的界限。

"我要展示给他们看！"西莉亚自言自语。当又一次被要求去她的房间接受计时隔离时，她站在走廊里，冲着卧室门猛击三次，同时声嘶力竭地发出尖叫。她的父母没有理会，但西莉亚并不打算轻易放弃。像许多叛逆的孩子一样，她反复使用这种策略六次，最终才学会平静地接受计时隔离。

言辞不敬

对父母出言不逊可以成为儿童试探界限的有力武器，尤其是当父母特别在意孩子的评价时。在大多数情况下，孩子言辞不敬的目的并不是给父母带来情绪上的痛苦，相反，他们的目的是让父母感到内疚或同情，进而削弱其决心。没错，这是一种情绪操纵方式，但大多数孩子并不是有意识甚或是恶意这样做的。他们这样做只是因为发现这一招很管用。这是他们达到目的的手段。这种行为是他们所能做的最好尝试——孩子想控制你并让你按照他们设想的方式做。看看下面这个例子。

10岁的兰德尔拒绝收拾他扔在客厅地上的玩具。他母亲用平静的语气对他说:"在收拾完玩具之前,你不能出去玩或做其他任何事情。"兰德尔听了,试图出言不逊以让她改变主意。

"无论如何,你并不关心我,"他说,"你所关心的只是你干净的屋子。你太刻薄了!我希望我有一个真正关心我的好母亲。"听他这么说,他的母亲停下来,打算实事求是地看待这个事情。

"等一下,"她自言自语道,"我让他做的就是收拾东西,他把它变成了一个关于关爱和关怀的问题。这不关我的事,我不会上钩的。"她坚持己见。

"我很抱歉你这么想,"他的母亲说,"但我这么爱你,不能让你做的比你应该做的少。你仍然必须按照我的要求收拾玩具,在完成之前你不能做其他任何事情。"说完,她就离开了房间。兰德尔太聪明了,他可不愿意浪费自己宝贵的游戏时间。尽管很不情愿,但他还是开始着手收拾玩具。

重复不端行为

如果你的孩子反复试探你的界限,在你最终沮丧地放弃之前,你到底能承受多少?这就是叛逆的孩子在重复不端行为时试图找到的答案。这是一种很有进攻性的研究,它可能会让家长不堪应付以至于开始问自己:"这种情况是正常的吗?这么麻烦值得吗?我是不是做错了什么?"实际上,我很清楚这些情况。因为我曾经历过这些。要知道,叛逆的孩子需要收集大量的信息才能做出最终的选择。

在第二章中,我曾经分享过一个关于我叛逆的儿子伊恩的例子。关于早上看电视和动画片的问题,我们之间就颇费了一番周折。你们可以由此看出,叛逆的孩子在接受我们的规则之前会试探多久。每当伊恩拒绝关掉电视时,你们猜猜我会关掉电视多少次?五次?十次?更多?是的,在伊恩最终接受我的规则并停止试探之前,我不得不关闭电视十几次!

要知道,伊恩的哥哥斯科特甚至试图帮助伊恩说:"爸爸妈妈是认真的。他们真的会把电视关掉的。"然而伊恩对此置若罔闻。因为这是他的研究,而不是斯科特的研究。

十二次对你来说多吗?对我来说的确够多的了。这需要很多宽恕啊!同很多父母一样感到困惑不解的是,孩子的试探远比他们想象的还要多。要知道,我甚至开始怀疑伊恩的行为是否正常,或者我是否做错了什么。因为他的行为似乎太过分了。

但我始终坚持并对这个过程充满信心。果然,伊恩最终学到了我希望他学习的,但是我可从没有像他逼迫我那样逼迫过我的父母!从数百名家长那里,我也听到了类似的感叹。

不端行为升级

叛逆的孩子在折腾父母方面很有技巧。如果一个不端行为不起作用,他们一定会尝试另外一个,直到他们达到目的为止。孩子的

第九章 应对你可能会遇到的抵制

不端行为是常见的抵制形式，需要家长时常对此予以关注。7岁的莫莉就是一个例子。

"我可以在晚餐前去瑟琳娜家玩一会儿吗？"莫莉问道。

"如果你作业都写完了的话，你就可以去，"她妈妈回答说，"你写完了吗？"

莫莉点点头。

"那我能看一下吗？"她妈妈问道，料到她会试探。

"好吧，大部分都写完了，"莫莉说，"晚餐后我就可以做完。"

"你知道规矩的，莫莉，"她妈妈说，"在完成所有的功课之前不能玩，你离开家之前我会检查的。"要知道，莫莉之前曾多次试图偷偷溜出去玩。

"但是那样太不公平了！"莫莉抗议道，"等我完成所有作业，就没时间去玩了。瑟琳娜的妈妈就允许她写作业之前玩。为什么我就不能？"

看到对话的苗头开始有所偏离，莫莉的妈妈立马截断话题。

"我们之前已经说过这个了，"她妈妈就事论事地说，"如果你再这么说，你就得接受计时隔离五分钟。"

"你真刻薄！"莫莉喊道，"你简直就是一个巫婆！"

"我会设定计时器的，"她妈妈说，"五分钟后我们再说吧。"但是莫莉不为所动，坚持不做让步。

"你自己去的话就隔离五分钟，如果是我带你去的话就十分钟。莫莉，你想怎么做？"她妈妈问道。莫莉磨磨蹭蹭地不愿动。

于是，她的妈妈抱起莫莉，将她带到她的房间，并将计时器设定为十分钟。莫莉哭喊吵闹了至少五分钟，才控制住自己的怒气。当计时器结束铃声响起时，她走到桌子前开始写作业。

"晚餐后我可以看电视吗？"过了一会儿，莫莉问道。

"写完全部作业就可以看。"她妈妈说。

对于她妈妈关于在玩之前完成作业的规定，莫莉是不是有着很严重的抵制？毫无疑问。在几分钟的时间里，莫莉试图通过欺骗、抗议、抱怨、争吵、辱骂、挑衅以及夸张的戏剧性表演让她的妈妈缴械投降。但莫莉的妈妈早就预料到自己会遇到抵制，她保持镇定，并坚定不移。相信你也可以做到。

假装不在意后果

叛逆的孩子会竭尽全力地让父母觉得逻辑后果收不到预期效果。7 岁的以赛亚就是一个很典型的例子。

以赛亚和他的弟弟正在家里玩大富翁的游戏。突然弟弟大喊一声："嘿！你在作弊！你从'银行'拿钱了！"以赛亚的父亲听到吵闹声后，走过来察看。

"我只是在开玩笑。"以赛亚说。他把钱退回原位。他的父亲并没有干涉。游戏持续了几分钟后，以赛亚弟弟弟再次大喊起来，声音比以前更响亮。他们的父亲第二次进入房间。

"他以为我没看见，但我看见了。"以赛亚的弟弟说。于是，他们的父亲宣布游戏结束了。

"好吧，我把钱退回去。"以赛亚带着恶作剧式的笑声说道，但为时已晚。他的父亲动真格的了。

"你需要找别的事做，"他的父亲说，"现在不能再玩大富翁游戏了。"

"我才不在乎，"以赛亚说，假装他并不在意，"再说了，这游戏太蠢了，几乎和你一样愚蠢。"听他这么说，以赛亚的父亲深吸一口气，然后调整了一下自己的情绪。

"你那样说话，无论是对我还是对其他人都是很不对的，"他的父亲说，"你需要独自待上十分钟。"说着，他将以赛亚送回到自己的房间，计时隔离了十分钟的时间。

"这不会让我难受，"以赛亚说，"我喜欢计时隔离。"诱饵呈现得很巧妙，但以赛亚的父亲并没有上当。"十分钟后再见。"他的父亲回答说，然后走向厨房准备计时器。

讨价还价

叛逆的孩子都很擅长避免因为自己糟糕的选择而导致不良后果。6 岁的阿尼展示了一个案例。

阿尼和他 4 岁的弟弟西蒙正在地毯上玩塑料做的变形金刚玩具。"嘿！我想玩那个大的，"西蒙抗议说，"这是我的。它是我生日那天得到的。"他试图将它从他兄弟的手里夺过来。但是阿尼拒绝放手。他们的母亲随即介入。

"孩子们，你们要么一起玩变形金刚，要么我现在就把它拿走，"他们的母亲就事论事地说道，"你们愿意怎么做？"

"是他不愿意分享的。"阿尼指着西蒙说道。

"是的，因为它是我的。"西蒙回答道。

"好吧，我们现在需要把变形金刚放在一边，"他们的母亲说，"当你们准备好分享时，你们再玩。"

"这不公平！"阿尼说着把玩具从他兄弟的手里抢走，扔到了地板上。"哎呀！玩具摔坏了。"西蒙嚎叫起来。他们的母亲深吸了一口气，准备先跳出这出戏剧再说。

"摔坏你弟弟的玩具是不行的，"她对阿尼说，"你需要用你的零花钱修好那个玩具，并且你还要在你的房间里接受计时隔离五分钟。"

阿尼恳求减少惩罚。"你是说我必须接受计时隔离，还要花钱修好玩具吗？"阿尼说，"这不公平！这只是一次意外。我不是故意要打坏它的。我保证，我再也不会这样做了。"不过，他的母亲态度坚决，并没有打算改变主意。

"要是下一次你会这么做就太好了。"他的母亲回答道。不过这一次，她并没有给他第二次机会。她用后果给阿尼上了一堂课。

置之不理

消极抵制具有很强的破坏力，可以摧毁一个很有力的对手。让我们看看 5 岁的赛迪是如何使用这种策略来拒绝母亲的要求的。赛迪从幼儿园回家后，吃了一些点心，便要求去外面玩。

"你换了鞋才能出去，"她母亲说，"你脚上穿的是上学时穿的鞋，不是出去玩时穿的鞋。"赛迪装作没有听到，径直走向门口。

她母亲拦住她。"我怎么跟你说来着？"

赛迪不耐烦地看了她母亲一眼，什么也没说，但是也没有任何准备换鞋的样子。于是，她母亲提供了一些选择。

"要么你穿着学校的鞋子在屋里玩，要么换双鞋出去玩。你愿意怎么做？"赛迪怒目而视，但一句话也没说。她母亲等待着看事情如何发展。

"置之不理如同拒绝一样。"赛迪的母亲对自己说。于是她继续站在门口拦着赛迪。赛迪看出了她母亲的决心。她知道，出去玩的宝贵时间不能再浪费下去了。

"好吧，我会换上那双难看的鞋子。"赛迪不情愿地说，然后走向她的房间去换鞋。

"做得不错！"她母亲说。

追逐游戏（或称"追我"游戏）

"追我"游戏是一种很常见的抵制形式，特别是在学龄前儿童当中。一旦这种游戏延伸到户外，它就成了一个值得关注的潜在安全问题。让我们来看看加文的母亲是如何与4岁的儿子处理这个问题的。

加文每天从幼儿园回到家后，他通常会吃点儿零食，然后一直玩到吃晚饭。他知道出去玩之前他应该先收拾好自己的烂摊子，但加文着急去玩，根本顾不上。

"我要去外面玩卡车。"加文向他的妈妈说。

"可以，"她说，"不过你得先收拾好你的东西。"

"我会的。"加文说完偷偷溜出厨房。他的妈妈料到他会这么做，于是试图拦住他，没想到加文跑得太快了。他跑到了妈妈的前面。

"你抓不住我。"加文嘲笑道。

他的妈妈很清楚这个游戏。"我不会追你的，凯文，"她坦白地说，"如果你不回来清理你的烂摊子，接下来的两天你就不能出去玩。"

这涉及安全问题。加文的妈妈想要让他知道糟糕选择所带来的后果。加文只是笑笑然后跑开了。他躲到马路上一辆汽车的后面，然后满心期待着他妈妈的追逐。但是她没有。

加文等待着追逐游戏的开始。两分钟过去了，五分钟过去了，然后十分钟过去了。

"这是怎么回事？"加文感到纳闷。这一点儿也不好玩。他又等了五分钟。妈妈并没有来。加文只好重新考虑他的选择。

他走回家里，然后宣布："我回来啦。我会清理我的桌子的。我过一会儿还能到外面玩吗？"

他的妈妈坚定不移。"两天不可以，"她平静地说，"从我身边跑开是不对的。你需要在你的房间里接受计时隔离五分钟。等时间到了，你还需要清理桌子上的东西。"

这可不是加文想要的结果。

撒谎和欺骗

大多数孩子会时不时地使用撒谎和欺骗的手段来避免对他们糟糕的选择和行为负责，特别是当父母没有目睹事件的经过时。看看下面的例子。

12岁的泰勒和她的小猎犬蒂皮，喜欢玩飞盘游戏。她的父母坚持要求她到屋外去玩。但是泰勒总会趁他们不注意时，在屋子里练习几次。有一天当她父亲听到客厅里一声巨响时，他知道大事不妙。他来到客厅，看见泰勒正抱着飞盘，地上躺着一张破碎的全家福相框。

"蒂皮干的，"泰勒说，"我们正准备去院子里玩游戏，但是它太兴奋了。"听她这么说，他不得不怀疑她编的这个故事。

"但是相框是放在桌子上的，"她爸爸说，"除非它在追逐某些东西，否则它够不到桌子上的东西。你确定你说的是真的吗？"

"我发誓。"泰勒说，一脸认真的表情。只不过她的故事并没有人买账。

"也许我是错的，"她的父亲说，"但在我看来，事情并非如此。你需要用你的零花钱买一个新的相框。或者，我可以给你一些活干，算作你对打破了的相框的补偿。"

"但这不公平！"泰勒抗议道，"是蒂皮打破的，不是我。"

她的父亲不为所动。"我们已经说完这些了，"他说，"而且我会把飞盘收起来，直到相框修好为止。"

对于她编造的不太可能发生的故事，你会愿意让泰勒逃避她该承担的责任吗？许多父母发现，有时候他们需要根据不完整或不准确的信息，来判断事情的真相，并做出决定。在这些情况下，我们所能做的就是最好的。我们是父母，而不是警察、侦探。我们不需要摄像机或监控录像来检查孩子故事的真实性。

对于违反父母规则和她造成的破坏，泰勒选择使用撒谎和欺骗的手段来逃避责任。这样做有用吗？没有。她还会再试一次吗？也许。这要取决于她什么时候才能认识到，欺骗是一种逃避责任的糟糕策略。如果泰勒的父母在这些情况下继续使用他们的最佳判断，并坚持使用适当的后果，泰勒一定会学到他们试图教授的内容。

救助和扶持

你有没有想过顺从的兄弟姐妹和家庭成员也可能会成为抵制者？在一些家庭中，这种情况经常发生，并且它的初衷看上去相当美好。顺从的家庭成员通常有一种合作的潜在愿望。他们不喜欢冲突，会竭尽全力地避免对抗和不安。当看到有攻击性的行为时，他们往往会选择介入并试图调停，但是结果却常常适得其反。实际上，这种行为会奖励和鼓励叛逆的孩子变得更加固执己见。

父母如何处理这种"好心帮倒忙"的干扰？他们应该做好预估，一旦发生这种情况就要及时采取措施进行制止。让我们来看看一个叛逆的8岁孩子家庭中典型的一周，看看他们是如何做到这一点的。

特洛伊在家中的三个孩子中排行第二，性格最为叛逆。他的弟弟马克斯和姐姐格伦达，个性都很温和。马克斯和特洛伊共用一间卧室。

每天早晨上学前，孩子都要整理床铺。谁会定期整理特洛伊的床铺呢？马克斯。因为他讨厌每天听到父母警告特洛伊如果不收拾好床铺就不能离开时的那种念叨。马克斯很担心自己上学也会被连累得迟到。

等到上车时，谁能抢到妈妈旁边最舒适的前排座位呢？特洛伊。因为他的弟弟和姐姐都放弃和他争抢，因为一旦特洛伊和他们一起

第九章 应对你可能会遇到的抵制

坐到后排，他总会闹得他们不得安生。要知道，和特洛伊坐在后排一起上学，一点儿也不好玩。

当孩子从学校回家时，他们应该做一些家务，然后在玩之前先完成家庭作业。谁会在这时抱怨个没完并且逃避做家务呢？没错，还是特洛伊。趁他们的妈妈不注意，谁会为特洛伊做他应该做的家务活呢？格伦达。因为她讨厌听到特洛伊的抱怨，也不愿看到妈妈在特洛伊不干活时沮丧的表情。而当她的妈妈受够了特洛伊的调皮捣蛋时，又是谁会跳起来指责特洛伊呢？格伦达。

有时候，妈妈也会在格伦达提供帮助时告诉她，"那是特洛伊的任务，不是你的。他需要自己做"，或者"有一天你会成为一个了不起的母亲，格伦达，但训练特洛伊是我的任务"。不过，特洛伊对自己引发的这种戏剧，反倒乐在其中。

每周三放学后，因为他们的妈妈要去健身房，所以姥姥会过来帮忙照顾孩子。谁会不要求特洛伊做他的家务并容忍他的不尊重行为？姥姥。又是谁会在特洛伊对马克斯和格伦达进行骚扰时故意视而不见呢？还是姥姥。

特洛伊的妈妈料到周三他会做更多的试探，于是鼓励她的母亲不要让步，并在特洛伊行为不端时使用计时隔离的方法。但是她的母亲却为特洛伊找借口说："如果那样的话，他一直都会被计时隔离，我就一直见不到他了。"

"也许这正是他需要学习的东西，然而你却从不采取这些措施。"特洛伊的妈妈回应说。但是姥姥心肠软，她并不希望与外孙子女发生任何冲突。

听起来，这是不是很像你的家人？到现在，你能理解为什么顺从的家庭成员的救助和扶持会让父母的工作更具挑战性了吧？

来自其他家庭成员的抵制

当你的配偶愿意站在你这边的时候，其可以成为你的一个很好的支持者。反之，其就有可能成为抵制的来源。如果你的配偶并不十分情愿配合，你可能需要通过证明你的方法有效来赢得其的支持。角色示范是一种强有力的说服工具。给你的配偶一些时间，让其明白你的方法有效。

如果父母两人能够齐心协力的话，这最好不过。但如果你的家庭不是这样的话，请不要气馁。一个有办法的父亲或母亲总归要好过两个手足无措的父母。除了需要时间以外，你的另一半同样需要你给予鼓励和帮助。有时候，这个过程并不顺利。这就好像每向前迈出两步，你就需要向后退一步。但是不管如何，你都要坚持下去，这样你才能取得最终的进步。

有时其他家庭成员确实希望支持我们，但他们不知道如何改变自己的方法。芭芭拉就面临着这样的两难困境。

芭芭拉是一位单身妈妈。她有两个孩子，分别是 4 岁和 7 岁。她 4 岁的孩子实在是太难对付了。有时候，芭芭拉会需要她的母亲和前夫来帮她照顾一下子女。

一直以来，芭芭拉积累了太多的消极情绪，总感到疲惫不堪。多年来，她一直在给孩子讲理、解释、争论和谈判，但都没有成功。在参加我的一个研讨会时，芭芭拉受到启发，并决心做出改变。很快，芭芭拉就认识到她过分宽容的态度、冗长的家庭舞蹈，以及她的方法和她叛逆的4岁女儿非常不匹配。她迫不及待地想要重新开始。

在开始的一段时间内，芭芭拉阻止了她以前无法阻止的不良行为，她对此感觉非常好。然而，她没有想到的是她的母亲和前夫的影响。她的母亲每天在孩子放学后照顾他们，而前夫则会在每隔一周的周末带孩子。两个人对待孩子都很宽容，并且都不愿意做出改变。每次两人走后，她的孩子特别是4岁的那个，都会做出更多的试探行为。当芭芭拉意识到改变这一切可能比预期的时间还要长时，她很是气馁。

开始做出改变时，你可能会遇到来自其他家庭成员的影响。其中一些影响甚至会超出你的控制范围。像芭芭拉一样，你可能会感到气馁，但你要坚持下去。面对不支持你的人，你可以调整自己的情绪。尽管这些来自其他家庭成员的阻力会减慢你的速度，但是如果你坚持下去，他们就不会影响你的长期目标。相信这一点，你的坚持付出终将得到回报。

来自内心的抵制

然而，对我们大多数人而言，改变的最大障碍不是我们的亲属，更不是我们的孩子。在应对孩子抵制的时候，很多人很容易回到旧有的习惯中，并按照之前的方式处理问题。因此，在我们努力想要做出改变的时候，最大的阻力往往来自我们的内心。旧有的观念和习惯往往让人感觉熟悉。因此，改变起来有时候真的困难重重。

如果你过去一直很宽容，你就必须抑制自己想要通过谈话让孩子配合的冲动，尽管这些方法过去并不起作用。如果你过去一直很专制，那么你就必须抑制自己想要通过恐吓来强迫孩子配合的冲动，即使这在过去也不起作用。如果你曾经使用过混合式方法，你必须抑制自己在两个无效方式之间来回转换的冲动。

从新方法中获得的积极效果，会让你受到极大的鼓舞。如果你坚持到底，你会发现孩子越来越配合你。但这并不是一蹴而就的，你必须通过持续不断的努力来达到这一步。

何时需要专业帮助

只要采取相应的界限设定训练，并且这些抵制并不是特别严重的话，家长遇到的绝大多数阻力都是可以被克服的。但这并不总是一件容易的事情。如果你实施了本章中推荐的措施，但是六到八周后你的孩子仍然没有给予积极回应，你该怎么做？这时候你应该想想还有没有其他原因让你陷入困境。你可能需要合格的专业人员帮助你解决问题。

当家长因为孩子性格叛逆而向我寻求帮助时，通常我会对所发生事情的前因后果进行认真的了解和评估，然后再开始我的家庭咨询工作。我想要确定的首要问题是，如何进行界限设定，而不是其他问题。当然，在此之前，我也会考虑一些其他因素，诸如健康问题、学习或行为问题、情绪或关系问题，以及发育障碍和心理健康问题。这些问题的存在并不能阻止我们设定界限，但它们肯定会影响我们的进度或者使情况变得更加复杂。

你可能需要为你的孩子进行类似的评估。持有合法资质的儿童心

第九章　应对你可能会遇到的抵制

/ 247

理学家或教育心理学家可以帮助你收集必要的信息并确定必要的帮助措施。你可以向孩子的学校、儿科医生或你的家庭医生咨询建议。

发展支持系统

正如大多数父母一样，你可能会因为孩子的抵制而感到沮丧甚至失望。当孩子的抵制变得让你难以招架时，你可能需要获得额外的支持才能让事情走上正轨。

你需要什么样的支持？有可能是下面这两种支持中的一种或两种：

1. 对你所采取的新的界限设定的支持。
2. 对你在应对孩子抵制时的支持。

对界限设定的支持，意味着当你采取相应措施时，你需要和与孩子关系密切的成年人保持一致，比如孩子的老师、亲戚以及照料孩子的保姆等。你们之间的一致性越高，你和孩子的改变过程就会越顺利。对孩子来说，如果这些生命中重要的成年人在教育他们时理念一致，那他们自然就会学得更快。因此，很重要的一点是，家长要和与孩子生活关系密切的成年人，一起分享教育理念和教导方法。

马克父母就得到了幼儿园老师的大力支持，这种支持帮助马克在幼儿园取得了良好的开端。我第一次见到马克时他只有4岁，但因为对抗性和攻击性行为，他已经被两所幼儿园劝退了，因为没有一个幼儿园愿意照管他一整天。无奈之下，马克的父母只好又给他报了两个幼儿园，每个去半天。

马克父母迫切需要解决方案，因为他们的儿子秋季就要开始上学前班了。但考虑到马克的情况，他们甚至不敢想象马克能正常去学校。于是，我们开始研究马克的脾性、马克父母的教育方法，以及他们为了让马克合作而跳的愤怒式"家庭舞蹈"。

马克父母使用的是混合式方法。一开始，他们采取宽容的态度，不断地重复和提醒马克。一旦马克不服管教开始抵制，他们往往就会生气，冲他嚷嚷，甚至动手打他屁股。

我向他们展示了如何从一个明确的信息开始，如何用冷静来停止他们的愤怒式"家庭舞蹈"，以及如何使用逻辑后果和计时隔离而不是打屁股的方式来阻止马克的不当行为。我让他们记录一下马克每天被计时隔离的次数，这样我就可以掌握他每一天的进步情况。

此后，我们又尝试着通过提高家与学校之间的一致性来加速马克的学习进程。马克的父母跟马克的老师们分享了他们新的教导方法，而老师们也非常乐意合作，甚至还同意记录马克在学校里被计时隔离的次数，以便我们掌握其进步情况。

正如预料的那样，前几个星期马克进行了很多次的试探，然后他的行为开始出现明显的改善。在我们采取措施的四个月后，马克在学校的抵制和攻击性行为减少了70%，在家里甚至取得了更明显的进步。在随后的几个月里，他的行为继续改善。对于即将到来的学校生活，他的父母也开始变得轻松自在，不再有太大的压力了。

事实证明，马克的老师给予了马克的父母非常宝贵的帮助和支持。家庭和学校之间的一致性与马克的积极改变有很大的关系。也许你孩子的行为可能不像马克的那样乖张，你可能也不会像马克的父母一样忧心如焚，但是对家长来说，赢得那些和孩子关系密切的成年人的支持和帮助，会加速孩子自我改变的进程。

虽然这些支持会对家长起到巨大的帮助作用，但父母有时需要更多的支持——来自他们自己的支持，因为他们需要应对他们遇到的所有阻力。那么如何知道自己是否需要额外的支持呢？有以下因素需要考虑：

1. 你的配偶或其他家庭成员的支持程度
2. 你的动机水平和对改变做出的承诺
3. 叛逆的孩子对你的抵制程度
4. 你和孩子必须要跨越的过往经历
5. 你们陷入"家庭舞蹈"的原因

前两个因素可以归入支持的类别。后面三个属于抵制的类别。如果你得到的支持力度很大而阻力不大，那么你面临的是最佳的情况。你可能并不需要额外的个人支持，就能制止孩子的不端行为和抵制。如果你获得的支持力度很大但是阻力也很大，你很可能需要额外的个人支持来帮助你克服困难和挫折。如果你获得的支持力度很小但是阻力很大，你很可能会沮丧并放弃。那么，你自然需要更多的个人支持。

父母在哪里可以获得额外的支持？大多数社区都会提供多种支

持家长的资源，包括教会组织、学校、医院和社区精神卫生机构提供的支持小组、育儿讲习班和家庭咨询服务等。

根据所遭遇的抵制程度，你需要哪种程度的支持呢？如果你刚刚看完这本书，你可能还需要四到六周的时间才能回答这个问题。当你的孩子进行试探时，你也需要采用新的方法来观察孩子的反应。如果你发现你遭遇的抵制程度很高，别灰心丧气。你的目标完全可以实现，只不过你需要从他人那里获得更多的额外支持罢了。

本章总结

对我们所有人来说，抵制是孩子学习和行为改变过程中一个必经阶段。尽管我们对此会有心理准备，但叛逆孩子的抵制强度往往会超乎想象。当事情没有按照他们想要的方式进行时，他们会夸张地发出很大的抗议。但是不要被他们夸张的戏剧化表演和情绪化表现所误导。很多看上去似乎是全新的冲突和障碍，只不过是我们在第二章中探讨过的"界限试探"的扩展罢了。孩子那些基本的试探并没有改变。他们仍然想知道：什么是可以的？什么是不可以的？究竟谁说了算？我能有多过分？当我太过分的时候会发生什么？要知道，孩子的目标是让你感到疲惫不堪，并且最终屈服。

抵制来自多种渠道，除了你叛逆的孩子，有时也会来自其他方面。在本章中，你学习了如何识别各种形式的抵制，这样，当它们再发生时你就不会感到意外。你学习了如何做出回应而不是反应，如何应对以及避免陷入"家庭舞蹈"。你也学习了如何面对由冲突而导致的伤害,如何抛掉由此积累的心理包袱。在了解了如何应对抵制之后,在接下来的一章里家长可以准备学习激励孩子合作的新方法了。

第十章
激励叛逆的孩子

界限只是明确了那条我们想要孩子选择的路，但是界限本身并不能激励叛逆的孩子朝着我们期待的方向前进。合作仍然是一种自愿的行为。为了鼓励孩子顺从，我们还可以做些什么呢？

本章将告诉你如何把握界限的范围，同时通过鼓励来激发孩子的合作。不要羞辱，不要责怪，也不要用使其感到难堪的方式逼迫孩子合作，更不要用贿赂或提供特殊奖励的方式，来让孩子做他们本来就应该做的事。实际上，激励这种方法便捷有效，容易使用，与惩罚或者强迫相比，它是一种全新的方式。

激励和界限设定

假设你的面前有两条不同的路。在一条路上，你的上司总想抓住你做事情做得不好的时候，并且为了让你朝着他所想的方向前进，不断地对你进行批评、羞辱、责怪，甚至强迫。而在另一条路上，你的上司总想发现你做事情做得好的时候，并不时地对你进行表扬、鼓励以及指导。你愿意选择哪一条路？

这个问题阐明了一个基本事实，适用于我们所有的人，包括孩子在内，那就是在我们前进的路上，我们看到的积极因素越多，就越有可能朝着那个方向前进。要知道，充满积极因素的道路总是更有吸引力的。

谈到激励孩子，大多数家长采用的方式有两种。一种是积极的方式，家长给予孩子大量的表扬和鼓励，从而激发他们做出令人满意的行为。另一种是消极的方式，家长不断地羞辱、责怪甚至强迫孩子配合。除了这两种之外，尽管也有其他的方式，但并不多。

一方面，家长采取的方式和他们设定的界限类型有很大的关系。那些不太擅长设定界限的家长，通常会遭到很多的试探和抵制。他们往往会感到疲惫不堪、生气，而且失望。到最后，他们常常会说一些让人很受打击的话。更糟的是，家长总是认为问题在于孩子的不配合，而不在于他们自己的说话方式。要知道，消极的信息和无效的界限往往密切相关。

另一方面，采用坚定界限的家长虽然期望和要求孩子合作，但他们知道，只有态度充分尊重，孩子才最有可能选择合作。积极的信息会促使孩子配合，因为，积极的信息和坚定的界限常常携手相伴。

积极的信息和消极的信息对孩子的行为有着不同的影响。一种激发合作，一种引发抵制。如果我们的目标是激发孩子的合作，那么消极的信息，可以说是最不可能实现目标的路径之一。

消极的信息引发抵制

9岁的兰迪喜欢捉弄妹妹萨拉,而她的反应也正是兰迪想要的结果。萨拉对着隔壁妈妈的房间尖叫起来,因为她知道妈妈肯定明白发生了什么事。

"兰迪,我希望你不要再捉弄妹妹了,"他母亲说,"你知道我不喜欢那样。"可是兰迪仍然我行我素,继续捉弄妹妹。

他的妹妹又发出一声尖叫。兰迪的母亲一脸不高兴地进到房间里,忍不住对着兰迪就是一通训斥。

"你很喜欢让别人难受是吗?"她问,"你已经把萨拉惹哭了,难道你没有看见她挂在脸上的泪水吗?你早已经不是3岁的小孩子

了，你难道就不能像个大孩子一样，对你的妹妹尽量好一点儿，哪怕是一会儿也好啊？"

"你也总喜欢这样冲我发火不是吗？"兰迪反唇相讥。接着，双方你一句我一句，开始跳起了家庭舞蹈。

"我受够你了！"他的母亲吼道，"我对你的这些废话厌恶至极！"她递给他一支铅笔和一张信纸，罚他抄写一百遍"我不再顶撞妈妈"，但是兰迪仍然毫不示弱。

"我要是不愿意的话，你就管不了我。"他反击道。

"如果你不抄写的话，那你这个星期就不能玩，也不能看电视！"她威胁说。

"那又怎么样！我才不在乎呢。"兰迪不服气地回应说。当他母亲离开房间时，兰迪气呼呼地抱着胳臂坐着。

这个例子中，兰迪的母亲一开始并没有打算要挑起争端。她本想制止孩子的胡闹并且让他合作的，可是她却采用了最不可能实现这个目标的方法。让我们看一下，当兰迪的母亲试图激励儿子合作时，她是如何说的。

一开始，她语气平和地请求他配合。尽管孩子的反应在她预料之中——进一步的试探，但她还是变得很生气。接下来，她又说了一通孩子的坏话，想羞辱他一番，以图让他合作。但是她并不知道，自己过于关注孩子的价值和能力，而不是孩子的行为本身。这样，她所有的信息实际上是在说："你很笨，我并不期望你能合作。"在这种情况下，孩子当然不会合作。

如果有人对你说这些话，你会做何反应？你会合作吗？如果你一向都很顺从的话，你可能会。但是假如你性格很叛逆，你很可能会心怀戒备，抵制一切，并且想着法子做出反击。兰迪的反应正是如此。

消极的信息让人感觉很糟糕。它们会让人受到伤害，感觉难堪，感到被贬低和排斥。并且，消极的信息更多的时候被视为一种人身攻击，而不是一种试图制止不良行为的努力。家长关注的重点发生了偏差，自然会导致事与愿违，引来孩子的反击。

与此同时，我们也不能忽视她的消极信息中暗含的另一种更加微妙的信息。要知道，言传不如身教。我们采用的教育方法会让孩子在沟通和解决问题时如法炮制。可以说，兰迪的母亲通过自己的言行，给他树立了很不好的榜样：为了让别人合作，可以出口伤人。实际上，她教给孩子的恰恰是她想要制止的。但遗憾的是，她自己并没有意识到这一点。

消极信息的一些例子

消极的信息有很多种形式。有一些比较微妙，常常通过我们做事的方法传递出来。还有一些比较明确直接，比如在上个例子中兰迪的母亲所采用的。所有消极的信息都会传递出如下的信号：不够信任孩子的能力，不相信他们可以做出好的选择，不相信他们会合作。并且，消极的信息几乎都包含着羞辱、责怪和排斥等潜台词。让我们来检查一下下面这些话语中的潜台词：

你就不能偶尔配合一下吗？

潜台词是："我不相信你能配合。"结果实际上是在孤立、责怪、贬低和羞辱孩子。

真不错！看来你还是有头脑的，能做出一个好的选择的！

潜台词是："我对你做出好的选择并没有多少信心。"结果实际上仍是在孤立、责怪、贬低和羞辱孩子。

难道非要我说很多次你才会好好说话吗？

潜台词是："我并没有期望你能对我很尊重。"结果实际上是在孤立、责怪、贬低和羞辱孩子。

这就是你所能做的最好程度吗？

潜台词是："你能力平平，我并不期望你能达到我的要求。"结果实际上是在孤立、责怪、贬低和羞辱孩子。

我不相信你真的照我说的做出了改变。

潜台词是："我并不期待你能配合。"结果实际上是在孤立、责怪、贬低和羞辱孩子。

再做一次试试。我谅你也不敢！

潜台词是："继续胡闹吧，我要让你看看究竟谁说了算。"结果实际上是在挑衅、激怒、孤立、责怪以及羞辱孩子。

我就知道我不能指望你！

潜台词是："你根本不值得信任。我对你的能力没有信心。"结果实际上是在孤立、责怪、贬低和羞辱孩子。

积极的信息激发合作

6岁的雅各布走进厨房的时候，他4岁的妹妹不小心碰到了他。他反过来推了妹妹一把，使妹妹摔在了地上。

这一幕正好被他母亲看见。"雅各布,即便你想让别人给你让路,你也不可以推人。"她就事论事地说道。

"是她先撞到我的。"雅各布回应说。

"当别人挡了你的路时,你应该怎么做?"他的母亲问道。

雅各布只是面无表情地盯着她。"我不知道。"他回答说。

"你应该说'请让一让',然后等他们给你让路。"她说。

"有时候他们根本不让。"雅各布说。

"没错,"她说,"这时候,你就应该找一个大人帮你。你有两种选择可以使用。下一次你打算怎样做呢?"

"我会说'请让一让',然后等他们让开,"雅各布说,"如果他们不让的话,我会向你寻求帮助的。"

"太好了!"她说,"我就相信你能处理好的。好了,现在你应该对你妹妹说点儿什么呢?"

"对不起，克丽丝蒂。"雅各布说。

"谢谢你，雅各布。"他的母亲说。带着感激的微笑，她给了他一个拥抱。

雅各布的母亲使用了积极的方式去激励她的儿子合作。但是，她之所以成功，主要在于她采用了正确的处理方式。从一开始，她就给出了一个坚定的界限信息。孩子既没有受到责怪，也没有受到孤立。通过简短的几句话，她营造了一个解决问题的良好氛围。可以说，她说的那些鼓舞人的话语，充分激发了孩子合作的欲望。

自始至终，她一直关注的是怎样做才是正确的选择，而不是雅各布的能力和品行。为了让他做出令人满意的选择，她提供了他需要的信息和技能，同时还表达了对他能力的信任，相信他下一次能处理好这种情况。她传递出的信息积极而且鼓舞人心："你很有能力，我对你充满信心。我期待你能合作。"在这种情况下，他当然会合作的。

如果有人对你说这样的话，你会有何感想呢？你会很乐意配合吗？雅各布会，大多数孩子也都会的。**积极的信息让人感觉舒服，并且能激励我们合作。它们能满足我们的归属感，肯定我们的能力和自我价值，同时也给我们信心去解决那些有挑战性的问题。**

使用积极信息的几点原则

知道鼓励什么，是有效使用积极信息的关键。我们的信息应该强调基本的教导目标：更好的选择、更好的行为、合作以及独立。所有这些都会使孩子更加具有责任心。请看以下内容。

鼓励更好的选择

有时候孩子之所以胡闹，是因为在处理问题时，他们并没有意识到有其他更好的选择。在帮助孩子寻找对策并做出较好的选择方面，家长是非常理想的人选。

8岁的科尔跑到屋子里时，非常难过。

"出什么事了？"他父亲问道。

"尼尔和我在玩单高跷，可是尼尔不停地取笑我。一开始他说我的发型太难看，接着又说我是整个社区里玩单高跷玩得最差的。可是当我赢了他的时候，他又说我运气好。后来，每当我得一分时他就叫我毛毛球。我都快气疯了。"

"那你怎么做的呢？"他的父亲问道。

"我骂他蠢蛋，并且往他身上扔了泥块，"科尔回答说，"我没想打他，我只想吓唬吓唬他。他跑回家告诉他妈妈了。"

"为什么你觉得尼尔在取笑你呢？"他父亲问。

"因为他喜欢看到我不开心。"科尔回答。

"不过，看起来他成功了，你真的很不开心，"他的父亲说，"当尼尔下一次取笑你时，你会用怎样不同的方式处理呢？"

"我会尽可能置之不理的，"科尔说，"但是他也可能不会停下的。"

"你做得对，"他父亲说，"但是他可能不会停下。如果他没完没了的话，你还会怎样做呢？"

"我会告诉他，如果他继续取笑我的话，我就不再和他一起玩了。"科尔回答。

"你这两个选择都很不错，"他父亲说，"下一次这两个选择都会管用的。不过，刚才你骂了尼尔并扔泥块，你是不是应该给他道个歉呢？"

"我想是的。"科尔有些不情愿地说。

"我觉得那样做会很好。"他父亲说。听了这话，科尔很受鼓舞。他意识到他有很多选择，并且也准备好当下一次遇到问题时，他会做出更好的选择。

鼓励更好的行为

做出令人满意的选择是重要的第一步，但我们更大的教导目标是鼓励孩子真的说到做到。在下面这个例子中，彭妮的妈妈用事实向我们展示了她是如何做到这一点的。

7岁的彭妮被邀请去伙伴的家里游泳。她急匆匆地跑回家告诉妈妈。当她冲进家门时，她妈妈正在和邻居谈话。彭妮知道不应该贸然打断她们的谈话，可因为太激动，她还是没有忍住。

"妈妈，"彭妮兴奋地说，"我能去葆拉家游泳吗？"从她妈妈的脸上可以看出来，她对彭妮打断她们的谈话很不高兴。

"彭妮，当你想跟我说话而我又正在和别人谈话时，你应该怎么做？"她问道。

"等你们把话说完，并且要说'请原谅'。"彭妮回答说。

"对了，"她妈妈说，"现在，回去重新来过。"

彭妮走到门外重新进来。她走到妈妈旁边，耐心地等着她们说完。"彭妮，你有什么事吗？"她妈妈问道。

"我可以去葆拉家游泳吗？"彭妮问道，"她妈妈说会照看我们的。"

"没问题，"她的妈妈说，"并且谢谢你采用正确的方式。"说完，她给了彭妮一个感激的微笑。

通过这样一种积极的方式，彭妮接受了妈妈传递给她的信息。即便是她没有记住，她的妈妈也会采用同样尊重的方式重复这样的训练。可以说，积极的方式会确定无疑地实现我们想要的目标。

鼓励合作

任何时候，只要孩子帮忙、合作或者做出贡献，家长就应该抓住机会对他们的友善进行鼓励。我们的鼓励会增加孩子继续合作的可能性。

当6岁的梅尔和2岁的妹妹正吃早餐的时候，电话铃响了。没等到请求，梅尔就主动地帮助照看妹妹，好让他母亲能抽身去接电话。她对他的帮助很是感激。

"谢谢你帮助萨拉，我很感激你那样做。我都等不及想要告诉你爸爸，你今天表现得有多棒啦！"说着，她带着感激的微笑给了他一个拥抱。梅尔的脸上露出了自豪的笑容。看到自己的贡献得到了认可，那种感觉真的很好。当他母亲下一次需要接电话的时候，毫无疑问，梅尔还会积极帮忙的。

在合适的时机给予孩子一两句鼓励的话，往往会起到很大的作用。下面就是孩子喜欢听到的一些充满鼓励的话语：

"我觉得你那样做真好！"
"你的房间今天看起来棒极了。"
"你的帮助真的作用很大！"
"干得漂亮！"
"我就知道我可以指望你。"
"我都等不及要告诉你爸爸，你做了件多么了不起的事！"

鼓励独立

让孩子学会自己解决有挑战性的任务和难题，是我们作为家长最重要的任务之一。要做到这一点，我们就要教授孩子技能，并且尽可能地减少干预，好让孩子有机会锻炼自己。在这个过程中，鼓励显得尤为重要。它给孩子提供了勇气和支持，使他们敢于冒险和独立行动。4 岁的李，就是一个很好的例子。

坐在餐桌边吃早饭的时候，李想从罐子里往自己的杯子里倒一些果汁。但在那样做之前，他先看了父亲一眼。

"倒吧，李。"他父亲充满鼓励地说道。

李双手举起罐子，小心翼翼地对着杯子倒。但是罐子太大了，挡住了他的视线。结果，他把果汁倒洒到桌子上了。李有些沮丧地放下了罐子。可是他的父亲却鼓励他再试一次。

"差一点儿就成功了，"他父亲说，"再试一次，但是这次先把杯子往一边挪一下，这样你就可以看清楚了。"他父亲把杯子移了移，然后把罐子递给李。

李迟疑地看了一眼，还是举起了罐子，对准之后往下倒。

"干得漂亮，李！"他父亲说道，"我就知道你能做到。"

李笑了，一脸的自豪。他现在对自己信心十足，觉得自己完全可以独立做到了。父亲的鼓励和支持给了李很大的信心，使他可以掌握这项很有挑战性的技能。

本章总结

想要获得良好的教育效果，与其发现孩子做得不好的地方并指出他们的失败，不如发现孩子做得好的地方并鼓励他们取得成功。在这一章中，我们研究了两种对比鲜明的激励孩子合作的方式。对叛逆的孩子来说，消极的方式经常伴随着模糊的界限，因此家长往往事与愿违，成少败多。它们会引发孩子的抵制而不是合作，并且会妨碍我们原本要鼓励的行为。

积极的鼓励方式对激发孩子的合作非常有效，尤其是在它们同坚定的界限一起使用的时候。积极的、充满鼓励的信息让人感觉良好。它们满足了孩子的归属感，肯定了他们的能力和自我价值，并且激发他们去独自处理有挑战性的任务和问题。在合适的时机，给孩子一个充满鼓励的信息，会让结果大为不同（见表7）。

知道鼓励什么，是有效使用鼓励的关键。并且，当鼓励性的信息关注于更好的选择、更好的行为、合作以及独立时，它们就会发挥出最好的作用。

>>> 表7

···积极和消极的激励方式之间的对比···

积极的信息	消极的信息
激发合作	引发抵制、反击
激励和授权	挫败和侮辱
表达出尊重、信任和支持	贬低、责怪和排斥
创造合作性的关系	创造敌对性的关系
满足归属感、肯定能力和自我价值的需要	被看作是个人攻击
关注孩子的选择和行为	关注孩子的价值和能力

第十一章

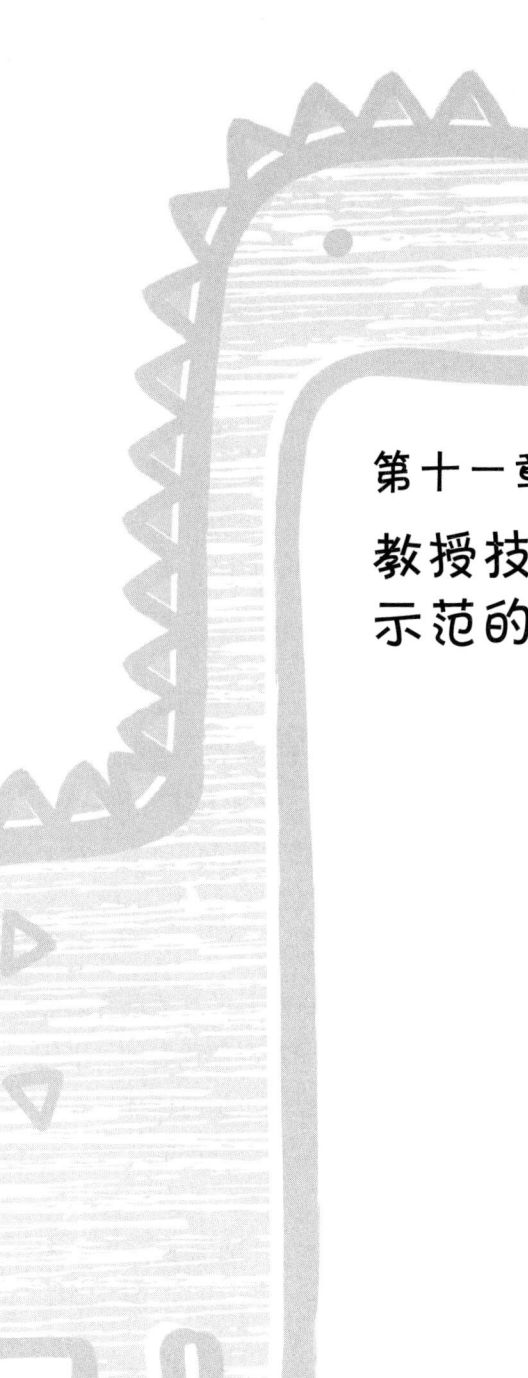

教授技能：
示范的效果最好

对孩子那些预料之中的重复的不良行为，每个星期你会花费多长时间去纠正他们？我所说的时间包含了去商场购物、当电话或者门铃响起、在公共场合就餐、到别人家拜访、在便利店等待结账、在家里吃饭、早上上学之前以及下午放学之后等所有的时刻。对大多数叛逆的孩子和他们的家长来说，这些都是最容易发生摩擦的时刻。

　　当然，在每一种情况下，你都可以采用自然后果或逻辑后果来制止不良行为。但是后果本身并不能教会孩子需要的技能，并让他们做出更加适当的行为。如果你想摆脱这些没完没了的训练，你就需要采取下一步的指导措施。也就是说，你需要教会孩子适当的社交技能，好让他们行为得当。

　　本章将会告诉你如何做到这一点。你会学到一些简单却非常有效的措施。然后，你还会学到如何应用这些措施，来解决你经常遇到的那些问题。通过有效的技能训练，你完全可以摆脱掉那些令人厌倦的试探。

第十一章　教授技能：示范的效果最好

只提供信息是不够的

家长经常以为，告诉孩子如何应对有挑战性的情况，就等于教会他们技能了。对很多孩子而言，事实并非如此。在教育的过程中，提供信息只是重要的第一步。但是信息本身并不足以帮助孩子掌握新的或者不熟悉的技能。他们需要家长示范如何去做，并且通常需要一些锻炼和额外的指导，才能完全掌握我们想要教授的技能。

关于这一点，我的体会来自一个很奇怪的咨询对象。

当6岁的凯莉和她母亲来找我做咨询的时候，两个人的关系闹得很僵。每天早上上学时，凯莉的母亲都会给她带上一盒自己精心准备的午餐。除了一大份三明治外，还有水果卷、盒装饮料、薯条，以及精美的小甜点。可是很不幸的是，凯莉饭盒里的好东西每一次都落到了别的孩子手里。凯莉回到家时，常常流着眼泪。

"我不明白为什么，"她母亲很沮丧地说，"她知道该怎么做。我已经告诉过她很多次了，如果有大孩子来要她的东西，她就要坚决地说'不'。可她还是日复一日地把东西给了别人。就连她的老师也说，要是凯莉自己选择把东西给别人的话，她也毫无办法。"

对她母亲的话，我心怀疑虑。凯莉很可能确实知道该怎么做，但我还是想亲自跟凯莉核实一下。

"凯莉，当别的孩子要你的午餐时，你应该怎么做呢？"我问。她像鹦鹉学舌似的重复了她母亲告诉她的话。

她母亲说得没错，凯莉的智力没有问题，她明白她应该做什么。但是知道做什么和实际做什么是完全不同的事情。很可能的是，她母亲对她的技能训练并不完整。我继续寻根问底。

"对大孩子说'不'，有时候是很难的。"我说。

凯莉很是认同地点点头。"我很害怕。"她说。

"让我们来练习一下如何对大孩子说'不'，"我建议说，"这样你就可能学会放轻松一点儿。"我想让凯莉去看、去听、去感觉以及体验一下说"不"到底是什么样的。

我把训练分成几个小的步骤，然后要求她母亲假装自己是大孩子中的一个。而我则假装是凯莉本人，并且拿了一本书当作午饭的餐盒。当她母亲走近我要来拿我的薯条时，我说："不，这是我的。对不起，我并不想给你。"我们这样练习了好几次。每一次我都尽量以不同的方式说"不"。

之后，她母亲和我互换了一下角色。我变成了大孩子，而她母亲则变成了凯莉。在我试图拿走她的餐盒时，她母亲也尝试以多种方式说"不"，并且紧紧地护住自己的餐盒。

"现在，该你来练习了，凯莉，"我说，"让我来扮作大孩子，而你要护住餐盒。"我鼓励她大声地说"不"，但她说的声音总是非常轻微。虽然她从不敢抬头看我，但是在练习中她确实说了"不"，并且也确实护住了手中的书。

"你的'不'说得很清楚，"我说，"那样说很管用。让我们再试一次。"

我们重复训练了很多次。每一次，我都鼓励她以一种不同的方式说"不"，从而帮她找到让她感觉最放松的一种。她比较喜欢简单

第十一章 教授技能：示范的效果最好

的两个词的方式，"不，对不起"。同时她也发现当她那样说时，不看我会感觉最轻松。她正在恢复信心。

"准备好在学校这样做了吗？"我问。

"我想是的。"凯莉说道。

我告诉凯莉的母亲，在凯莉每天上学之前，按照这种方法再多训练几次，同时要多说一些鼓励的话。我们约定在那一周的晚些时候再进行一次反馈谈话。

"效果怎么样？"到了情况反馈的那一天，我问道。从凯莉脸上自豪的表情来看，毫无疑问，她对自己的成功感觉很不错。

"真不错，"她妈妈说，"这种练习真的很有用。这一个星期，她的午饭都在自己手里。"

"祝贺你！"我说。我相信凯莉已经掌握了一个重要的技能。并且，在遇到类似情况的时候，她同样可以使用这种技能。

凯莉是一个顺从的孩子，她内心潜在的愿望是乐于合作的。她的成功来得很快，也很顺利。叛逆的孩子通常需要更多的时间掌握新的技能，并且他们学习的过程并不顺利。为什么？因为对叛逆的孩子来说，他们学习社交技能的方式和学习我们规则的方式是一样的——艰难的方式。

当你给叛逆的孩子教授技能时，一开始他们可能会做很多错误的选择而不是好的选择。不要泄气，这很正常。叛逆的孩子只有多次体验他们错误选择的后果，才能相信合作才是最好的选择。对他们来说，学习的过程不会一帆风顺，但最后的结果都是一样的。

所有的孩子都需要我们的帮助，如帮助他们探索选择；把技能分阶段、分步骤地教授给孩子;通过角色示范来矫正行为;给孩子提供"再试一次"的机会。当然,最重要的是,我们要善于发现孩子做得好的时刻,并及时认可他们。如果你能遵循这些简单的步骤,并且允许孩子收集其需要的信息,就肯定会获得你想要的结果。下面,让我们再仔细地看一下技能训练过程的具体步骤。

探寻选择:帮助孩子区分好坏

孩子有时候行为过激,只是因为他们不知道有其他更好的选择,来帮助他们解决问题或者做出令人满意的行为。5岁的康妮就是一个例子。

有一天,当她坐在厨房的桌子旁边画画时,在一旁看的弟弟汤米忍不住想插手。

每次当她放下画笔时,汤米就会抓起来在自己的纸上胡乱描画一通。这让康妮的绘画进展得很缓慢。康妮渐渐变得有些生气。当汤米又一次抓起她的画笔时,她动手打了他并把画笔夺了过来。汤米尖叫着哭了起来。听到声音,他们的母亲过来干预。

"她打我,还抢了我的画笔。"汤米哭哭啼啼地说道。

"他拿了我所有的画笔。"康妮说。

"即便你是要拿回自己的画笔也不能打人。"她母亲平静地说。然后,她母亲把康妮送回自己的房间里,计时隔离五分钟。

要让康妮有一个新的开始,就必须教给她新的技能。计时隔离之后，康妮的母亲试探着帮她寻找除了打人之外的其他选择，好让康妮学会用不同的方式处理问题。

"当你的弟弟想用你的东西时，除了打人你能不能想到其他解决问题的办法呢？"她问。康妮面无表情地盯着她看，因为动手打人并夺走画笔是她能想到的唯一选择。除此之外，她并不知道其他办法。这时候，她的母亲给她讲了一些更好的选择。

"你可以态度温和地请他不要用你想用的画笔，"她母亲说，"那是一种很好的选择。你还可以把你不想用的画笔给他用，那也是一种很好的选择。如果汤米仍然不合作的话，你还可以向我求助。总之，你有三种很好的选择，但是如果你动手打人的话，你就得接受计时隔离。想一想，下一次你会怎么做呢？"

"我会把我不想用的画笔给他用，"康妮说，"并且我会好好地对他说的。"

"做得对！"她母亲说，"现在，去把画笔给汤米吧，这样你就可以完成自己的画了。"康妮回到桌子跟前，把她托盘里的一半画笔都给了汤米。

"干得漂亮！"她母亲带着感激的微笑说道。

正如这个例子所表明的那样，在技能训练过程中，探寻可采取的行动选择是重要的第一步。它帮助孩子意识到他们可以有很多种选择，还帮助他们从中区分好坏，并且为随后采取行动打下基础。

从发展的角度看，探寻选择对大一些的孩子或者十几岁的孩子来说效果最好。因为他们的智力水平足以让他们对问题进行假设性和前瞻性的思考。对小一点儿的孩子来说，尽管这种方法效果也不错，但家长往往需要提供大部分选择。你可以在应用完后果之后使用这个训练步骤，也可以提前教授孩子解决问题的技能，以避免发生不良行为。对此，家长可以采取如下步骤：

1. 以提问的方式，同孩子一起探寻其他可供采用的选择，来解决问题或应对特殊的情况。
2. 回顾错误的选择和不愿合作而导致的后果。
3. 鼓励你的孩子从更好的选择里面找一个去实施。

6岁的蒂姆哭着回到家，因为他的一个朋友骂了他。他的母亲安慰了他几句，然后和他一起探寻应对此类情况的其他选择。

"如果他再这样做的话，你能不能想想别的办法？"蒂姆的母亲问。

"我可以告诉他妈妈，让她教训他。"蒂姆说。

"那是一种做法，但是那样做可能会让他难受，并且他很可能会找到别的办法报复你。还有其他你能做的吗？"她问。

"我不知道。"蒂姆说。看上去他有些困惑。

"你可以试着不理他，看看是不是管用，"他母亲说，"或者也可以告诉他，如果他还骂你的话，你当天就不会再和他玩了。要是他还那样，你就回家。"蒂姆很喜欢这个建议。"下一次你打算怎么做？"他的母亲问道。

"首先我会尽量不理他，"蒂姆说，"如果他还那样的话，我就回家。"

"不错，"他母亲说，"让我们练习一下这个技能。"说完这些，他们排练了好几次，一直到蒂姆感觉很放松为止。

"干得好！"她说，"我觉得他会明白的。"

另外一个例子。10岁的安伯因为打了弟弟而接受计时隔离。隔离完之后，她的父亲专门抽出时间帮助安伯探寻选择，好让她下一次能用不同的方法解决问题。

"你因为史蒂维取笑你而打他，结果只能是让你接受计时隔离，"她父亲开始说道，"下一次，你会不会用另外一种方式处理呢？"

"我想我可以要求他别那样做，"安伯说，"但是他从来就不会听我的。我可以试着不理他，但是他那样做确实会让我很生气。"

"的确，装作不在乎有时候很难，"她父亲表示认同，"但是如果你能做到的话，确实会管用的。如果他在你要求之后仍然取笑你，你也可以向我寻求帮助。如果他不改的话，那么他就应该接受计时隔离。实际上，你有不少很好的选择。下一次你会怎么做呢？"

"我会让他停下。如果他不停下的话，我会寻求你或者妈妈的帮助。"安伯说。

"计划不错，"她父亲说，"我知道史蒂维会给你很多机会练习的。"

把技能分阶段、分步骤地教授给孩子

教授孩子技能最主要的一点就是，要让每一个技能都变得容易理解。这就需要把技能分解成适合教授的几部分，一部分一部分地进行教授。如果家长不注意这一点的话,他们就会像肖恩的家长一样,遭遇很多问题。

8岁的肖恩,有一个很不好的习惯,那就是爱打断别人说话。小时候,家长以为那是一个必经的阶段,以后就会好的。可事实上并没有,情况反而变得越来越糟,连学校的老师也开始对此有所抱怨。于是,肖恩的家长决定采取一些措施。

开始的时候,当肖恩每次打断别人时,他们就埋怨和批评他,但不管用。后来,他们告诉他,如果想引起别人的注意,就要使用"对不起"。但是那样做也没有起到多大作用。尽管肖恩每次也那样说,但是却从不考虑是否该打断别人。

直到肖恩三年级的老师推荐了一本书后,情况才有所改观。这本书的内容是探讨给叛逆的孩子设定界限的。当他的家长读到这本书之后,才意识到他们在技能训练的过程中遗漏了一项重要的步骤。他们想了一个新的计划,然后把肖恩叫到客厅。

"肖恩,我们想让你学会怎样才能不打断别人,"他的父亲说,"下面是我们想要你遵循的几个步骤。当你想引起别人的注意,可是他们却在谈话或者忙着干其他的事情时,你应该安静地走过去用眼神示意他们。接着,你应该等到谈话间隙时说一次'对不起',然后等着别人回应。当他们看你的时候,你就可以说话了。明白了吗?"

肖恩点了点头。

"很好,"他的父亲说,"那么,从现在开始,你就可以借机会练习了。如果你忘记了我刚说的,打断了别人的谈话,我们会让你回去重试的。如果你是有意打断我们的话,我们就会让你回屋子里接受计时隔离。明白吗？"

肖恩再次点了点头。

那天晚上，肖恩得到了第一次练习新技能的机会。他跑进房间时，因为很激动，又一次打断了家长的谈话。没等肖恩说完话，他的父亲就制止了他。

"当你想让我们注意你时，你应该怎样做呢？"他父亲问道。

肖恩突然想起来了。

"现在回去重来。"他父亲说。

肖恩离开房间，很快又重新回来了。走到仍在谈话的家长旁边时，他先是同父亲交换了一下眼神，然后一直等着，直到谈话出现停顿。"对不起。"肖恩说。他的父亲看着他笑了。

"谢谢你，你想告诉我们什么呢，肖恩？"他父亲说。

在随后的几个月里，肖恩和他的家长重复了很多次这样的训练。当然，事情并不是很顺利。有时候当他们制止他打扰时，肖恩会很生气并且变得很不礼貌，以至于他们需要经常执行计时隔离。几个星期后，肖恩成功的次数已经超过了失败的次数。可以说，在掌握这项重要的新技能上，他的进展还算不错。

通过角色示范来矫正行为

有时候，对我们想要孩子学会的技能，孩子需要去看、去听、去感受甚至体验之后，才能掌握它们。通过角色扮演示范正确的行为是一种简单有效的教授技巧,尤其适合年龄较小的孩子和采用"艰难方式"的学习者。这个方法很具体,简单易用,并且应用广泛。没有不良行为时,它可以用来教授解决问题的技巧;有不良行为时,它可以用来教授令人满意的矫正行为。

如果你关注的教授技能不涉及不良行为的话,那你可以采用以下步骤:

1. 角色示范你想让孩子采用的矫正行为。
2. 鼓励孩子在采用矫正行为时"再试一次"。
3. 一旦发现孩子做得很对,就要及时认可孩子的成功。

尽管贝姬只有3岁半,可是她明显有些早熟。她总认为自己完全可以独自接听电话了。有一天,当她妈妈在卫生间的时候,电话响了。贝姬决定自己去接听电话。

"嗨,我是贝姬,"她欣喜地说道,"我就快4岁了。我妈妈正在卫生间。有时候她要很长时间呢。我会告诉她有电话的。"说完,她跑到卫生间门口。

"妈妈!"贝姬激动地大喊,"有人打电话了,我说你正在卫生间里。"听到这儿,贝姬的母亲意识到这是给她女儿教授技能的好机会。

当她接完电话之后,贝姬的母亲角色示范了一下应答电话的正确方法。"让我们来练习一下,"她母亲说,"当电话响时,你应该说'你好,这里是米勒家'。现在,你来试一下。"她按了一下电话铃声,做了个手势让贝姬去接听。

"你好，这里是米勒家。"贝姬说。

"真棒！"她母亲说，"让我们再试一次。"

她们又重复练习了几次。每一次，贝姬都做得很好。"我觉得你准备好了，"她的母亲宣布，"下一次电话响时，如果我不在旁边的话，你就可以接了。我相信你会做得很好的。"

现在，让我们看一下第二种运用这种技巧的情况。如果你关注的教授技能不涉及不良行为的话，你可以采取如下步骤：

1. 给出一个坚定的界限信息。
2. 角色示范矫正的行为。
3. 鼓励孩子在采用矫正行为时"再试一次"。
4. 善于发现孩子做得好的时候，并及时认可他们的成功。

6岁的科尔比在门厅里推了妹妹一把，因为她挡住了他的路。他的父亲看见了这一幕。"即使别人挡了路，我们也不能推人。"说完，科尔比的父亲对他实施了计时隔离。

计时隔离之后，他父亲帮助他探寻了其他请求别人让路的办法，而不是去推人。然后，父亲亲自示范了处理这种情况的正确方法。"当别人挡了我们的路，我们就说'对不起'，或者'请让让'。"说完之后，他父亲重新设定了当时的情景，并要求他再试一次。

科尔比走到妹妹身旁说道："对不起，克里斯蒂娜。我想过去。"

"谢谢，科尔比，"他父亲说，带着感激的微笑，"你做得真棒！"

几天之后，一家人一起出门去教堂时，科尔比的父亲发现他已经能自发地使用新的技能了。父亲对他点点头,微笑地看着他说:"做得真棒!"

再试一次

学习新技能需要练习。"再试一次",是一种简单具体而且非常有效的教授方法,可以让孩子练习掌握我们要教授的新技能。这个方法操作起来比较容易。在出现小的不良行为之后,如果需要的话,首先通过角色示范矫正的行为,然后鼓励孩子采用正确的行为"再试一次"。只要给孩子提供机会,他们一定可以做出更好的选择。如果你的孩子选择了抵制,那你可以转而采取提供有限选择的办法,或者使用逻辑后果来进行应对。

10岁的特尔跑进房间时大喊大叫,还大笑个不停。他的弟弟很小,还是一个婴儿,正在隔壁的房间睡觉。听到声音后,他的母亲赶来干预。

"特尔,当弟弟睡觉时你可不能这样,"她说,"你应该小点儿声。现在请回到外面,用正确的方式重新进来。"

特尔走出去,安静地重新进到屋子里。

"谢谢你,亲爱的,"他母亲说,"我很感激。"每一次当特尔知道该怎么做时,她都会这样说。

詹娜,今年12岁了。她的父亲坚持要她先做完家务再出去和朋友们玩，詹娜对此感到很不耐烦。好不容易完成任务后，她跑过去问她爸爸。

"你的小奴隶现在可以出去玩了吗？"她以一种不太尊重的语气说道。

"你用那样的语气跟我说话，就不行，"她父亲回答，"你应该怎么说呢？再试一次。"詹娜摇着头，翻着白眼，不耐烦地看着她的父亲。

"你是不是需要一点儿时间独自想想？"她父亲说道。他想，如果有必要，就采取计时隔离。听到他这样说，詹娜意识到自己的抵触会让她哪儿也去不了的。

"请问我现在可以和朋友们玩吗？"她问。

"当然，"他回答说，"另外，谢谢你用正确的方式问话。这样说话让人感觉好多了。"

发现孩子做得好的时候

通常，孩子会自然而然地从那些他们最在乎的人身上得到激励，去学习新的技能，并获得对自己成功的认可。他们并不一定需要被热情款待、玩具，甚至特殊的奖励才能学会运用这些技能。对孩子来说，他们往往急于展示自己的本领。可以说，在儿童时代的早中期，获得技能是孩子最重要的发展任务。

发现孩子做得好的时候并给予认可，是激励孩子最有效的一个方法，也是最简单的一个方法。让我们看看下面的例子中，范的母亲是如何做到这一点的。

范，今年 6 岁。当他看到妈妈载着一车的东西从便利店回来时，他赶紧主动跑过去帮忙。对此，他的妈妈感觉很感激，并且告诉了他。

"你真是帮了大忙了！"她感激地笑着说，"我真想现在就告诉你爸爸。"听到这话，范很高兴。

所以当下一次她载着东西回来时，你知道会怎么样吗？对他的兄弟姐妹来说，范通过自己的榜样示范，给他们上了很好的一堂课。

另外一个例子。为了帮助 7 岁的塔尼娅在吃饭时养成好的习惯，她的妈妈可谓费尽心思。她不但告诉塔尼娅要细嚼慢咽，使用餐巾纸，还告诉塔尼娅吃完离开时要收拾干净。尽管她的进步有些缓慢，但还算稳定。

一天晚上，吃过晚饭后，在没有人提醒和督促的情况下，塔尼娅自己主动站起来收拾桌子。"干得真棒！"她爸爸说，"我真为你感到骄傲。"听到表扬后，塔尼娅的喜悦之情溢于言表。

教授孩子应对棘手情形的技能

现在，家长已经明白了这些可以摆脱孩子无休止试探的措施。接下来，让我们看看他们在面对以下情形时是如何应用这些措施的吧。这些情形包括：带着孩子去商场或者便利店的路上，同孩子一起到别人家拜访，电话铃响起，兄弟姐妹间打小报告或者争吵，早上孩子离家去学校以及下午放学后回家。

去商场或者便利店的路上

  诺丽的妈妈很害怕带4岁的她去商场或者便利店。每次去，诺丽都会胡闹。要么是到处乱跑，要么是藏到过道里或者衣架后面。等到结账时，如果看到喜欢的东西，她就会大声嚷嚷着要妈妈买。如果得不到满足，她就会大发脾气。这种折磨很让人精疲力竭。

  一位邻居借给了诺丽妈妈一本书，说是可以让她们的购物旅途变得更顺利一点儿。读完之后，诺丽的妈妈决定试一试。

  某一天出门之前，诺丽的妈妈把女儿叫到厨房。为了让她在商场时能守些规矩，她妈妈开始给她教授新技能。

  "我想让你知道大孩子在去商场或便利店时会怎么做，"她妈妈说，"首先，你应该小声说话，如同在家里一样。其次，你应该待在我身边，也就是说不要在过道里乱跑，也不要藏起来。如果你那样做的话，我就会一直抓住你的手或者把你放进购物车里。最后，结账的时候，你也不能要求买糖果或者其他东西。如果你不听话或者哭闹的话，你就得像在家里一样接受计时隔离。但是如果你配合的话，我们会一起庆祝的。你明白了吗？"诺丽点点头。"那好，让我们在去商场之前先练习一下。"出门之前，诺丽和她的妈妈练习了几遍这种技能。

  当她们到商场里时，诺丽不仅小声地跟妈妈说话，并且一直待在她妈妈身边。"真棒！"她妈妈满意地看着她说道。一切都很顺利，直到在排队结账时，诺丽看到了她想要的东西。她小声地请求妈妈给她买，可当她妈妈说"不"的时候，诺丽就开始哭闹起来，继而又大发脾气。

"对不起，"诺丽的妈妈对收银员说，"我可以把购物车放这儿吗？我几分钟后就回来。"收银员点头表示同意。她抓起诺丽的手，向外面的车子走去。没有羞辱、没有责怪，她妈妈什么也没有再说。

等钻进车里后，妈妈又告诉诺丽说给她五分钟的冷静时间。要是时间不够，那就等到她能冷静下来为止。说完，她妈妈拿出一本杂志看起来。五分钟时间很快过去了，诺丽和她妈妈回到了商场，结完账后就离开了。

"那样好多了，你这一次做得很不错。"诺丽的妈妈说。

那天晚上吃晚饭的时候，诺丽的妈妈说她们当天的购物很愉快。她妈妈根本没有提及结账时发生的事情。

"做得真好！"诺丽的爸爸说，"我知道你可以的。"

听到这些话，诺丽的脸上露出了笑容。

通过几次连续的练习，诺丽在商场或便利店的行为大有改进。有时候甚至非常好，自始至终一点儿都不胡闹。也有时候，她可能不得不坐到购物车里或者回到汽车里接受计时隔离一阵子。诺丽的妈妈经常会对她的进步进行赞美，但在必要的时候也会执行后果。不过，从此以后，她妈妈再也不害怕带着女儿外出了。

到别人家拜访

不管什么时候，只要家长带他去别人家拜访，5岁的卡梅伦就表

第十一章 教授技能：示范的效果最好

现得像个小野人一样。他在房间里跑来跑去，大喊大叫，甚至说一些在家都不允许说的脏话。等到大家吃饭的时候，他又故意卖弄似的发出不雅的噪音。卡梅伦的行为让他的父母很是尴尬。他们决定采取些措施管管他。

在一次出门拜访之前，他们和卡梅伦坐下来讨论了一下拜访的基本规矩。"今天我们要去拜访玛格丽特姑妈，我们希望你不要大声说话，不要乱跑。如果你在房间里大声喊叫或者跑来跑去，我们就会给你些时间让你自己冷静一会儿。吃饭的时候，我们希望你能遵守规矩，懂点儿礼貌。不要卖弄，更不要制造噪音。如果你那样做的话，我们就会让你离开饭桌。你明白了吗？"卡梅伦点了点头。

"他们不会是说真的，"卡梅伦心想，"他们会一边追我，一边抱怨，就像他们经常做的那样。"

等到了玛格丽特姑妈家之后，卡梅伦立马和他们对着干起来。刚进到屋里，他就像牛仔赶牲畜一样大声地喊叫。这一次，他的家长要求他回到车上重新进来。他只好照着做了。

"谢谢你，"他妈妈说，"那样好多了。"他的姑妈也表示了感谢。

"他们到底是怎么回事？"卡梅伦心生疑惑。

又过了一会儿，卡梅伦决定在他的表兄弟面前卖弄一下，他故意说了一句脏话。他爸爸听到后，把卡梅伦带到书房里计时隔离了五分钟。

"真想不到他们会这样做。"卡梅伦自言自语地说。但是再和他表兄弟们玩时，他再也没有说脏话了。

拜访进行得很顺利。当大家的晚餐正吃到一半时，卡梅伦7岁的表哥开始在餐桌上制造噪音。卡梅伦可抵御不了这种诱惑,他立即跟着制造出种种不雅的声音。见他这样,他妈妈不由分说地命令他离开饭桌,独自去书房待上五分钟。

"这可真没意思。"卡梅伦心想。等到计时隔离结束,一直到吃完晚饭,他都很听话。在那天晚上其余的时间里,一切都很顺利。

在回家的车上,卡梅伦本以为会像往常一样,听到家长抱怨他做的那些错事,以及那是如何让他们感到尴尬的,可这一次什么也没有。相反,他的父母反而对他做的所有正确的事情表达了感激,并且丝毫没有提及计时隔离的事情。"真的,这一次的拜访相当好。"他们异口同声地说。不仅如此,对卡梅伦所做的努力,他们还表示了感谢。

在接下来几个月的数次拜访中,卡梅伦的父母如法炮制。在每次出门之前,他们都会温习一下基本规则和期望,而且经常说他们对卡梅伦的进步感到自豪。同时,为了以防万一,他们也会重温一下可能会用到的后果。慢慢地,卡梅伦的表现越来越好,以至于到后来,他的父母甚至很期待带他去拜访别人了。

当电话铃响时

你有没有注意到,在很多家庭里,电话铃声就像一种邀请孩子去胡闹的信号一样?也许他们上一秒还在自娱自乐地玩耍或者吃东西,可一旦听到电话铃响,下一秒就会毫无征兆地哭着喊着,提出各种各样的无理要求。

每次电话铃响时,霍莉都会遇到这种情况。为了让孩子保持安

第十一章 教授技能：示范的效果最好

静，一开始她总是会好言相劝，一旦孩子不听劝告，她就会生气地朝他们嚷嚷，甚至威胁说要没收玩具和禁止看电视。

但这些都不管用，直到有一天霍莉决定换一种不同的方式，情况似乎才有所改善。一天，吃早饭的时候，她给孩子进行了一次谈话。"我想让你们知道当电话铃响时，你们应该怎么做，"她说，"你们应该尽量保持安静，或者可以小声地交谈。如果想引起我的注意，那就安静地举手示意。等挂了电话，我会尽快答复你们的。要是谁直接打断我的话，我就会把他送回自己的房间里进行计时隔离。听清楚了吗？现在，告诉我你们应该怎么做。"

孩子都复述了一遍她的要求。随后，霍莉和他们模拟练习了几次这种方法。

"很好！"霍莉说，"从现在开始，我希望你们都能这样做。"

过了不到一个小时，孩子实践的机会就来了。当霍莉正在接听电话时，3岁的阿普里尔发出了一声尖叫。霍莉刚想挂掉电话，准备对阿普里尔采取计时隔离的时候，她5岁的儿子克里斯却先走过去，把阿普里尔拉到另一个房间里去了。

"谢谢你，克里斯，"挂了电话之后，霍莉对他说道，"我真想现在就告诉你爸爸，你今天帮了我很大的忙。"

克里斯听了，很是得意。

在随后的几个月里，霍莉继续采用这种方式。顺从的克里斯很快就适应了这种方法。而阿普里尔，这个采用艰难方式的学习者，不得不多次接受计时隔离。尽管如此，对霍莉来说，她成功的次数越来越多。

打小报告

8 岁大的丹妮尔有一个习惯，喜欢给父母打弟弟妹妹的小报告。她的父母因此不得不经常为此进行裁决。时间一长，他们也开始感到厌烦，于是决定试试新的方式。一天，他们邀请丹妮尔一起坐下来，探讨他们的新计划。

"我们想帮助你更好地解决同斯科特和凯尔茜之间出现的问题，"她妈妈说，"当他们做得不对时，我们想让你在找我们之前，自己先要求他们停下。假如你先来找我们的话，我们不会管的。如果你很礼貌地要求，而他们不配合的话，我们就会很乐意帮助你。"

没过多久，丹妮尔就得到了练习新技能的机会。当天晚些时候，丹妮尔的弟弟没有征求她的意见就拿了她的记号笔。于是，她跑去告诉妈妈。

"斯科特没有经我同意就拿走了我的记号笔。"丹妮尔说。

"你没有要求他还给你吗？"她妈妈问道。

"他不会听我的。"丹妮尔说，希望妈妈能帮助她。

"那他也不会听我的，"她妈妈回答说，"除非你先要求他还给你。"丹妮尔走开后没再回来。她妈妈走过去看时，发现记号笔已经放在了丹妮尔原来放笔的椅子上了。

随后的一个星期内，丹妮尔的父母坚持采用这种方式。情况的确发生了变化，丹妮尔打小报告的次数越来越少了。一次偶然的机会，丹妮尔的妈妈发现她自己正要求凯尔茜不要打扰她，而凯尔茜也照做了。

"在这件事情上，你处理得真不错！"她的妈妈评论说，"我很

第十一章 教授技能：示范的效果最好

为你骄傲。"听到赞美，丹妮尔报之一笑。在独自解决问题上，她已经取得了很大的进步。

从学校回到家里

无论是早上送孩子上学还是下午孩子放学刚回到家，父母要想顺顺利利地度过这两个时间段，都需要孩子具备一定的技能。这些技能有些家长可能从来就没想过要教授给孩子。对此，我很清楚。当然，和很多家长一样，我也是通过亲身经历才明白这一点的。

每天下午5点左右，当我赶到儿子的幼儿园时，我都会亲眼见证一个了不起的时刻。当我的两个儿子看见我时，他们都会欢呼着跑过来投入我的怀抱。接着，用不着老师吩咐，他们就会走过去把正在玩的东西收起来，并且整整齐齐地放回到架子上。然后，他们从壁橱里拿起运动衫和饭盒，之后和我一起离开幼儿园。

对此感到吃惊的家长，绝非只有我一个。好几次，我都听到别的家长感叹："我真希望我的孩子在家里也能这样做。"但实际上，在幼儿园所有的孩子都会这样做，而且他们每天都这样做！

从孩子脸上自豪的表情来看，他们之所以能做到这些，肯定是受了某种内在的激励。当他们的老师表示感谢时，他们常常满脸笑容，觉得自己很有能力。

然而只要一回到家，我那两个儿子立马又忘了在学校里是怎么做的了。他们把运动衫往地上一扔，把饭盒随手一丢，就直接奔向厨房找吃的去了。在这种情况下，你觉得谁会去收拾他们丢弃的衣服、饭盒，以及他们扔在厨房柜台上的垃圾呢？没错，自然是作为父母的我们了。每天花费大概二十分钟的时间收拾他们的杂物,对我们来说,真是一件不胜其烦的事情。

一天,当我看到他们又那样随意地乱扔衣物和饭盒时,我决定教育他们一番。"怎么回事,孩子们?"我问道,"你们在学校可不像这样乱扔东西。"

"当然不,爸爸,"我的大儿子斯科特回答说,"学校可不允许我们乱扔的。"

那一刻,我真想说:"家里同样也没允许你随便乱扔东西啊!"但我知道,实际情况并不是这样。可以看得出来,幼儿园做了一些家长并没有做的事情:不仅给孩子说清楚了要求,同时也教会了他们自己收拾东西。

那天晚上,当孩子都睡觉后,我告诉了妻子斯科特对我说的话。我们两个都认为是时候让我们的两个儿子承担起自己收拾东西的责任了。第二天,我在进门的小隔间里安装了几个架子,这样孩子就有了自己的壁橱,如同学校的那样。当壁橱弄好后,我们召开了一次家庭会议。

"孩子们,妈妈和我想告诉你们一些新的规矩,"我宣布,"我们打算让你们像在学校那样做。我们在门后给你们装了几个壁橱。当你们从学校回来时,就把运动衫和饭盒放在那儿。等你们吃完点心后,你们要自己收拾杂物。也就是说,把你们的杯子和盘子都放到洗碗池里,把你们的垃圾放到垃圾筐里。听清楚了吗?"

"要是我们忘记收拾了怎么办?"斯科特问道。

"那不是问题,"我的妻子说,"你们在学校都记得很好的,但如果你们在家忘了,我们会让你们知道的。而且,你们只有把东西都收拾好了才能出去玩。"

我本来以为孩子会去试探的,但是第二天等我们回到家里时,斯科特自己把运动衫挂了起来,把饭盒放到了架子上。不仅如此,到厨房吃完点心后,他自己还把垃圾收拾干净了。而伊恩也学着他的样子那样做了,尽管还需要我提醒一下。

多亏了老师对他们进行的技能训练,要不然我可不会那么容易。要知道,我所做的那部分工作是很简单的,我只是让他们对自己的事情负责,并且在发现他们做得好的时候,及时地给予认可。

我意料中的试探一直到第二个星期才发生。也许是孩子对新壁橱的新鲜感消失殆尽了,也许真的像斯科特说的那样,他们确实忘记了。但不管怎样,只要我们加以提醒,比如说"那就是你放运动衫的地方吗?"或者说"除非你把东西收拾好,否则不能玩",他们就会按照要求立即收拾的。

感谢他们的幼儿园,让我们的孩子学会了自己收拾东西,并且现在已经养成了习惯。尽管他们,尤其是伊恩,时不时地还会试探,尽管有时候我们还需要使用逻辑后果,但是不管怎样,孩子已经学会接受这样的事实:收拾自己的东西是自己的责任,而不是家长的责任。

本章总结

告诉孩子怎么做,并不等同于教会了他们怎么做。在技能训练的过程中,提供信息是重要的第一步,但是信息本身并不足以让孩子掌握技能。他们需要有人给他们做示范,让他们明白到底该怎么做。除此之外,他们还需要练习以及额外的指导,才能完全地掌握我们想要教授的技能。当然,在这个过程中,刚开始时可能会遭遇多次的失败。

  如果你想摆脱掉让人厌烦的训练,你就需要在教导过程中更进一步。你需要教给孩子技能以改善他们的行为,并且给他们提供练习的机会。当你发现孩子做得好时,你要及时地肯定他们的成功。

第十二章

耐心——愤怒和沮丧的补救措施

和其他孩子相比，叛逆的孩子在哪些方面做得更好呢？没错。当我们试图把他们往正确的方向上引导时，他们会试探我们的界限，挑战我们的权威，并试图以令人难对付的抵制行为让我们放弃。这些方面，他们的确做得比其他孩子要"好"。当这些情况发生时，大多数父母会感觉如何呢？可能是愤怒、不耐烦和沮丧。但是对采取有效的界限设定来说，这些强烈的情绪无疑是我们面临的最大障碍。它们混淆我们的思考，削弱我们的判断力，使我们反应过度，言行过激，以至于到最后往往让我们后悔不迭。

更复杂的是，我们生活在一个追求速度和便捷的时代。我们希望找到能快速解决我们问题的方案。尤其是在现代社会，我们越来越难以忍受生活中的挑战。而很多挑战是需要耐心、理解、克制和全局思考才能解决的。养育一个叛逆的孩子，无疑也是其中的一个挑战。对快速解决方案的过分期待，只会加剧我们的愤怒和不耐烦。

生活中有些事情可以使用快速解决方案，但这并不适于改变叛

第十二章 耐心——愤怒和沮丧的补救措施

逆孩子的行为。现今的父母需要一种基于宽容、克制、理解和大局观的思维方式。对愤怒和沮丧而言，耐心是一种很有效的补救措施。而且幸运的是，耐心也是一种可以被教授和学习的技能，可以直接用于很多充满挑战性的情境。在这一章里，我们将向你展示如何做到这一点。实际上，在引导孩子适应界限设定的过程中，耐心是保持理智的关键。

什么是耐心

耐心是一个具有复杂含义的术语。《韦伯斯特词典》（*Webster's Dictionary*）将耐心定义为保持持久平和、宽容以及能够承受延迟的能力。另外一些词典将其定义为能够承受刺激、恼怒、不幸或者伤痛而不抱怨、不发脾气以及不会被激怒的能力。它的同义词包括：镇定、稳定、耐受、坚韧、坚定、冷静，等等。这些词听起来像不像我们在和叛逆的孩子打交道时最需要的内容？是的，的确如此。

当我们遭受叛逆孩子的抵制时，耐心是我们克服情绪化反应的补救措施。耐心为我们提供了适当回应的机会，而不仅仅是做出情绪化反应。做到有耐心并不要求你成为一个圣人。耐心是一项可以被教授的技能，几乎任何人都可以学会，并用于具有挑战性的情况。

在耐心方面，我最有益的经验来自我的亲密朋友兼长期的事业伙伴丽莎·斯坦齐奥尼，我亲切地称她为"特殊教育的守护神"。在我为家长和教师开的工作坊里，丽莎担任了十多年的联合主持人。除此之外，她还是一位杰出的特殊教育教师，获得了无数的教学和创意项目开发奖项。在对待儿童方面，她有一种非常了不起的方法，而她在界限设定方面取得的成就与她的耐心有着很大的关系。

在教室里，丽莎总是很镇定。没有什么可以让她感到不安，即便是学校里那些最难对付的孩子。要知道，这些孩子几乎做了所有他们能做的事情——试探界限、发脾气、搞破坏、拒绝认错、权力斗争、顶撞家长，甚至失控动手打人，等等。但不管是什么情况，丽莎都能保持镇定，耐心应对。她设定了明确而坚定的界限，当学生做出糟糕的选择时，她总会提供与之相应的逻辑后果。丽莎看待问题也很全面，她知道如何激发学生和同事的积极性，来同她一道应付各种复杂的局面。

当我问她在面对极端和激烈情绪的情况下如何保持冷静和态度坚定时，丽莎总是提醒我说："他们需要我这样做。他们只是孩子，他们已经在尽力做到最好。无论事情多么糟糕，他们都希望自己能够信任和依赖我。那是我的工作。只要孩子需要，我就会一直在。"

在课堂上，丽莎并不需要采取额外的步骤来思考她需要做什么。她总是在进入教室的那一刻，就把握住了全局。对孩子做到耐心以待，对她来说似乎很容易。

经过一整天的工作坊或培训活动之后，当我们驾驶汽车准备回家时，丽莎会变得和我们其他人没什么两样。通常我们会探讨工作坊的进展情况以及今后要如何改进。我们之间的关系很亲密，相互也很坦诚。丽莎会随时指出我在工作坊上的失误。

"慢慢来，斯帕奇，"她经常说，"你把任务安排得太紧凑了。看到你急于求成，我很担心。你需要给孩子提供更多的例子和更多的练习机会，解决问题需要时间。"我知道她是对的，但有时候我也会想,"你需要说得这样直接吗?你现在的耐心在哪里?"

我们大多数人都认识这样一些人,他们可能在某些情况下极富耐心,而在其他情况下又很不耐烦。这难道不是很正常的吗?我在杂货店观察过收银员,常常惊叹于他们居然能够容忍很多挑剔的顾客。我们大多数人都能够在特定情况下不急不躁,但我们中很少有人能够在所有情况下都做到耐心以对。也就是说,家长也不一定需要始终保持耐心,只要在面对叛逆的孩子时,多一点儿耐心就好了。

耐心是一项可以被教授的技能

几乎任何人都可以学会在特定的情况下保持耐心,但我们不应期望自己能做到像丽莎那样在课堂上游刃有余。你可能需要不断地练习。在我的职业生涯中,我已经向成千上万的家长和老师传授了这项技能,如果你愿意练习下一部分我们将要学习的三个步骤,我相信你可以学到保持耐心的方法。这并不需要任何特别的资格。你所需要的只是审视一下会引发你愤怒的触发器,然后给自己一个机会,去选择一个完全不同的、深思熟虑的合适回应。接下来,让我们先从这些触发器开始吧。

在与叛逆的孩子打交道时,我们每个人都有自己特殊的触发器。触发器正是那些让我们失望并引起激烈情绪化反应的行为。它们就像火灾的报警器一样。一旦发作,就会迅速引起我们的关注甚至让我们感到震惊。此时,事情往往看上去比实际情况更严重。在大多数情况下,触发器被触发是错误的警报,因为实际上并没有发生任何火灾。他们常常会使我们对孩子的不端行为反应过度。

触发器对于我们及时关注事物变化非常有用，但它们会使我们的思维变得混乱，损害我们的判断力，使我们反应过度，并使我们说出或做出让我们以后后悔的事情。愤怒的触发器严重阻碍着有效的界限设定。

孩子的什么行为会成为你的触发器呢？哭泣？焦躁？尖叫？拒绝？拖延？争论？蔑视？挑衅？骂人？撒谎？发脾气？翻白眼？不屑？还是上述所有呢？

无论你的触发器是什么，你都需要将它们识别为情绪失控的红旗或者警告信号。意识到这一点是你重新获得自控力的第一步，也是最重要的一步。这一步从观察开始。当你认为你的触发器被触动时，请观察自己的反应并问自己，到底发生了什么事情？我的孩子在做什么？我有什么感受？

这个冷静的时刻，既可能是你的机会，也可能是家庭舞蹈的开始。一切都取决于你接下来的行动。如果你发现警告信号并观察到你的愤怒而不着急行动，你可以打破往常的下意识反应，让自己有机会做出有效的回应。相反，如果你一点就着，你可能会无法控制自己的愤怒，并忍不住对孩子说或做一些伤害你们关系的话或事。

认识到触发器会使我们的反应感受消失吗？在大多数情况下，答案是否定的，至少不是马上就能消失。当孩子触发我们的触发器时，我们几乎都会自发地做出情绪化反应，不过我们不应该让强烈的情绪控制头脑。当我们感到自己变得生气或不耐烦时，这也可能正是我们的机会。这种冷静时刻通常需要多久呢？实际上，一旦我们能够重新控制自己的情绪，我们就能够有效地做出回应了。

给自己深思的时间

要想给自己深思的时间，我们大多数人都需要练习三个基本步骤。但是练习效果如何则因人而异。让我们看看每个步骤，以确定如何实施。

第一步：观察发生了什么

第一步正是我们之前讨论过的意识。当你认为或感觉自己的触发器被触发时，请观察你的反应并问自己一些问题，以便你可以了解当时的情形：到底发生了什么事？我的孩子在做什么？我有什么感受？我们以前经历过这个吗？

在大多数情况下，你会发现你的孩子正在以惯常的方式试探你或者抵制你，而你也可能像往常一样感到愤怒或沮丧。问自己这样几个问题并不会立马让不好的感受消失，但它们会帮助你认识那一刻真正发生的事情，好让你更加客观地看待这一切。实际上，这些问题会让你看清事实，进而改变你将要失控的情绪，并帮助你恢复理智。

第二步：恢复自我控制

第二步是一个重要的恢复步骤，有助于你把握住机会。当你意识到自己的触发器已经被触发并且开始感到愤怒时，这恰恰是你要退后一步来平复自我的时刻。把自己想象成一列行进到岔路口的火车，岔路口通向两条不同的轨道：愤怒的轨道或者受控的轨道。这是你选择正确轨道的机会，因为火车不会停下来，它有太多的动力。意识到这一点，你就可以做出正确的选择。

这个重要的恢复步骤，其效果同样因人而异，它取决于你对触发器的反应程度。如果你一向反应激烈并且无法抑制自己的愤怒，进而控制不住自己的言行，那么你已经错过了信号，行进到了愤怒的轨道上。不过你仍然可以挽救它，但这可能需要你冷静下来甚至选择道歉。这一点我们在本书第七章里探讨过。

不过没关系。管理自己的强烈情绪并不容易。学会耐心同样需要时间和练习。你可以通过调整呼吸和进行放松练习来让自己行进在正确的轨道上。你需要找到最适合自己的策略。

恢复自我控制对我来说也很不容易。我脾气暴躁，往往会一触即发。当我的儿子伊恩触动我的触发器时，我几乎总是立即做出反应。我的脸上会充满愤怒。我的声音很大而且严厉，我似乎准备好要进行"战斗"了。要知道，伊恩小的时候，我的许多深思时刻几乎都是这样开始的："伙计，我现在感到很生气，需要几分钟冷静下来。你过来坐在沙发上。我们稍后解决这个问题。"然后，我会努力从这种情境中解脱出来，深吸一口气，等待我的怒气消散。

我找到了两种特别有助于恢复自我控制的方法。第一个方法是重复对自己说一些抚慰的话语，好让自己从大局着眼。当我想发作时，我会重复对自己说："我是成年人。他还是个孩子。我可以解决这件事。"另一种方法是，将行为与孩子分开看待。我对自己说："我爱我的儿子，只不过是他做的事情并不好。"

随着时间的推移，我的恢复过程也变得更加容易了。通过在伊恩成长过程中所进行的更多的练习，我发现自己需要冷静的时刻变少了，道歉也只是偶尔会被用到。他上小学之后，在大多数情况下，我都能以平静、就事论事的方式来解决问题。不过，学会做到耐心以对仍然"在路上"。一直到伊恩长大并离开家之前，我都感觉自己在这方面做得不够好。

家长经常会问："当我试图以耐心和平静的方式处理问题时，我会感受到耐心和平静吗？"不一定。随着时间的推移，沉着、平静或耐心的感觉可能会得到发展，但这并不意味着你需要精通耐心的技能。当有些家长告诉我他们这么做的时候并不能体会到耐心和平静的时候，我很感激他们这么说。没关系，要知道，你的孩子不太可能知道你内心的情绪体验。他们所知道的，是你正在用一种沉着的、可控的方式行事。

第三步：体贴地回应

为了达到第三步，第一步和第二步的措施看上去有点儿多，但在实际生活中，整个过程通常会很简短。第三步是最简单的部分。你的感受得到了控制，你的想法很清楚，你的判断力很好。到最后，你找到机会使用在本书中学到的技能。如果事情已经发展到需要使用后果来支持你的规则的话，你只需要按照本书第八章中谈到的逻辑后果去做就可以了。下面，让我们看看几个父母是如何运用三步法来做的。

脾气暴躁的人如何做到有耐心

托尼和他4岁的儿子马塞洛的性格都很叛逆。两个人都很容易发脾气。他们很爱对方，但一遇到问题，他们俩就像反应室中的带电粒子。托尼后来找我咨询，以便学会以更好的方法来控制他的暴脾气。

"我不知道谁会先爆发，是我还是马塞洛，"托尼说，"但是我无法阻止自己。当我看到他行为不端时，我就忍不住冲他嚷嚷，而他一看到我来就开始尖叫。真是荒唐！事后我总是感觉很糟糕。"

根据他的描述，我可以看出来，在看到马塞洛变得不安之前，托尼完全没有意识到问题的严重性。托尼的首要学习任务是学会恢复自我控制，然后才是学习如何全面地思考问题。我们练习了如何冷静，并做了一些放松练习，但托尼认为他真正需要做的就是给自己进行计时隔离五分钟，并向孩子道歉。然后，他会尽力尝试着对孩子做出体贴的回应，并配合使用适当的后果。马塞洛很喜欢他的这个计划。

在我们第一次约谈之后的一天晚上，托尼有了一次练习的机会。"马塞洛，现在该收起玩具，穿上睡衣，准备睡觉了。"托尼说道。然而马塞洛正全神贯注地将他的玩具人物安排到战斗位置，他根本就没有意识到时间已经过了多少。等到托尼进入客厅时，他又忍不住当场爆发。

"该死，马塞洛！"托尼喊道，"我需要跟你说多少次？你这样太让我生气了！"托尼看到眼泪从儿子眼中涌出，于是赶快在进一步震怒之前停住了。

"马塞洛，在这里等我一下。我需要五分钟时间独自待一会儿。"托尼说。这个时候，马塞洛感到又惊又怕。托尼离开客厅，走到厨房设置好计时器，等待恢复镇定。当计时器停下来时，托尼重新回到客厅。马塞洛的脸上仍然有一种害怕的表情。

"很抱歉对你大吼大叫,马塞洛,"托尼认真地说,"你愿意接受我的道歉吗?"马塞洛点点头。"谢谢你,"托尼说,"现在请收起你的玩具,穿上你的睡衣,准备睡觉了。"在学习变得更加有耐心方面,托尼已经迈出了一大步。实际上,在中止让人愤怒的家庭舞蹈上,他和马塞洛都取得了很大的进步。

如何耐心应对磨蹭和消极态度

贝丝是一位有耐心的母亲,但她也有自己的触发器。磨磨蹭蹭和消极的态度真的让她很窝火。她的女儿切尔西性格很叛逆,从3岁时起就喜欢磨磨蹭蹭,只不过一直也并没有太过分,直到切尔西12岁时,情况开始变得很糟糕。

每天晚餐后,尽管切尔西知道收拾餐具和擦桌子是她的工作,但她总是磨磨蹭蹭,一直等到最后一刻才动手去做。贝丝和切尔西的家庭舞蹈通常以一系列的提醒开始。

"现在该去收拾了。"贝丝说。

"我会的。"切尔西回答说,但没有采取行动。她知道她母亲接下来要做什么。

"我们晚上没有那么多的时间,"贝丝不耐烦地说,"我现在很烦!"

"妈妈,我说过我会做的!"切尔西以同样不耐烦的语气回答道,然后翻了个白眼,一脸不屑地看了一眼贝丝。通常情况下,这会让贝丝失去自我控制并开始大发雷霆。不过这一次,并不是这样。贝丝想到了她正在学习的技巧,并感觉这是一个机会。

"哦不,她发现了我的触发器。"贝丝对自己说,"我们不能再重走老路了。"她走进另一个房间,深呼吸了几次,并自我审视。这是怎么回事?贝丝认识到切尔西的磨蹭和态度正和往常一样。"我感觉怎么样?"贝丝发现自己在这些情况下总是那么生气和沮丧。她深吸了一口气,等自己平静下来之后,她回到厨房。

"切尔西,我非常爱你,我不该对你大吼大叫,"贝丝平静地说道,"我知道如果你愿意,你可以做得很好。现在,你必须把任务做完,你才能去做别的事情。等你做完的时候告诉我一声,我会检查的。"贝丝充满鼓励地看了切尔西一眼,然后走出了厨房。没有叫嚷,没有尖叫,没有令人精疲力竭的家庭舞蹈。

"她怎么了?"切尔西开始自言自语,"她可真无趣。"切尔西很想接着磨蹭下去好重新点燃妈妈的怒火,可是一想到那是在浪费自己的时间,她就决定还是放弃这个计划,去干自己该干的事情吧。

耐心应对孩子的哭闹

一个美丽的星期六早晨,7岁的巴里想和他的朋友一起去滑冰。但是巴里的妈妈却坚持让他在离开家之前,先把豚鼠的笼子清理干净。清理笼子只需要二十分钟。作为养豚鼠的条件,巴里同意每周清理一次笼子。看到巴里不情愿地抱怨,她坚持让他清理完了再出去。巴里试图讨价还价。"等我一回来就做。"他承诺道。

"你知道我们的约定。"她说。

"是的,这真是一个愚蠢的约定。"巴里气愤地说。看他的妈妈并没有反应,巴里又尝试着做他觉得会让妈妈发火的事。他开始哭哭啼啼地吵闹起来。巴里的妈妈一下子火了,但是一想到书中读到的内容,她深呼吸了几口气,冷静了下来。

"如果你愿意,你尽管哭,巴里,"她认真地说,"但是,你必须待在自己的房间里。我不打算听你哭泣。"于是她坚持把他送到房间进行计时隔离。"啊,保持耐心感觉不错。"走出巴里的房间时,他妈妈心想。

"这可真差劲!"巴里抱怨道。他知道除了清理笼子的二十分钟外,他还要浪费掉七分钟的时间在房间里待着。

耐心应对不诚实的行为

11岁的娜塔莉聪明、可爱。可是最近她的父母却总是忧心忡忡。因为娜塔莉对她的学业不太诚实。而且在别的方面好像也有类似的行为。娜塔莉最近老是完不成作业或者不能按时交作业,她的三门成绩也都从B降到了C。

根据老师的建议,娜塔莉的父母决定实施一项新的作业安排。他们要求娜塔莉每天放学后,先做完作业再干别的事情。作业完成后,她的母亲要进行检查。如果完成了,娜塔莉就可以自由地和她的朋友一起玩。

"我要去安妮家玩,"娜塔莉从学校回家后宣布,"切奇也要跟我们一起玩。我们特别想做一些有趣的事情。"

"你的作业完成了吗?"她的妈妈问道。

"我们今天没作业。"娜塔莉回答道。她的妈妈表示怀疑,因为信任和诚实是她妈妈最大的两个触发器。

"我可以看一下你的每周作业记事本吗?"她妈妈问道。

"好吧,也许有一点点儿作业,"娜塔莉怯懦地说,"但是我回来后立马就能写完。"

"你知道我们的约定的，"她的妈妈说，"先完成家庭作业，然后才能去玩。"于是娜塔莉走回她的房间去写作业。四十分钟后，她走出房间，递过来两页数学和一页单词供她妈妈检查。像往常一样，娜塔莉做得很好。

"我现在可以去安妮家了吗？"娜塔莉问道。

"好吧，"她的妈妈说，"但是你需要在五点半之前回来。记住了吗？"

"我会的。"娜塔莉说着跑出了家门。

六点十五分，娜塔莉还没回来。担心的妈妈打电话到安妮家，发现孩子并不在那里。她们去了公园，但应该在半小时前就回来的。娜塔莉的妈妈感到有些慌张。当她准备开车去寻找女儿时，她看见娜塔莉从远处的马路上走回来了。

"你去哪儿了？"她问道。

"我告诉你了，我去了安妮家。"娜塔莉回答道。

"我六点十五分打电话给安妮妈妈时，她说你们去公园玩了。你不应该去公园的，你知道爸爸和我都不喜欢你晚上到公园去的。"娜塔莉的脸红了。

"好吧，可是我并没有伤害任何人啊。"娜塔莉说。她的妈妈很生气，忍不住就要爆发了，但她控制住自己，深吸了一口气，并要求娜塔莉在屋子里等一下。

"我需要几分钟，然后我们再说这件事。"她妈妈眼里含着泪水说道。她明白自己只是考虑到孩子的诚信和安全，她也希望自己在选择合适的逻辑后果时能够头脑清醒。二十分钟后，娜塔莉的妈妈

第十二章 耐心——愤怒和沮丧的补救措施

走到客厅她女儿的身旁。

"我要求你什么时候回家?"她问道。

"五点半。"娜塔莉回答道。

"那你是什么时候到家的?"她妈妈问道。

"大概六点半。"娜塔莉懊悔地说道。

"娜塔莉,真正的问题是你是否诚实和值得信任,"她妈妈说道,"在家庭作业、去哪儿玩以及什么时候回家这些事情上,你都欺骗了我。如果我们要给你自由和特权,爸爸和我必须能够信任你才可以。所以,你需要赢回我们对你的信任。

"这个学期剩下的时间里,每天在玩之前我都要检查你的作业。在接下来的两个星期内,你可以邀请朋友到家里来玩,但是不允许你去朋友家或者别的地方玩。两个星期之后,你可以恢复到朋友家玩的权利,但我们要检查你是否在朋友家。如果不在的话,你的这项权利将会被取消更长时间。如果你要去别的什么地方,必须要经过我们的允许。否则,我们也会将这项权利取消更长的时间。当我们告诉你希望你在某个时间回家时,我们是认真的。如果你没有告知我们而晚归的话,我们同样会取消你夜晚出门的权利。最后,我们很爱你。我们不想在你的安全问题上冒险。你明白吗?"

娜塔莉点点头。

面对你叛逆的孩子时,你能否做到这样有耐心?如果你愿意练习上面我们提到的三个步骤,那么你完全可以掌握耐心这项技能。不要指望它会很容易或很快发生,但如果你坚持下去的话,你就一定能掌握。要知道,耐心是克服愤怒和沮丧的补救措施。

本章总结

耐心是可以与叛逆的孩子分享的最好礼物之一。当你耐心对待孩子时，你会分享给孩子你最好的内在品质——最清晰的思路、最好的判断力、充满爱的理解，以及最体贴的指导。幸运的是，做到有耐心并不意味着你要成为一个圣人。耐心是你可以学习的技能。事实上，你根本不需要任何特殊资格。几乎任何人都可以学会耐心。你需要做的只是发现你的触发器并遵循一个简单的三步程序：（1）观察发生了什么；（2）恢复自我控制；（3）体贴地回应。要知道，我们所做的就是我们所教的。当你练习耐心时，你会教给孩子一种特别宝贵的技能，这种技能可以代代相传，直到久远。

第十三章
理解改变过程

在改善孩子行为时，那种一蹴而就的想法的确很吸引人。尽管我们都想让孩子的行为尽可能快地得到改善，但我们同样需要认识到，这种情况并非一夜之间就能实现。重复训练无论是对孩子还是对家长来说，都需要时间。

虽然理智告诉你，遵从书中的方法，会达到你想要的结果，但这些新的方法在最开始的时候，可能会让你和孩子都感到很不舒服。很可能的是，你的孩子会进行抵制，而你放弃的愿望也会变得很强烈，从而使你们极有可能恢复旧的习惯，并按照过去的方式行事。而且，你很可能遭遇很多方面的抵制——孩子的、其他家人的，其中最主要的，是你自己的。

本章将会帮助你面对这些即将到来的改变。你会更好地理解改变过程，学会应对孩子的抵制，丢掉不切实际的期望，并且弄清楚你需要做哪些事情来支持你的规则，从而保证你能沿着既定的方向前行。

最初的阶段，你会面临更多的试探和抵制

一旦你开始应用书中的这些方法，你很快就能制止孩子的不良行为，但是改变他们对你规则的认识却需要花费一些时间。与此同时，在最初的阶段，你很可能面临来自孩子日益增多的试探和抵制。不要惊慌。这种现象是暂时的，也是很正常的。它并不意味着你的方法是无效的，只是意味着你的孩子需要收集更多的信息。最初的重复训练阶段，通常在前两三个月，是孩子大量收集信息的阶段。坚持住，并且始终保持一致。要允许教育和学习的过程顺其自然地发展。

毕竟，大多数情况下，在有关你的规则和你会怎么做这些方面，孩子所形成的认识是建立在以往的经验之上的。不可能因为你说情况不一样了，他们就会改变其固有的认识。如此看来，是过去的习惯在和你作对。孩子需要花费时间体验这种改变，然后才能转变认识并接受改变的事实。

在重复训练的这个阶段，你应该能想到你的孩子会不断地试探，并且会竭尽所能地让你"按照你原来的方式行动"。如果你们过去有过家庭舞蹈，你应该能想到，孩子会竭尽所能地诱你上钩，使你们重新回到家庭舞蹈中去。为了能尽早地避免这种舞蹈，你要严格按照第七章教授的方法应对。

在重复训练的最初阶段，后果将会发挥重要的作用。你会时不时地需要借助它们来终止家庭纠纷，制止不良行为，教会孩子听从

并认真对待你说的话。和这些非常有用的工具交朋友吧，它们是你获得信任的敲门砖。要知道，你说的话和你采取的行动越是一致，你的孩子就会越快地听从你的话并且配合你。

莫妮卡就是一个很好的例子。她的家长参加了我的一个工作坊，想要寻找一些更有效的方法，去应对他们喜欢争辩和目中无人的12岁女儿。很快，他们就认识到他们原来的方式过于宽容，原来的界限过于模糊，而且他们采取的后果常常无效。他们和莫妮卡进行了沟通，并宣布从今以后，情况将会不同以往。

"当我们要求你按照我们说的做时，绝不会再重复提醒了，"她的父亲说，"我们只说一次。既不会同你争执也不会同你辩论。我们既不会一味说教，更不会冲你嚷嚷。如果你选择不配合的话，我们就会采用一些新的后果。"然后，他们给她解释了逻辑后果以及计时隔离。

"我才不相信呢，除非是我亲眼所见。"莫妮卡心想。根据她过去的经验，她根本不用把这话放在心上。

但是莫妮卡的家长却说到做到。每次要求她做什么事情时，他们只说一遍，并且态度很坚决。如果莫妮卡充耳不闻或者试图争辩，就像她过去大多数情况下做的那样时，他们就会进行核实或者直接中断她的话。不再有重复或者提醒，不再有争执或者辩论。如果她继续抵制的话，他们就会采取逻辑后果或者实施计时隔离。

这些方法果然奏效。有史以来的第一次，莫妮卡为自己的错误选择和行为付出了代价。她开始明白是她自己而不是她的家长，应该对她的不良行为负责。但是她有些固执,她的试探并没有立即停止。

实际上,在第一个月里她抵制得更厉害了。并且,在很多时候,她逼着家长不得不采取措施。要知道,她正在收集大量的信息。每次看到家长态度坚决时,莫妮卡就会说,"你们不公平"或者"我恨你们"之类的话。她还幻想着自己的抵制可以让家长不堪忍受而最终放弃。但这一招并不管用。他们态度坚决,丝毫不为所动。

重复训练六个星期之后,莫妮卡的家长注意到她的行为已经有了很大的改变。起初,改变很轻微,后来她的试探开始减少,合作的时候越来越多,说明她的确已经开始听从并认真对待家长的话了。

最初的试探增多是莫妮卡学习过程中正常的一部分。毕竟,家长只是告诉她规则发生了改变。除此之外,并无其他。因此,如果她想知道他们说的到底是真是假,她就得试探。试探是她能确认事实的唯一途径。只有通过试探,她才能从家长那里得到她需要的信息,并据此得出正确的结论。家长采用的新工具改变了她的行为。

改变孩子的行为并不困难,而改变孩子对你规则的认识则需要费些时日。究竟需要多长时间呢?这取决于很多因素:孩子的年龄、孩子的气质、家长是否保持前后一致、需要克服多少旧日的影响以及你的孩子需要收集多少信息。年龄小的孩子(3到7岁)需要克服的旧日影响较少,通常需要收集的信息也少。大一些的孩子(8到12岁)则需要克服更多的旧日影响,并且收集更多的信息。

大多数家长说从第八周开始一直到第十二周,孩子的试探明显减少了。而另一些孩子则需要更长的时间。你可以根据自己的需要来把握进度,只要能保持言行一致。但是不切实际地期待能一蹴而就,只会让你和孩子陷入不必要的失望之中。

理解改变过程

家庭治疗师和其他提供帮助的职业人士发现,无论是在交流沟通,还是在解决问题以及处理相处方式上,家庭成员总想维持一种平衡的状态。这种平衡为可以接受的行为确定了一个合适的范围——家庭的正常做事方式。

惩罚式、宽容式、混合式的训练方式和家庭舞蹈通常属于这个合适范围的一部分。它们看起来比较熟悉并且被广为接受,因而大多数家庭成员都不愿放弃,即使这些模式会导致混乱和紧张。一旦这些模式遭到破坏,家庭成员往往会进行抵制,并且试图恢复被打乱的平衡。在这种情况下,改变,即使是积极的改变,也往往面临着极大的压力。对改变来说,抵制是正常的,是在意料之中的。

本书中你学到的方法会制止不良行为,中断你的家庭舞蹈,但是它们同样会在一段时间内破坏家庭的平衡。你应该对来自家庭成员的抵制,甚至包括你自己的抵制做好准备。特别是叛逆的孩子,很可能会竭尽所能地让你回到过去不好的习惯中去。有时候,面对这种种压力,你甚至可能会想,不如放弃算了。

那么应该怎样抵抗这些压力呢?你应该专注于你的目标,并下定决心完成这个过程。学习本书中的方法,对家长和孩子来说,同样都是一种重复训练。新方法会帮你实现目标,但是你必须要持之以恒地使用。要知道，**你只有改变自己的信念，才能改变孩子的行为和信念。**

第一层级和第二层级的改变

家庭中的行为改变通常有两种形式。家庭治疗师把第一种形式归结为第一层级的改变。这种形式的改变是家庭成员在行为上的一种暂时调整，并不会对他们关于家庭规则的信念形成持久的影响。第一层级的改变比较肤浅和简单，一旦改变难以为继，旧的行为模式就会卷土重来。

举例而言，如果你使用本书的方法两三个星期就宣告停止，那你可能会制止孩子的不良行为，但从孩子认识你的规则的角度而言，这种暂时的改变并不会起到太大的作用。一旦你不再使用这种新的方法，你的孩子极有可能会重新恢复过去的行为模式。为什么呢？因为孩子并没有以体验的方式，收集到足够的信息来让他们改变信念。他们的学习过程太过短暂。

如果你愿意完成整个过程，并给孩子提供所需的信息去改变其信念，你就应该超越第一层级的改变，实现第二层级的改变。作为一种持久的改变，第二层级的改变会变成家庭正常行为方式的新的一部分。当然，这种改变需要你长期、持续地运用你的方法。

如果你能坚持三到六个月，你会很快实现第二层级的改变。你会发现孩子的试探越来越少，合作越来越快，后果使用得也越来越少。所有的这些都会提示你，改变的过程正在加速进行。当然，这个时候的改变还很不牢靠，因为学习过程并不完整。如果你开始松懈或者回到过去的老路上，你极有可能会重新遭遇试探。

但是，如果你能保持既定路线，并且在使用方法时始终保持一致，那么在未来的几周或者数月内，你和你的孩子就会感到前所未有的舒适和满意。

享受回报

如果本书能够不辱使命的话，你应该已经学到你需要的那些信息和工具了。它们可以帮助你提升你的教导方法和叛逆孩子的气质与学习方式之间的匹配程度。

实际上，界限设定涉及三个主要因素之间的交互作用：孩子的气质、你的气质，以及你的界限设定方式。你不能控制孩子的气质，但你可以使用正确的工具朝着正确的方向去引导和塑造它。

有了正确的工具，你就可以管理自己的气质。在上面这三个因素中，有两个完全在你的掌控之中，而对于第一个你完全可以施加积极的影响。读完了本书，你就可以一试身手了。只要你能充分地认识到这些，可以说你就已经做好了准备。对有效的教育和学习来说，最主要的障碍在于：惩罚、宽容和混合的训练方式、模糊的界限、消极的语言，以及家庭舞蹈。

读完本书，你已经学到了很多有用的指导工具。你知道了如何设定清楚的界限，如何给出清楚的信息，如何减少试探，如何消除家庭纠纷，以及如何采取有效的行动制止不良行为。你知道怎样用积极的方式激励孩子合作，也知道如何教会孩子解决问题的技能。

展望未来，前方的改变正在等待着你。尽管未来的路上仍会有很多坎坷挫折，但你已经知道如何去——克服。你的准备工作已经完成。接下来你要做的，就是把你学到的知识和新的工具运用到实践中去，然后就尽情地享受你的努力带来的回报吧。

最直接的回报将会是更少的家庭纠纷和更快的合作。你会制止那些过去难以制止的不良行为。而且，在这个过程中，你既避免了让人精疲力竭的家庭舞蹈，也避免了使感情受到伤害。

而长期的回报将会是最令人满意的回报，因为你正在做的，将为以后的合作关系打下坚实的基础。你教给孩子的技能，不仅让家庭关系和谐，还让孩子学会了解决问题的技能，使他们在今后的人生中更容易获得成功。有了正确的指导和定位，你性格叛逆的孩子就会成长为一个负责任、能合作、尊重人，并且充满活力的人。让我们一起享受界限设定带来的愉悦吧！

推荐读物

规 则 内 的 自 由

Adler, A. *Superiority and Social Interest.* Evanston, Illinois: Northwestern University Press, 1964.

Adler, A. *What Life Should Mean to You.* New York: Capricorn Books, 1958.

Ames, L. B., Ph.D. *Questions Parents Ask: Straight Answers from Louise Bates Ames, Ph.D.* New York: Clarkson N. Potter, 1988.

Ansbacher, H., and R. Ansbacher. *The Individual Psychology of Alfred Adler.* New York: Harper Touchbooks, 1964.

Bandura, A. *Social Learning Theory.* Englewood Cliffs, N.J.: Prentice-Hall, 1963.

Brazelton, T. B., M.D. *Infants and Mothers: Differences in Development.* New York: Delacorte, 1983.

Budd, L. *Living with the Active, Alert Child.* Seattle, Wash.: Parenting Press, 1993.

Chess, S., M.D., and A. Thomas, M.D. *Know Your Child.* New York: Basic Books, 1987.

Dinkmeyer, D., and R. Dreikurs. *Encouraging Children to Learn: The*

Encouragement Process. Englewood Cliffs, N.J.: Prentice-Hall, 1963.

Dinkmeyer, D., and G. McKay. *Raising a Responsible Child.* New York: Simon & Schuster, 1973.

Dinkmeyer, D., G. McKay, and J. Dinkmeyer. *Parenting Young Children.* New York: Random House, 1989.

Dodson, F. *How to Discipline with Love.* New York: New American Library, 1987.

Dreikurs, R., and L. A. Grey. *A New Approach to Discipline: Logical Consequences.* New York: Hawthorne Books, 1968.

Erikson, E. *Childhood and Society* (2nd Edition). New York: Norton & Company, 1963.

Ferber, R., M.D. *Solve Your Child's Sleep Problems.* New York: Simon & Schuster, 1985.

Glasser, W. *Control Theory.* New York: Harper Collins, 1984.

Kohlberg, L. *The Development of Children's Orientation Toward a Moral Order: Sequence in the Development of Moral Thought.* Vita Humana 6 (1963): 11–33.

Kohlberg, L. *Stage and Sequence: The Cognitive Developmental Approach to Socialization.* In D. A. Goslin (ed.), *Handbook of Socialization Theory and Research* (pp. 3478–3480). Chicago: Rand McNally, 1966.

Losoncy, L. *Turning People On: How to Be an Encouraging Person.* Englewood Cliffs, N.J.: Prentice-Hall, 1977.

Minuchin, S. *Families and Family Therapy.* Cambridge, Mass.: Harvard University Press, 1974.

Piaget, J., and B. Inhelder. *The Psychology of the Child.* New York: Basic Books, 1969.

Satter, E. *How to Get Your Kid to Eat . . . But Not Too Much.* Palo Alto, Calif.: Bull Publishing, 1987.

Turecki, S. and L. Tonner. *The Difficult Child: A Guide for Parents,* Revised Edition. New York: Bantam Books, 1989.

Wadsworth, B. J. *Piaget's Theory of Cognitive and Affective Development* (4th ed.). New York: Longman Publishing, 1989.

译后记

规 则 内 的 自 由

意大利儿童教育家玛丽亚·蒙台梭利说过：儿童乃成人之父。十几年来养育孩子的过程，让我更加深刻理解了这句话的含义。养儿方知父母恩，养儿方知为人父母者的艰辛。养育孩子让我们收获了太多的东西。在这个过程中，孩子所给予我们的远远比我们给予他的要多得多。感谢孩子，让我们更加成熟，也更加理解人性，理解爱。

孩子是上帝赐予父母最美好的礼物，每一个孩子生来都是一个可爱的精灵。无论过程多么辛苦，对深爱他们的父母来说，养育孩子都是世界上最幸福的差事。

很多次当我和爱人陪儿子在地板上嬉戏玩耍，或者读书画画时，我的内心都会升腾起一股浓浓的温情，仿佛春天的原野，绿草暖阳。这种温情也让我更加明白了舐犊情深的含义。我相信，这种亲子之爱的纯真朴实、浓酽醇厚，人世间恐怕再也没有其他感情能够超越。

我还相信，很多时候当我们面对逆境时，是孩子给了我们力量，给了我们勇气，让我们更加勇敢，更加坚强。

孩子的心灵，在刚出生的时候，仿若一张纯洁的白纸，一块圣洁的土地。我们该如何引导孩子描绘和耕种呢？为人父母者，都应该思索这样的问题。尽管在养育孩子上，人们的看法各不相同。但是，总有一些好的理念与思想，值得我们学习。在养育孩子上，没有人生来就是专家。

人们常说，父母是孩子最好的老师。如何言传身教，以自己的一言一行教育孩子，这是值得所有年轻父母考虑的话题。对我来说，我非常不愿意看到的是，有一天，当我真正明白了如何教育孩子时，孩子已经长大了。如果那样的话，将会令人追悔莫及。我希望我还有机会，希望所有的年轻父母都还有机会。

中国有一句俗话：没有规矩，无以成方圆。在教育孩子的问题上，尤其是对叛逆的孩子而言，更是如此。我们要给孩子设定界限，要让孩子懂得生活中规则无处不在。但同时，我们首先也要明白一点，给孩子设定界限，既要让孩子在接受规则的过程中学会健康良好的自我管理，又要保护孩子的率真天性不受成人自以为是的观念束缚。对很多父母来说，这的确会是一个不小的挑战。

《规则内的自由：如何给叛逆的孩子立规矩》这本书正是针对叛逆的孩子而写的。作为一位家庭治疗学家和教育心理学家，罗伯特·J. 麦肯兹博士在解决孩子的学习和行为问题上，有着三十多年的经验。在翻译本书的过程中，我不断地尝试将书中的方法运用到我的孩子身上，并将之与许多年轻父母的做法相比照，以此来审视本书的理念是否正确，书中的方法是否科学。幸运的是，从这本书

译后记

里，我非常及时地学到了很多有益的东西。

本书的逻辑主线非常清楚。作者首先从理解叛逆的孩子入手，分析了叛逆孩子的特点，以及他们学习规则的方式，然后从家长的角度阐述了如何教授规则，如何给出清楚、坚定的界限，以及如何激励叛逆的孩子等内容。最后，作者指出了家长应该通过良好的示范效应来引导孩子做出正确的选择。与此同时，作者还通过对大量咨询案例的研究，给出了避免家庭纠纷的具体措施。尤为值得一提的是，作者通过自己个性迥异的两个儿子的对比，以第一手资料亲身验证了他所采取方法的有效性。

在本书的内容中，作者不仅明确地阐释了对规则和界限的理解，还形象地描绘了很多种家庭情景。这些情景对父母来说再熟悉不过，因而读起来显得轻松而亲切。

除了提供科学的育儿理念之外，对于家长如何应对叛逆的孩子，本书还提供了很多种方法。举例而言，当你的孩子把自己的玩具和书本扔得到处都是，而又对你三番五次的提醒置若罔闻时，你不妨试一试本书中第八章提到的"周六篮子"的这个主意。再如，当你的孩子跟随你去超市或者商场，哭着闹着非要你买礼物时，不妨试一试第八章提到的"计时隔离"办法。

但是，我想更值得家长思考的是，在养育叛逆的孩子时，父母既不能过于依赖惩罚式的思维，也不应该寄望于宽容式的态度。一味的惩罚和过度的宽容，都不利于叛逆孩子的健康成长。要让叛逆的孩子学会规则，家长应该采用清楚、坚定和尊重他人的界限来减少冲突。这一点，也正是作者在书中贯彻始终的核心思想。

有人说，世上没有不好的孩子，只有不好的老师。作为父母的我们，应当成为孩子首要的启蒙老师。想到多年以后，孩子的未来在很大程度上取决于我们今天的言传身教，我们没有理由不心怀虔敬，认真对待这份光荣而伟大的神圣使命。

在翻译本书的过程中，华夏出版社的朱悦女士、王凤梅女士和刘洋女士提出了许多很好的修改意见，在此向她们表示衷心的感谢！翻译本书是一项艰巨的任务，感谢我的儿子、感谢我的家人，是他们给了我巨大的动力，谢谢他们的支持！

最后，祝愿天下所有的孩子都能幸福健康地成长，是为记。

2012 年 10 月

（2021 年 6 月修订）